Privatisierung und Personalvertretung

Europäische Hochschulschriften

Publications Universitaires Européennes
European University Studies

Reihe II
Rechtswissenschaft

Série II Series II
Droit
Law

Bd./Vol. 4435

PETER LANG
Frankfurt am Main · Berlin · Bern · Bruxelles · New York · Oxford · Wien

Oliver Krieg

Privatisierung und Personalvertretung

PETER LANG
Europäischer Verlag der Wissenschaften

Bibliografische Information Der Deutschen Bibliothek
Die Deutsche Bibliothek verzeichnet diese Publikation in der Deutschen Nationalbibliografie; detaillierte bibliografische Daten sind im Internet über <http://dnb.ddb.de> abrufbar.

Zugl.: Hamburg, Univ., Diss., 2006

D 18
ISSN 0531-7312
ISBN 3-631-55686-1

www.peterlang.de

Vorwort

Die Arbeit hat im Sommersemester 2005 in fast unveränderter Fassung dem Fachbereich Rechtswissenschaft der Universität Hamburg als Dissertation vorgelegen. Rechtsprechung und Literatur sind auf dem Stand des 31. Mai 2005. Spätere Veröffentlichungen sind soweit möglich berücksichtigt.

Meinem Doktorvater, Herrn Professor Dr. Harro Plander, danke ich an dieser Stelle sehr herzlich für die Unterstützung. Auf seine Anregung geht die Bearbeitung des Themas zurück. Zu danken habe ich darüber hinaus auch PD Dr. Veith Mehde für die zügige Erstattung des Zweitgutachtens.

Ein großes Dankeschön sage ich auch meiner gesamten Familie. Das gilt in besonderem Maße für meine Frau. Ihre Unterstützung hat sehr zum Gelingen dieser Arbeit beigetragen.

Inhaltsverzeichnis

Abkürzungsverzeichnis

AfK	Archiv für Kommunalwissenschaften (Zeitschrift)
AP	Arbeitsrechtliche Praxis (Entscheidungssammlung)
AuR	Arbeit und Recht (Zeitschrift)
AuA	Arbeit und Arbeitsrecht (Zeitschrift)
BAT	Bundesangestelltentarifvertrag
BayBgm	Der Bayerische Bürgermeister (Zeitschrift)
BayGVBl.	Bayerisches Gesetzes- und Verordnungsblatt
BayPVG	Bayerisches Personalvertretungsgesetz i.d.F. vom 11.11.1986, BayGVBl. 1986, S. 349
BB	Betriebsberater (Zeitschrift)
BBG	Bundesbeamtengesetz i.d.F. 31.3.1999, BGBl. I S. 675
BetrVG	Betriebsverfassungsgesetz i.d.F. vom 15.1.1972, BGBl. I 1972, S. 13
BGBl.	Bundesgesetzblatt
BGHZ	Entscheidungen des Bundesgerichtshofs in Zivilsachen
BHO	Bundeshaushaltsordnung i.d.F. vom 12.8.1969, BGBl. I 1969, S. 1284
BLEG	Gesetz über die Errichtung einer Bundesanstalt für Landwirtschaft und Ernährung i.d.F. vom 2.8.1994, BGBl. I 1994, S. 2018, 2019
BPersVG	Bundespersonalvertretungsgesetz i.d.F. vom 15.3.1974, BGBl. I 1974, S. 693
BR-Drs.	Bundesratsdrucksache
Brem GBl.	Bremisches Gesetzblatt
BremPersVG	Bremisches Personalvertretungsgesetz i.d.F. vom 5.3.1974, Brem GBl. 1974, S. 131
BRRG	Beamtenrechtsrahmengesetz i.d.F. 31.3.1999, BGBl. I S. 654
BT-Drs.	Bundestagsdrucksache
Buchholz	Sammel- und Nachschlagewerk der Rechtsprechung des Bundesverwaltungsgerichts
bühnengen	Bühnengenossenschaft – Fachblatt der Genossenschaften Deutscher Bühnenangehöriger (Zeitschrift)

BVerfGE	Entscheidungen des Bundesverfassungsgerichts
BVerwGE	Entscheidungen des Bundesverwaltungsgerichts
DB	Der Betrieb (Zeitschrift)
DBGrG	Deutsche Bahn Gründungsgesetz i.d.F. vom 27.12.1993, BGBl. I 1993, S. 2378, 2386
DGBankUmwG	Gesetz zur Umwandlung der Deutschen Genossenschaftsbank i.d.F. vom 13.8.1998, BGBl. I 1998, S. 2102
DÖV	Die Öffentliche Verwaltung (Zeitschrift)
DVBl.	Deutsches Verwaltungsblatt (Zeitschrift)
DSLBUmwG	Gesetz über die Umwandlung der Deutschen Siedlungs- und Landesbank in eine Aktiengesellschaft i.d.F. vom 16.12.1999, BGBl. I 1999, S. 2441
EAS	Europäisches Arbeits- und Sozialrecht - Rechtsvorschriften, Systematische Darstellungen, Entscheidungssammlung
EG	Europäische Gemeinschaft
EGV	Vertrag zur Gründung der Europäischen Gemeinschaft
EuGHE	Sammlung der Rechtsprechung des Europäischen Gerichtshofes
EUV	Vertrag über die Europäische Union
EuZW	Europäische Zeitschrift für Wirtschaftsrecht
EWG	Europäische Wirtschaftsgemeinschaft
EwiR	Entscheidungen zum Wirtschaftsrecht
EzA	Entscheidungen zum Arbeitsrecht
EzBAT	Entscheidungssammlung zum Bundesangestelltentarifvertrag
GBl.	Gesetzesblatt
GewArch	Gewerbearchiv (Zeitschrift)
GmS OGB	Gemeinsamer Senat der obersten Gerichtshöfe des Bundes
GO Bay	Gemeindeordnung für den Freistaat Bayern i.d.F. vom 22.8.1998, BayGVBl. Nr. 21 vom 23.10.1998, S. 797
GO Bra	Gemeindeordnung Brandenburg i.d.F. vom 4.6.2003, GVBl. I, S. 172
GO BW	Gemeindeordnung Baden-Württemberg i.d.F. vom 24.7.2000, GBl. 2000, S. 582

GO NRW	Gemeindeordnung für das Land Nordrhein-Westfalen i.d.F. vom 14.7.1994, GV.NRW 1995, S. 666
GV.NRW	Gesetze und Verordnungen Nordrhein-Westfalen
	GVBl. Gesetzes- und Verordnungsblatt
GVOBl. Schl.-H.	Gesetzes- und Verordnungsblatt des Landes Schleswig-Holstein
GWB	Gesetz gegen Wettbewerbsbeschränkungen i.d.F. vom 26.8.1998, BGBl. I 1998, S. 2521
HandbStaatsR	Handbuch des Staatsrechts
HessGO	Gemeindeordnung Hessen i.d.F. vom 1.4.1993, GVBl. 1992 I S. 534
HmbGVBl.	Hamburger Gesetzes- und Verordnungsblatt
HmbPersVG	Hamburgisches Personalvertretungsgesetz i.d.F. vom 16.1.1979, GVBl. 1979, S. 17
HPVG	Hessisches Personalvertretungsgesetz i.d.F. vom 24.3.1988, GVBl. I 1988, S. 103
IndustrBez	Industrielle Beziehungen – Zeitschrift für Arbeit, Organisation und Management
Jura	Juristische Ausbildung (Zeitschrift)
JZ	Juristen-Zeitung (Zeitschrift)
LBSG	Gesetz über die Ausgliederung der Landes-Bausparkasse Schleswig-Holstein aus dem Vermögen der Landesbank Schleswig-Holstein Girozentrale vom 7. Mai 2003, GVOBl. Schl.-H. 2003, S. 206
LPersVG RP	Personalvertretungsgesetz für das Land Rheinland-Pfalz i.d.F. vom 24.11.2000, GVBl. 2000, S. 530
LPVG BW	Personalvertretungsgesetz für das Land Baden-Württemberg i.d.F. vom 1.2.1996, GBl. 1996, S. 205
LPVG NRW	Personalvertretungsgesetz für das Land Nordrhein-Westfalen i.d.F. vom 3.12.1974, GV.NRW 1974, S. 1514
MBG Schl.-H.	Mitbestimmungsgesetz Schleswig-Holstein i.d.F. vom 11.12.1990, GVOBl. Schl.-H. 1990, S. 577

Mitbestimmung	Die Mitbestimmung (Zeitschrift)
NGO	Niedersächsische Gemeindeordnung i.d.F. vom 22.8.1996, GVBL. 1996, S. 382
NJW	Neue Juristische Wochenschrift (Zeitschrift)
NotBZ	Zeitschrift für die notarielle Beratungs- und Beurkundungspraxis
NPersVG	Personalvertretungsgesetz für das Land Niedersachsen i.d.F. vom 22.1.1998, GVBl. 1998, S. 19 (berichtigt S. 581)
NVwZ	Neue Zeitschrift für Verwaltungsrecht
NVwZ-RR	NVwZ Rechtsprechungs-Report Verwaltungsrecht (Zeitschrift)
NWVBl.	Nordrhein-Westfälische Verwaltungsblätter (Zeitschrift)
NZA	Neue Zeitschrift für Arbeits- und Sozialrecht
NZA-RR	NZA Rechtsprechungs-Report Arbeitsrecht (Zeitschrift)
NZS	Neue Zeitschrift für Sozialrecht
PersR	Der Personalrat (Zeitschrift)
PersV	Die Personalvertretung (Zeitschrift)
PersVG Bln	Personalvertretungsgesetz für Berlin i.d.F. vom 14.7.1994, GVBl. 1994, S. 338 (berichtigt GVBl. 1995, S. 24)
PersVG Bra	Personalvertretungsgesetz für das Land Brandenburg i.d.F. vom 15.9.1993, GVBl. I 1993, S. 358
PersVG LSA	Landespersonalvertretungsgesetz Sachsen-Anhalt i.d.F. vom 10.2.1993, GVBl. 1993, S. 56
PersVG MV	Personalvertretungsgesetz für das Land Mecklenburg-Vorpommern i.d.F. vom 25.2.1993, GVBl. 1993, S. 125
PflR	Pflegerecht (Zeitschrift)
PostPersRG	Postpersonalrechtsgesetz i.d.F. vom 14.9.1994, BGBl. I 1994, S. 2325, 2353
RdA	Recht der Arbeit (Zeitschrift)
RGBl.	Reichsgesetzblatt
RiA	Recht im Amt (Zeitschrift)
Rs.	Rechtssache

SAE	Sammlung arbeitsrechtlicher Entscheidungen
SächsVBl.	Sächsische Verwaltungsblätter (Zeitschrift)
SächsPersVG	Sächsisches Personalvertretungsgesetz i.d.F. vom 25.6.1999, GVBl. 1999, S. 430
Slg.	Sammlung
SPersVG	Saarländisches Personalvertretungsgesetz i.d.F. vom 2.3.1989, Amtsbl. 1989, S. 413
SpTrUG	Gesetzes über die Spaltung der von der Treuhand verwalteten Unternehmen i.d.F. vom 5.4.1991, BGBl. I 1991, S. 854
SUrlVO	Sonderurlaubsverordnung i.d.F. vom 25.4.1992, BGBl. I S. 978
ThürPersVG	Thüringer Personalvertretungsgesetz i.d.F. vom 14.9.2001, GVBL. 2001, S. 225
TVG	Tarifvertragsgesetz i.d.F. vom 9.4.1949, WiGBl. 1949, S. 55, 68
UmwG	Umwandlungsgesetz i.d.F. vom 28.10.1994, BGBl. I 1994, S. 3210
VBlBW	Verwaltungsblätter für Baden-Württemberg (Zeitschrift)
VermG	Vermögensgesetz i.d.F. vom 23.9.1990, BGBl. II S. 1993, S. 885, 1159
Verw	Die Verwaltung (Zeitschrift)
VerwArch	Verwaltungsarchiv (Zeitschrift)
VerwG.EKD	Verwaltungsgericht für mitarbeitervertretungsrechtliche Streitigkeiten der Evangelischen Kirche in Deutschland
VVDStRL	Veröffentlichungen der Vereinigung der Deutschen Staatsrechtslehrer (Zeitschrift)
VwVfG	Verwaltungsverfahrensgesetz i.d.F. vom 25.5.1976, BGBl. I 1976, S. 1253
WestLBErG NW	Gesetz zur Errichtung der Landesbank Nordrhein-Westfalen und zur Umwandlung der Westdeutschen Landesbank Girozentrale vom 2.7.2002, GV.NRW 2002, S. 284

WiB	Wirtschaftsrechtliche Beratung (Zeitschrift)
WiGBl.	Wirtschaftsgesetzblatt
WSI-Mitt.	Monatszeitschrift des Wirtschafts- und Sozialwissenschaftlichen Instituts in der Hans-Böckler-Stiftung
ZBR	Zeitschrift für Beamtenrecht
ZEuR	Zeitschrift für Europarecht
ZEuS	Zeitschrift für Europarechtliche Studien
ZfA	Zeitschrift für Arbeitsrecht
ZfPR	Zeitschrift für Personalvertretungsrecht
ZGR	Zeitschrift für Unternehmens- und Gesellschaftsrecht
ZIP	Zeitschrift für Wirtschaftsrecht
ZMV	Zeitschrift für die Praxis der Mitarbeitervertretungen in Einrichtungen der katholischen und evangelischen Kirche
ZögU	Zeitschrift für öffentliche und gemeinwirtschaftliche Unternehmen
ZTR	Zeitschrift für Tarifrecht

Einleitung

Die Haushalte der öffentlichen Hand befinden sich seit geraumer Zeit in der Krise. Die Verwaltung unterliegt daher einem enormen Sparzwang. Deshalb hat das Schlagwort von der „Modernisierung der Verwaltung" Hochkonjunktur. Der Staat und die Kommunen beschreiten dabei zwei Wege: Zum einen findet die *Modernisierung innerhalb der Verwaltung* statt. Hier soll insbesondere die Einführung des „Neuen Steuerungsmodells"[1] betriebswirtschaftliche Instrumente zur besseren Organisation und Kontrolle verwaltungsinterner Tätigkeiten beitragen. Die öffentliche Hand verspricht sich davon, ihre Arbeit effizienter zu gestalten und die Qualität der Leistungen zu steigern.[2]

Zum anderen *privatisiert* die Verwaltung öffentliche Aufgaben. Sie erfüllt diese entweder selbst in privatrechtlicher Form, arbeitet bei ihrer Erfüllung mit privaten Dritten zusammen oder verlagert sie ganz in den privaten Bereich. Großbritannien übernahm ab Ende der siebziger Jahre in Europa die Vorreiterrolle und privatisierte eine Vielzahl öffentlicher Einrichtungen.[3] Es zogen schon bald weitere Staaten – unter anderem auch Deutschland – nach.[4] Dieser Prozess, treffend als „Privatisierungswelle" bezeichnet,[5] läuft derzeit international auf Hochtouren.[6] Privatisierungen sollen die Vorteile des Privatrechts für den öffentlichen Dienst nutzbar machen und den Aufgabenkatalog der Verwaltung „entschlacken". Mit dieser nach außen gerichteten Form der Verwaltungsmodernisierung beschäftigt sich die vorliegende Arbeit. Die Privatisierung von Aufgaben und Einrichtungen der öffentlichen Hand bildet seit einigen Jahrzehnten den Ausgangspunkt heftiger kontroverser Diskussionen sowohl in wirtschaftlichen als auch in rechtlichen Zusammenhängen. Die umfangreichen Privatisierungsprojekte der Deutschen Bundespost,[7] der Deutschen Bundesbahn[8] und der Flugsi-

---

[1] Dazu *Mehde*, Neues Steuerungsmodell und Demokratieprinzip.

[2] Zur Mitbestimmung bei der *internen* Verwaltungsmodernisierung vgl. *Blanke*, Verwaltungsmodernisierung.

[3] Zu der Entwicklung von Privatisierungen in Großbritannien vgl. *Ital*, Privatisierung in Großbritannien.

[4] Vgl. *Guski*, Privatisierung in Großbritannien, Frankreich und USA; *Lindow*, Die Privatisierung öffentlicher Unternehmen in der Europäischen Union.

[5] So die Überschrift eines Berichts in der FAZ vom 2.7.2003 (Nr. 150) S. 21.

[6] Vgl. dazu bereits *Kunze*, ZfPR 1997, 101.

[7] Dazu *Allgaier*, ZfPR 1997, 172 (ff.); *Ossenbühl/Ritgen*, Beamte in privaten Unternehmen, S. 14 (ff.).

[8] Dazu *Krutisch*, Der Status der Beamten der ehemaligen Deutschen Bundespost, *Meyer*, RdA 2001, 157 (ff.); zur Privatisierung von Bahn und Post vgl. *Engels/Mauß-Trebinger*, RdA 1997, 217 (ff.).

cherung[9] boten Anlass zu zahlreichen Stellungnahmen aus Wirtschaft und Rechtswissenschaft zur Notwendigkeit und Durchführung derartiger Prozesse.

Nicht nur auf der Bundesebene, auch im Bereich der Länder und Gemeinden beobachtet man starke Privatisierungstendenzen,[10] die von der Wissenschaft zum Teil kritisch begleitet,[11] zum Teil begrüßt und gefordert werden.[12] Ob diese Prozesse zu befürworten oder abzulehnen sind, ist eine politische Frage, welcher diese Arbeit nicht gewidmet ist.

Gegenstand dieser Untersuchung sind ausschließlich personalvertretungsrechtliche Probleme und Besonderheiten, die bei Privatisierungen auftreten können. Personalräte vertreten die Interessen der Beschäftigten des öffentlichen Dienstes. Bei Privatisierungen ist eine solche Interessenvertretung von besonderer Bedeutung, da sich Privatisierungsprozesse erheblich auf die Beschäftigungsverhältnisse auswirken können. Zu fragen ist daher nach den Beteiligungsmöglichkeiten des Personalrats bei Privatisierungsprozessen. Es ist dabei nach den personalvertretungsrechtlichen Beteiligungsmöglichkeiten an Privatisierungsentscheidungen,[13] deren rechtlicher Umsetzung[14] sowie an den typischen Folgemaßnahmen von Privatisierungen[15] zu unterscheiden.

Privatisierungen führen häufig zu einem Wechsel der öffentlichrechtlichen Verfassung einer öffentlichen Einrichtung in eine privatrechtliche. Problematisch ist in diesen Fällen das rechtliche Schicksal personalvertretungsrechtlicher Gremien.[16]

Letztlich soll untersucht werden, ob und wie die Inhalte von Dienstvereinbarungen weiterhin Wirkung entfalten.[17]

---

[9] Dazu *Klimpe-Auerbach*, PersR 1993, 482 (ff.); *Thyssen*, DÖV 1989, 1073 (ff.).

[10] Vgl. *Hellermann*, in: Oldiges, Daseinsvorsorge durch Privatisierung, S. 19.

[11] Vgl. z.B. *Landerer*, PersR 1993, 340 (ff.); *Mendner/Sauerborn*, Zur Privatisierung öffentlicher Dienstleistungen; *Tietje*, Die Neuordnung des Rechts wirtschaftlicher Betätigung und privatrechtlicher Beteiligung der Gemeinden.

[12] Vgl. *Christoph*, Trend – Zeitschrift für soziale Marktwirtschaft 1994, S. 3 (16 ff.).

[13] Siehe dazu 2. Kapitel, S. 53 (ff.).

[14] Siehe dazu 3. Kapitel, S. 127 (ff.).

[15] Siehe dazu 4. Kapitel, S. 137 (ff.).

[16] Siehe dazu 6. Kapitel, S. 145 (ff.).

[17] Siehe dazu 5. Kapitel, S. 175 (ff.).

1. Kapitel
Begriffliche Klärungen

I. Zum Begriff »Privatisierung«

Privatisierung ist einer der beiden Hauptgegenstände dieser Arbeit. Der Begriff der Privatisierung ist mittlerweile ein häufig gebrauchtes Schlagwort im Zusammenhang mit der Modernisierung und der sog. Verschlankung des Staates. Man findet ihn in der Tagespresse und in wissenschaftlichen Auseinandersetzungen aus den Bereichen der Wirtschaftswissenschaften, der Verwaltungslehre und nicht zuletzt der Rechtswissenschaften. Nicht immer wird der Begriff der *Privatisierung* deckungsgleich verwandt.

Der Gesetzgeber geht auffallend sparsam mit dem Terminus *Privatisierung* um. Neben den Bestimmungen, die im Zusammenhang mit der Beseitigung der Teilung Deutschlands stehen, findet man ihn bundesgesetzlich – soweit ersichtlich – einzig in § 7 Abs. 1 S. 2 BHO[18] erwähnt. Dort setzt der Bundesgesetzgeber die Bedeutung dieses Begriffes voraus, indem er eine Prüfungspflicht normiert, ob „staatliche Aufgaben oder öffentlichen Zwecken dienende wirtschaftliche Tätigkeiten durch Ausgliederung und Entstaatlichung oder Privatisierung erfüllt werden können." Eine Definition des Begriffs Privatisierung fehlt. Es lässt sich lediglich feststellen, dass der Gesetzgeber *Privatisierung* von den weiteren Begriffen der *Entstaatlichung* und der *Ausgliederung* trennt. In welchem Verhältnis diese Begriffe zueinander stehen, lässt sich der von ihm gebrauchten Formulierung nicht entnehmen.[19]

Bei einem Blick auf den zweiten Hauptgegenstand dieser Arbeit, das Personalvertretungsrecht, wird man bei der Suche nach einer normativen Erklärung des Begriffes *Privatisierung* fündig. Zwar enthält das BPersVG keinen Definitionsansatz, jedoch regeln einige Landespersonalvertretungsgesetze die Beteiligung des Personalrats bei Privatisierungen.[20] Von diesen landesrechtlichen Vorschriften definieren diejenigen aus Brandenburg, Nordrhein-Westfalen und Saarland den Begriff Privatisierung jeweils fast wortgleich als „Übertragung von Arbeiten der Dienststelle, die üblicherweise von ihren Beschäftigten (Angehörigen[21]) vorgenommen werden, auf Dauer an Privatpersonen oder wirtschaftliche Unternehmen". Die Regelungen in Niedersachsen und Sachsen enthalten diese oder

---

[18] Bundeshaushaltsordnung i.d.F. vom 19.8.1969, BGBl. I 1969, S. 1284.

[19] Vgl. dazu *Kämmerer*, Privatisierung, S. 8 (ff.).

[20] § 68 Abs. 2 Nr. 2 PersVG Bra, § 81 Abs. 1 Satz 1 HPVG, § 75 Abs. 1 Nr. 12 NPersVG, § 72 Abs. 3 Nr. 7 LPVG NRW, § 84 S. 1 Nr. 7 LPersVG RP, § 84 Nr. 7 SPersVG, § 77 Nr. 3 SächsPersVG, § 75 Abs. 2 Nr. 4 ThürPersVG.

[21] § 84 Nr. 7 SPersVG.

eine ähnliche Formulierung[22] zwar ebenfalls, machen sie jedoch nicht als Legaldefinition für den Privatisierungsvorgang, etwa durch den Klammerzusatz *Privatisierung* kenntlich. Die übrigen Landespersonalvertretungsgesetze, die eine Beteiligung der Personalvertretung bei der Privatisierung vorsehen, bleiben eine Definition schuldig.

Die von den Landesgesetzgebern vorgegebene Definition der Privatisierung kann allerdings ausschließlich in dem jeweiligen Bundesland und dort auch nur innerhalb des Personalvertretungsrechts Anwendung finden. Darüber hinaus enthalten die dort verwendeten Formulierungen für eine allgemeine Begriffsfindung keine brauchbaren Anhaltspunkte. Sie sind begrifflich zu eng an das Personalvertretungsrecht gekoppelt, um Hinweise für ein allgemeines Begriffsverständnis der Privatisierung geben zu können.

Auch in den wissenschaftlichen Arbeiten zu diesem Gegenstand hat sich noch kein klares Bild abgezeichnet. Der Hinweis, es handele sich dabei nicht um einen einheitlichen und allgemein zugänglichen Begriff,[23] verdeutlicht diese Misere. Der Privatisierungsbegriff gewinnt in den einschlägigen wissenschaftlichen Auseinandersetzungen erst dann an Schärfe, wenn er zusammen mit einer der zahlreichen Privatisierungsarten sowie deren Anwendung auf konkrete Privatisierungssachverhalte benutzt wird.[24] Dieser Befund ist unbefriedigend, da er den gemeinsamen Nenner der Privatisierungsarten – die Privatisierung – nicht zu erklären versucht. Handelte es sich bei dem Begriff *Privatisierung* lediglich um einen konturenlosen „Schein-Terminus“, wäre er zur Beschreibung der verschiedenen Privatisierungsarten denkbar ungeeignet. Begibt man sich auf die Suche nach einer alle Privatisierungsarten umfassenden Definition des gemeinsamen Begriffes *Privatisierung*, so muss es sich dabei um eine an praktischen Erwägungen orientierte weite Definitionsfassung handeln, die den verschiedenen Formen von Privatisierungen ausreichend Rechnung trägt.

Zunächst ist festzustellen, dass Privatisierung immer einen Prozess umschreibt, in welchem sich die öffentliche Hand von bestimmten Gegenständen zugunsten Privater – seien es natürliche oder juristische Personen – trennt.[25] Der Begriff der öffentlichen Hand umschreibt im Zusammenhang mit dieser Untersuchung die öffentliche Verwaltung von Bund, Ländern und Kommunen. Mit Kommu-

---

[22] § 77 Nr. 3 SächsPersVG spricht von der „Übertragung von Dienststellenaufgaben an Privatpersonen oder wirtschaftliche Einrichtungen“.

[23] *Burgi*, Funktionale Privatisierung und Verwaltungshilfe, S. 9; *Scheele*, in: Blanke/Trümner, Handbuch Privatisierung, Rn. 7; *Vogelsang*, PersV 2005, 4 (5).

[24] *Stelkens/Schmitz*, in: Stelkens/Bonk/Sachs, VwVfG, § 1, Rn. 102.

[25] Vgl. *Kämmerer*, Privatisierung, S. 2.

nen sind die kommunalen Gebietskörperschaften, d.h. die Gemeinden und die Kreise als Gemeindeverbände gemeint.[26]

Anhand des Prozesscharakters von Privatisierungen lassen sich die Schwächen eines Definitionsversuches, Privatisierung bedeute im Grundsatz schlicht „Entstaatlichung",[27] erkennen. Wie bereits erwähnt geht der Gesetzgeber in § 7 Abs. 1 S. 2 BHO davon aus, dass sich die Begriffe *Privatisierung* und *Entstaatlichung* nicht entsprechen. Entstaatlichung bezeichnet einen Vorgang, bei dem sich die öffentliche Hand von einem bestimmten Aufgabenfeld zurückzieht.[28] Unerheblich für das Begriffsverständnis der Entstaatlichung ist, ob dieses Aufgabenfeld nunmehr Privaten zur Erfüllung zur Verfügung steht oder gar vom Staat auf private Rechtsträger übertragen wird. Der Begriff der *Privatisierung* reicht folglich weiter als derjenige der *Entstaatlichung*, da es bei Privatisierungen nicht nur um Prozesse *weg vom Staat* – als Entstaatlichung –, sondern auch *hin zum Privaten* geht.[29]

Diese Erfassungslücken versucht der folgende Definitionsversuch zu schließen: Bisher von der öffentlichen Hand ausgeführte Aufgaben sollen Privaten überlassen werden.[30] Hierbei fühlt man sich an die von den einschlägigen Landespersonalvertretungsgesetzen gebrauchte Definition erinnert. Dieser Definitionsversuch stellt allein auf die Privatisierung *öffentlicher Aufgaben* ab, vernachlässigt dabei aber, dass bestimmte Formen von Privatisierungen auch bei den öffentlich verwalteten Gütern ansetzen können. Privatisierungsfähig sind nicht nur Aufgaben. Auch in öffentlichem Eigentum stehende Sachen, etwa Immobilien, sind einer Privatisierung zugänglich. Darüber hinaus bleibt unklar, ob Private im Sinne dieser Definition nur außerhalb öffentlichen Einflusses stehende natürliche oder juristische Personen sein können, oder ob es sich dabei auch um von der öffentlichen Hand durch Beteiligung beeinflusste juristische Personen des Privatrechts handeln kann.

Diesen Bedenken begegnet ein weiterer Versuch, *Privatisierung* zu definieren. Nach dieser Auffassung bezeichnet Privatisierung die dauerhafte Verlagerung

---

26 Vgl. *Creifelds*, Rechtswörterbuch, S. 795 (Stichwort: „Kommunen"); *Maurer*, Allgemeines Verwaltungsrecht, § 23, Rn. 5.

27 *Arnim/Borell/Vogt*, Privatisierung öffentlicher Dienstleistungen, S. 9; *Bauer*, VVDStRL 54 (1995), S. 243 (251).

28 *Hellerman*, Privatisierung und kommunale Selbstverwaltung, in: Oldiges (Hrsg.), Daseinsvorsorge durch Privatisierung – Wettbewerb oder staatliche Gewährleistung, S. 19 (20).

29 *Arnim/Borell/Vogt*, Privatisierung öffentlicher Dienstleistungen, S. 9.

30 *Däubler*, Privatisierung als Rechtsproblem, S. 16; *Steinheuer*, Privatisierung kommunaler Leistungen, S. 11.

bisher von der öffentlichen Verwaltung erbrachter Leistungen und verwalteter Güter und Einrichtungen auf privatrechtlich verfasste Unternehmen.[31]

Diesem Definitionsansatz hält *Kämmerer* entgegen, das von der öffentlichen Hand abgegebene Recht sei von dem, welches dem Privaten durch den Privatisierungsprozess erwächst, zu unterscheiden. Es würde zu keiner Übertragung von Rechten oder Aufgaben kommen. Privatisierung sei daher „jede Form der Abgabe von *Rechtsmacht*[32] durch den Staat zugunsten von Personen des Privatrechts, wobei unter diese natürliche Personen und jede Art von privatrechtlich organisierten Rechtssubjekten ohne Rücksicht auf die Anteilseigner fallen".[33] Die Kritik *Kämmerers* an der zuvor vorgestellten Begriffsbestimmung überzeugt nicht. Privatisierung umfasst gerade jenen Transformationsprozess, den eine öffentliche Aufgabe oder Einrichtung erfährt. Der Begriff der Verlagerung ist zudem geeignet, alle verschiedenen Arten der Privatisierung zu erfassen. Außerdem erscheint die Aufnahme konkreter Privatisierungsobjekte in eine für die Praxis taugliche Definition unentbehrlich. Den unbestimmten Begriff der Privatisierung mit Hilfe eines ebenfalls schwer fassbaren Begriffes wie dem der *Rechtsmacht* zu umschreiben, erscheint dafür nicht geeignet.

Gleichwohl bleibt der hier favorisierte Definitionsansatz nicht ohne Kritik. Zunächst ist es erforderlich die Privatisierungsobjekte nicht kumulativ, sondern, um den verschiedenen Privatisierungsformen gerecht werden zu können, alternativ in die Begriffsbestimmung einzuführen. Darüber hinaus reicht der Verweis allein auf privatrechtlich verfasste Unternehmen nicht aus, die Bandbreite der möglichen Privatisierungen zu erfassen.

Nach allem ist *Privatisierung* jede dauerhafte Verlagerung bisher von der öffentlichen Hand erbrachter Leistungen *oder* öffentlich verwalteter Güter *oder* öffentlicher Einrichtungen auf Private als natürliche Personen *oder* privatrechtlich verfasste Unternehmen.

Der Begriff der Privatisierung ist letztlich zu seinem besseren Verständnis von dem der Ausgliederung zu unterscheiden. *Ausgliederung* bezeichnet einen Vorgang, bei dem Teile aus einer Organisationsgesamtheit in die organisatorische Selbständigkeit entlassen werden. Diese Prozesse sind im privatrechtlichen und im öffentlichrechtlichen Kontext denkbar. Bei bestimmten Arten öffentlichrechtlicher Ausgliederungen handelt es sich ebenfalls um Privatisierungen. Insoweit bestehen Schnittbereiche zwischen beiden Begriffen.

Öffentlichrechtliche Ausgliederungen beschreiben Organisationsveränderungen, bei denen Teile aus der Gesamtheit der öffentlichen Verwaltung herausgenom-

---

[31] *Kempen, B.*, Schranken der Privatisierung, S. 4; *Schaub*, PersV 1998, 100 (103); *Stober*, Wirtschaftsverwaltungsrecht, § 2 VIII 2 b (S. 43).

[32] Hervorhebung durch den Verfasser.

[33] *Kämmerer*, Privatisierung, S. 37.

men und organisatorisch verselbständigt werden.[34] Dabei kann es sich um Ausgliederungen innerhalb des öffentlichen Rechts handeln, etwa die Ausgliederungen öffentlicher Aufgaben von einem Regiebetrieb auf eine Anstalt des öffentlichen Rechts. Diese organisatorischen Veränderungen unterscheiden sich von denen einer Privatisierung erkennbar. Als Privatisierung sind hingegen solche Ausgliederungen zu bezeichnen, die sich vom öffentlichen Recht auf das Privatrecht vollziehen. Hier ist an die Umwandlung einer Körperschaft des öffentlichen Rechts in eine GmbH zu denken. Solche Ausgliederungen sind das Thema der vorliegenden Arbeit. Die personalvertretungsrechtlichen Instrumente bei Umstrukturierungen der Verwaltung innerhalb des öffentlichen Rechts sollen demgegenüber nicht beleuchtet werden. Gerade das Überschreiten der Trennlinie zwischen öffentlichem und privatem Recht wirft für die Beteiligung der Personalvertretung und deren Existenz besondere Fragen auf, denen hier nachgegangen werden soll.

II. Öffentliche Aufgaben und öffentliche Einrichtungen als mögliche Gegenstände von Privatisierungen

Privatisierungsprozesse beziehen sich regelmäßig auf bestimmte Privatisierungsgegenstände als Objekte staatlicher Verlagerungstätigkeit. In Betracht kommen dafür Verfügungsrechte der öffentlichen Hand, z.B. über das Eigentum an Grundstücken, öffentliche Einrichtungen insgesamt, z.B. kommunale Eigenbetriebe, oder öffentliche Aufgaben, etwa die bisher von der öffentlichen Hand organisierte Müllentsorgung. Die Privatisierung einer öffentlichen Einrichtung muss dabei nicht auch die Privatisierung der von ihr wahrgenommenen öffentlichen Aufgabe bedeuten.

Der Begriff der öffentlichen Einrichtung umfasst alle organisatorischen Einheiten, mit deren Hilfe die Verwaltung in ihren Wirkungskreis fallende Aufgaben erfüllt, zu denen sie gesetzlich verpflichtet ist oder die sie freiwillig übernommen hat.[35] Die Einrichtung muss einer bestimmten Öffentlichkeit durch Widmung zur allgemeinen Benutzung zur Verfügung stehen.[36] Die Organisationsform der Einheit ist unerheblich;[37] maßgebliches Kriterium ist, dass sie öffentliche Aufgaben erfüllt.[38]

---

[34] *Kämmerer*, Privatisierung, S. 53; *Werner*, Ausgliederungen aus den öffentlichen Haushalten, S. 2.

[35] Vgl. *Kauther*, Private als Träger von öffentlichen Einrichtungen, S. 10; *Schön*, Die Zulassung zu anstaltlich genutzten öffentlichen Einrichtungen, S. 6.

[36] *Fischer/Zwetkow*, NVwZ 2003, 281 (283); *Schäfer*, Benutzungsregelungen gemeindlicher öffentlicher Einrichtungen, S. 33.

[37] Nach früherem Verständnis waren darunter jedoch nur die Anstalten des öffentlichen Rechts zu verstehen vgl. *Wolff*, AfK 2 (1963) S. 149 (157 ff.); so wohl auch *Gönnenwein*, Gemeinderecht,

Öffentliche Einrichtungen sind zu unterscheiden in öffentlichrechtliche Einrichtungen und privatrechtliche Einrichtungen der öffentlichen Hand.

Öffentlichrechtliche Einrichtungen sind solche des öffentlichen Rechts. Es handelt sich dabei um Körperschaften, Anstalten und Stiftungen des öffentlichen Rechts sowie Eigenbetriebe der Verwaltung. Privatrechtliche Einrichtungen der öffentlichen Hand sind die im Mehrheitsbesitz der Verwaltung stehenden Kapitalgesellschaften wie Aktiengesellschaften und Gesellschaften mit beschränkter Haftung. Es kann sich dabei auch um privatrechtliche Vereine, Stiftungen und Genossenschaften handeln, die mit einer öffentlichen Aufgabenbewältigung betraut sind. Ist die öffentliche Hand Alleingesellschafterin einer privatrechtlich verfassten Gesellschaft, so wird diese als Eigengesellschaft bezeichnet.

Wer sich mit der Thematik der öffentlichen Einrichtungen beschäftigt, stößt häufig auf den Begriff der wirtschaftlichen Unternehmen der öffentlichen Hand.[39] Eine Definition des Begriffes *öffentliches Unternehmen* existiert im deutschen Recht nicht. Hinweise erhält man indes bei einem Blick auf die europäische Transparenzrichtlinie 80/723/EWG vom 25.6.1980 in der Fassung der Änderungsrichtlinie 2000/52/EG vom 26.7.2000.[40] Nach deren Art. 2 Abs. 1 b) sind öffentliche Unternehmen solche wirtschaftlichen Einheiten, auf welche die öffentliche Hand unmittelbar oder mittelbar beherrschenden Einfluss ausüben kann. Sie sind aus der unmittelbaren Verwaltung von Bund, Ländern oder Gemeinden ausgegliedert und bilden verselbständigte Organisationseinheiten, die in wirtschaftlicher Eigenregie stehen.[41] Es werden nur solche wirtschaftlichen Unternehmen vom Begriff des öffentlichen Unternehmens erfasst, in denen die öffentliche Hand Produkte herstellt oder Dienstleistungen anbietet.[42] Von öffentlichen Unternehmen spricht man, wenn die betreffende Einheit wirtschaftliche Arbeitsmethoden anwendet, eine wirtschaftliche Rechnungslegung aufweist sowie eigenständig am geschäftlichen Verkehr teilnimmt.[43] Die Begriffe öffentliche Einrichtung und öffentliche Unternehmen werden zum Teil auch synonym verwandt.[44] In den öffentlichen Unternehmen nimmt die ökonomisch geleitete Zielsetzung einen sehr hohen Rang ein, weshalb für die Beschäftigten der öf-

---

S. 473 (ff.). – Zur Ausweitung des Begriffsverständnisses vgl. *Schön*, Die Zulassung zu anstaltlich genutzten öffentlichen Einrichtungen, S. 6 (ff.).

[38] Vgl. *Kauther*, Private als Träger von öffentlichen Einrichtungen, S. 10; *Schäfer*, Benutzungsregelung gemeindlicher öffentlicher Einrichtungen, S. 34.

[39] *Schäfer*, Benutzungsregelung gemeindlicher öffentlicher Einrichtungen, S. 35.

[40] Vgl. *Schwitter*, Die Privatisierung der Kantonalbanken, S. 57.

[41] *Killian/Schneider*, IndustrBez 1998, S. 270 (274).

[42] *Nagel/Abel*, AuR 1987, 15.

[43] *Püttner*, Die öffentlichen Unternehmen, S. 35.

[44] Vgl. *Killian/Schneider*, IndustrBez 1998, S. 270 (274 f.).

fentlichen Unternehmen eine vergleichbare Situation mit der der Beschäftigten in der Privatwirtschaft besteht.[45]

Öffentliche Einrichtungen dienen der Erfüllung öffentlicher Aufgaben. Es gilt zu klären, welche Arten öffentlicher Aufgaben diese Einrichtungen erfüllen können.[46] Das ist entscheidend für die Frage, ob und auf welche Art und Weise der Staat öffentliche Aufgaben mit Hilfe privater Rechtsträger erfüllen darf oder sich dieser Aufgaben sogar vollständig entledigen kann.

Öffentliche Aufgaben sind alle Aufgaben, deren Ausführung im Interesse und im Wohl der Allgemeinheit liegt.[47] Zu ihrer Feststellung kann man nicht auf einen normierten Katalog zurückgreifen. Es ist zwischen öffentlichen Aufgaben im weiteren Sinne und sog. Staatsaufgaben als öffentliche Aufgaben im engeren Sinne zu unterscheiden.[48]

Das Grundgesetz lässt nur auf eine kleine Anzahl von Aufgabenbereichen schließen, die der Staat als öffentliche Aufgaben im engeren Sinne selbst zu erfüllen hat.[49] Zu diesen öffentlichen Aufgaben gehören zunächst die Aufgaben aus dem Kernbereich staatlichen Handelns – der Justiz, der Polizei, der Bundeswehr, des Zolls, des Strafvollzugs und der Steuererhebung.[50] Sie dienen der Wahrung von besonders gewichtigen Gemeinwohlbelangen und sind aus diesem Grunde jeglicher Privatisierung entzogen.[51] Der Staat darf sich seiner Verantwortung in den Bereichen dieser Kernaufgaben auch nicht dadurch entziehen, dass er sie auf Institutionen funktionaler Selbstverwaltung überträgt. Zu den öffentlichen Aufgaben im engeren Sinne zählen zudem solche Aufgaben, zu deren Erfüllung der Staat gesetzlich verpflichtet ist oder deren Ausführung er freiwillig staatlichen Stellen übertragen hat.[52] Weitere Staatsaufgaben können der Verfassung, insbesondere dem demokratischen Prinzip des Art. 20 Abs. 2 GG nicht entnommen werden.[53]

Alle anderen Tätigkeiten, welche die öffentliche Hand im Allgemeininteresse ausführt, sind zu den öffentlichen Aufgaben im weiteren Sinne zu zählen. Hierzu gehören insbesondere die auf Überlegungen *Forsthoffs* zurückgehenden Auf-

---

[45] So *Nagel/Abel*, AuR 1987, 15.

[46] *Müller, N.*, Rechtsformenwahl, S. 5; *Bauer*, VVDStRL 54 (1995), S. 243 (249); vgl. dazu eingehend: *Weiss*, Privatisierung und Staatsaufgaben, 2002.

[47] *Müller, N.*, Rechtsformenwahl, S. 15.

[48] *Müller, N.*, Rechtsformenwahl, S. 6.

[49] Vgl. *Klein*, FS Forsthoff, S. 165 (179).

[50] *Krölls*, GewArch 1995, 129 (135); *Di Fabio*, JZ 1999, 585 (591); *Hardraht*, SächsVBl. 2003, 53 (56); *Schoch*, DVBl. 1994, 962 (963).

[51] *BVerwG*, 17.12.1997, BVerwGE 106, 64 (77 f.); *Kunze*, ZfPR 1997, 101 (103).

[52] *Di Fabio*, JZ 1999, 585 (587); *Müller, N.*, Rechtsformenwahl, S. 7.

[53] *BVerfG*, 5.12.2002, NVwZ 2003, 975 (976 f.).

gaben aus dem Bereich der Daseinsvorsorge.[54] Es handelt sich dabei um einen sehr weiten Begriff, der alle tatsächlichen Leistungen der Verwaltung an die Bürger unabhängig von deren Wichtigkeit für die Lebensgestaltung umfasst.[55] Diese Aufgaben müssen selbst dann nicht von staatlichen Stellen ausgeführt werden, wenn es sich um Aufgaben von wesentlicher Bedeutung für das Allgemeinwohl handelt.[56] Der Staat hat lediglich darüber zu wachen, dass und wie diese Aufgaben der Gesellschaft angeboten werden.

III. Arten der Privatisierung

Die öffentliche Hand bedient sich einer Vielfalt von Privatisierungsformen. Wie bereits erwähnt, wird der Begriff *Privatisierung* oft erst über die Typenbildung erklärt. Man differenziert dabei anhand eines formell-rechtlichen und eines materiell-wirtschaftlichen Kriteriums.[57]

In Betracht kommt zunächst die schlichte Übertragung öffentlichen Eigentums oder Vermögens auf private Personen oder Unternehmen.[58] Die öffentliche Verwaltung kann auch andere rechtliche Veränderungen über öffentlichrechtliche Vermögensgegenstände zugunsten Privater vornehmen. Hier ist an die Vermietung oder Verpachtung von öffentlichen Grundstücken und Sachen zu denken.[59] Diese Art der Privatisierung bezeichnet man als *Vermögensprivatisierung*.[60]

Eine weitere Form der Privatisierung ist die sog. *formelle Privatisierung*. Sie wurde in der Vergangenheit nicht einstimmig als eigene Art der Privatisierung anerkannt, da der Staat bei dieser Form noch immer hinter der Aufgabenerfüllung steht.[61] Mittlerweile hat sie unbestritten in den Kanon der Privatisierungsformen Einzug gehalten. Die formelle Privatisierung bezeichnet einen Vorgang, bei welchem der Staat eine öffentlichrechtliche Einrichtung zwar in eine privatrechtliche Organisationsform, z.B. eine AG oder eine GmbH, überleitet; diese

---

[54] *Forsthoff*, Die Daseinsvorsorge und die Kommunen.

[55] *Forsthoff*, Verwaltungsrecht Bd. 1, S. 370; wegen dieser weiten Begriffsbestimmung ist eine Auswirkung dieses Terminus auf die Privatisierungsdiskussion teilweise als unmöglich angesehen worden, vgl. *Krieger*, Schranken der Zulässigkeit der Privatisierung öffentlicher Einrichtungen der Daseinsvorsorge, S. 13.

[56] *BVerfG*, 5.12.2002, NVwZ 2003, 975 (977).

[57] Vgl. *v. Arnim/Borell/Vogt*, Privatisierung öffentlicher Dienstleistungen, S. 9; kritisch zu dieser Typisierung: *Kämmerer*, Privatisierung, S. 36 (ff.).

[58] *Loesch*, Privatisierung öffentlicher Unternehmen, S. 42 (f.); *Di Fabio*, JZ 1999, 585.

[59] *Hamer/Gebhardt*, Privatisierungspraxis, S. 83 (ff.).

[60] *Krölls*, GewArch 1995, 129 (131).

[61] Ablehnend zum Begriff der formellen Privatisierung: *Schuster/Beckerle*, NZA 1985, 16.

privatrechtliche Gesellschaft verbleibt aber unter der Leitungsmacht und dem Verantwortungsbereich der öffentlichen Hand.[62] Deshalb spricht man von dieser Privatisierungsform auch als *Organisationsprivatisierung*.[63] Der Staat erfüllt im Anschluss an eine formelle Privatisierung seine öffentlichen Aufgaben mit den Mitteln des Privatrechts – gleichwohl verbleiben es *öffentliche Aufgaben* und die privatrechtlich verfasste Einrichtung bleibt eine *öffentliche Einrichtung*.

Diese Privatisierungsform stellt das Personalvertretungsrecht vor besondere Herausforderungen und soll bei den folgenden Untersuchungen im Vordergrund stehen. Immer dann, wenn eine nähere Konkretisierung unterbleibt, sollen sich die Ausführungen auf formelle oder Organisationsprivatisierungen beziehen.

Innerhalb der formellen Privatisierung wird darüber hinaus noch die Unterform der *Handlungsformprivatisierung* unterschieden, bei welcher die öffentliche Verwaltung gegenüber dem Bürger zwar durch eine öffentlichrechtliche Einrichtung, aber nicht hoheitlich, sondern privatrechtlich tätig wird.[64]

Die öffentliche Hand kann auch einen privaten Rechtsträger mit der Wahrnehmung einer öffentlichen Aufgabe oder eines bestimmten Aufgabengebietes betrauen und damit die Durchführungsverantwortung aus der Hand geben. Die Verantwortung dafür, dass diese Aufgabe überhaupt erfüllt wird – man spricht von der Gewährleistungsverantwortung – verbleibt ihr hierbei aber.[65] Häufig arbeitet die Verwaltung in diesem Bereich vertraglich mit privaten Dritten zusammen, weshalb der Begriff der *Public-Private-Partnership* für diesen Prozess geläufig ist. Diese Art der Privatisierung wird auch als *funktionelle Privatisierung* bezeichnet.[66]

Letztlich kann der Staat einen Tätigkeitsbereich im Wege der sog. *materiellen Privatisierung* vollständig auf einen privaten Rechtsträger übertragen und damit aus dem eigenen Verantwortungsbereich entlassen.[67] Der Aufgabenbereich der Verwaltung verringert sich auf diese Weise tatsächlich,[68] weshalb für diese Vorgänge auch der Begriff der *Aufgabenprivatisierung* gebräuchlich ist.[69]

---

[62] *Lee*, Privatisierung als Rechtsproblem, S. 148.

[63] *Becker*, ZögU 2001, 1 (3); *Hofmann*, VBlBW 1994, 121 (122). – *Erdmeier*, Privatisierung von Unternehmensbeteiligungen, S. 21, bezeichnet die Formen der formellen Privatisierung als „Privatisierung im weiteren Sinne".

[64] *Stober*, in: Tettinger, Public-Private-Partnership, S. 28.

[65] *Krölls*, GewArch 1995, 129 (131).

[66] *Schoch*, DVBl. 1994, 962 (963).

[67] *Becker*, ZögU 2001, 1 (3); *Lee*, Privatisierung als Rechtsproblem, S. 163.

[68] *Hofmann*, VBlBW 1994, 121 (122).

[69] *Stober*, Wirtschaftsverwaltungsrecht, § 41 (S.409). Als „Funktionsprivatisierung" bezeichnet *Becker*, ZögU 2001, 1 (3) diesen Vorgang. Das kann aber zu Missverständnissen führen, da die *funktionelle Privatisierung* begrifflich für eine andere eigenständige Privatisierungsform steht. *Erd-*

In vielen Fällen schließt sich eine materielle Privatisierung an eine formelle Privatisierung an. Das ist etwa dann der Fall, wenn die Verwaltung Mehrheitsbeteiligungen an öffentlichen Unternehmen privater Rechtsform auf Private überträgt. In diesem Fall geht die materielle Privatisierung mit einer Vermögensprivatisierung einher.

IV. Verfahren der Privatisierung

Die Privatisierung öffentlicher Einrichtungen oder Aufgaben ist keine einaktige Angelegenheit, sondern vollzieht sich – wie jede Durchführung öffentlicher Aufgabenerfüllung[70] – in unterschiedlichen Phasen. Privatisierung ist – unabhängig davon, um welche Form es sich dabei handelt – ein Prozess.[71]

Der Durchführung der Privatisierung geht eine Entscheidung über die Privatisierung voraus. Die Umsetzung dieser Entscheidung bildet in den meisten Fällen nicht den Schlusspunkt der Veränderungen, sondern kann eine Reihe von Folgemaßnahmen nach sich ziehen. Die Intensität der Personalratsbeteiligung hängt jeweils von der Verfahrensphase des Privatisierungsprozesses ab.

1. Die Privatisierungsentscheidung

Der Durchführung einer Privatisierung geht regelmäßig die Entscheidung, dass eine Privatisierung überhaupt erfolgen soll, voraus. Diese Entscheidung ist ihrerseits Ergebnis eines Prozesses, in dem eine Vielzahl von vorbereitenden Entscheidungen gefällt worden sind.[72] Typische Auslöser für die öffentliche Hand, über die Privatisierung öffentlicher Aufgaben oder Einrichtungen nachzudenken, sind sich verändernde normative oder tatsächliche Rahmenbedingungen, theoretische Überlegungen zu den positiven Auswirkungen von Privatisierungen oder auf kommunalem Sektor der Erfahrungsaustausch mit benachbarten Kreisen oder Gemeinden.

Während der die Privatisierungsentscheidung vorbereitenden Phase werden zunächst Zielvorgaben festgelegt und darauf basierend verschiedene Handlungsal-

---

meier nennt die Formen der materiellen Privatisierung „Privatisierung im engeren Sinne“, Die Privatisierung von Unternehmensbeteiligungen, S. 21.

[70] *Wätzel*, Effiziente Gestaltung der Phasen gemeindlicher Aufgabenerfüllung durch Mitwirkung Privater, S. 7 (ff.).

[71] Vgl. dazu auch *Erdmeier*, Die Privatisierung von Unternehmensbeteiligungen, S. 193 (ff.).

[72] *Fabry*, in: Fabry/Augsten, Handbuch Unternehmen der öffentlichen Hand, Teil 3, Rn. 3; *Steinheuer*, Privatisierung kommunaler Leistungen, S. 55.

ternativen geprüft.[73] Diese Vorentscheidungen werden entweder Ausschüssen oder Planungsgruppen der Legislative oder der Exekutive übertragen, welche die erforderliche fachliche Qualifikation aufweisen.

Bei der Formulierung der Zielvorgaben legt die öffentliche Hand fest, was mit der bevorstehenden Maßnahme angestrebt wird. Sie beschreibt damit den Kostenrahmen, die erwarteten Leistungsmerkmale, die Preise für eine öffentliche Leistung und die erwarteten Auswirkungen der Maßnahme auf die betroffenen Beschäftigten.

Im Anschluss daran überprüft die öffentliche Hand die für diese Ziele in Betracht kommenden Handlungsmöglichkeiten. Das Ergebnis dieser Prüfung muss nicht zwangsläufig die Entscheidung zur Privatisierung sein. Eine solche Prüfung kann auch Umstrukturierungen innerhalb der Verwaltung nach sich ziehen oder das Ergebnis kann lauten, der „Status quo" komme den anvisierten Zielen letztlich doch am nächsten. Kommt die öffentliche Hand zu dem Ergebnis, eine Privatisierung erfülle die Zielvorgaben am besten, so werden in dieser Entscheidungsphase verschiedene Privatisierungsmöglichkeiten überprüft und deren Wirkungen analysiert. Letztlich fällt auf der Basis dieser Vorprüfungen die konkrete Privatisierungsentscheidung.

Diese Entscheidung kann in unterschiedlichen Gremien getroffen werden. Sie kann zunächst in der Hand eines Parlaments liegen.[74] Es handelt sich hierbei beispielsweise bei kommunalen Privatisierungen um eine Gemeinde- oder Kreisvertretung, bei Privatisierungen auf Landes- oder Bundesebene um das Landesparlament oder den Bundestag. In der Praxis sind diese Vertretungen in den meisten Fällen bereits in die vorbereitenden Entscheidungen über die Arbeit in den Ausschüssen eingebunden.[75] Im kommunalen Bereich fällt die Privatisierungsentscheidung regelmäßig in den Kreisvertretungen oder Gemeinderäten.[76] Die Gemeinde- und Kreisordnungen sehen für diese Entscheidung teilweise die ausschließliche Zuständigkeit der Kreis- oder Gemeindevertretungen vor.[77]

Die Entscheidung über Privatisierungen trifft auf Bundes- und Landesebene zunehmend die Verwaltung, d.h. die Exekutive selbst.[78] Diese prüft die für ihre Arbeitsweise effizienten Organisationsstrukturen und trifft anschließend die organisatorischen Entscheidungen; sie ist dabei lediglich an gesetzliche Vorgaben gebunden. Es gelten die Beschränkungen des § 65 Abs. 1 BHO und der entspre-

---

[73] *Steinheuer*, Privatisierung kommunaler Leistungen, S. 57 (ff.).

[74] *Steinheuer*, Privatisierung kommunaler Leistungen, S. 62.

[75] *Steinheuer*, Privatisierung kommunaler Leistungen, S. 57.

[76] Dazu *Fabry*, in: Fabry/Augsten, Handbuch Unternehmen der öffentlichen Hand, Teil 3, Rn 5; *Werner*, Ausgliederungen aus den öffentlichen Haushalten, S. 64.

[77] Vgl. § 41 Abs. 1 GO NRW, § 40 Abs. 1 Nr. 10 NGO.

[78] *Werner*, Ausgliederungen aus den öffentlichen Haushalten, S. 62.

chenden Vorschriften der LHO. Diese Vorschriften enthalten die Voraussetzungen, unter welchen sich die öffentliche Hand auf Bundes- oder Landesebene an privaten Gesellschaften beteiligen darf. Dabei werden ähnlich wie im Kommunalrecht das Vorliegen eines wichtigen Interesses, die wirtschaftliche Subsidiarität, eine Haftungsbegrenzung und ein verbleibender Staatseinfluss in ausreichendem Maße vorausgesetzt.

2. Rechtlich notwendige Schritte zur Umsetzung der Privatisierungsentscheidung

Ist die Entscheidung für eine Privatisierung gefallen, ist diese Entscheidung rechtlich umzusetzen. Der öffentlichen Hand stehen dazu eine Reihe rechtlicher Institute zur Verfügung.

a) Einzelrechtsnachfolge: Vertragliche Gestaltung

Die öffentliche Hand kann eine öffentliche Einrichtung, z.B. einen Eigenbetrieb der Stadtreinigung, Gesellschaftsanteile an einem öffentlichen Unternehmen oder eine öffentliche Aufgabe durch einen privatrechtlichen Vertrag auf ein Privatrechtssubjekt übertragen.[79]

Sieht die Privatisierungsentscheidung die formelle Privatisierung eines Eigenbetriebes vor, so kann die öffentliche Hand zunächst ein Privatrechtssubjekt, z.B. eine GmbH gründen und sodann die Betriebsmittel des Eigenbetriebs vertraglich auf diese GmbH übertragen. Die GmbH, deren Alleingesellschafterin die öffentliche Hand ist, nimmt anschließend die Erfüllung der öffentlichen Aufgabe wahr. Diese formell privatisierte Einrichtung steht in einem weiteren Schritt der materiellen Privatisierung offen, indem die öffentliche Hand ihre Gesellschaftsanteile einem privaten Erwerber überlässt. Die Beteiligten können zur Übertragung der Betriebsmittel auch die Gestaltung eines öffentlichrechtlichen Vertrages wählen.[80] Hierbei ist die zentrale Vorschrift des § 613 a BGB in den Blick zu nehmen.[81] Da bei diesen Vorgängen die Vermögensgegenstände einzeln auf den Erwerber übergehen, spricht man auch von einer Einzelrechtsnachfolge.

Eine besondere Form der vertraglichen Übertragung öffentlicher Aufgaben auf einen Privaten stellt die sog. Funktions- oder Aufgabennachfolge dar. Öffentliche Aufgaben werden dabei auf einen Privaten übertragen, ohne dass sachliche

---

[79] *Trümner*, PersR 1993, 473 (475).

[80] *Trümner*, PersR 1993, 473 (476).

[81] Vgl. dazu *Wollenschläger/Ahnert*, AuA 1999, 115.

Betriebsmittel übergehen.[82] Es handelt sich um die schlichte Nachfolge in bestehende Aufgaben und Funktionen.[83] Diese Privatisierungsform ist bei der Privatisierung von öffentlichen Dienstleistungen von Relevanz, da dabei häufig wenig oder keine Betriebsmittel auf den Privaten übergehen. Auf diese Weise werden z.B. bereits ausgegliederte Verwaltungsteile des Dienstleistungsbereiches privatisiert.[84]

Zu unterscheiden ist die reine Funktionsnachfolge von der Vertragsnachfolge.[85] Während bei der Funktionsnachfolge eine Aufgabe erstmalig an einen Dritten vergeben wird, spricht man bei der wiederholten Fremdvergabe öffentlicher Aufgaben nach einer Neuausschreibung an einen anderen privaten Bewerber von einer Vertragsnachfolge.

Funktions- und Vertragsnachfolge dienen häufig als Mittel der funktionellen oder der materiellen Privatisierung. Gibt die öffentliche Hand im Wege der Funktionsnachfolge vertraglich einen Tätigkeitsbereich vollständig und endgültig in den privaten Bereich ab, handelt es sich um eine materielle Privatisierung. Sie kann öffentliche Aufgaben auch durch regelmäßige Ausschreibungen auf private Anbieter übertragen, wobei nach einem gewissen Zeitablauf ein erneutes Ausschreibungsverfahren notwendig wird. Dabei handelt es sich um eine Form der funktionellen Privatisierung.

b) Gestaltungsmöglichkeiten nach dem UmwG

Das UmwG enthält ebenfalls wichtige rechtliche Instrumente zur Umsetzung von Privatisierungsvorhaben der öffentlichen Hand. Umwandlungen gestalten sich danach mehrheitlich[86] nach dem Prinzip der Gesamtrechtsnachfolge. Gesamtrechtsnachfolge bezeichnet den unmittelbaren Übergang des gesamten Vermögens eines Rechtsträgers mit allen Rechten und Pflichten auf einen anderen Rechtsträger.[87] Das schließt den Übergang der bei dem bisherigen Rechtsträger bestehenden Arbeitsverhältnisse ein. Der Wechsel eines Unternehmensträgers führt zu einem Wechsel des Betriebsinhabers oder Betriebsteilinhabers[88] und damit des Arbeitgebers durch Gesetz.

---

[82] Vgl. *Däubler*, Privatisierung als Rechtsproblem, S. 148; grundlegend dazu auch *Kaja*, Die Funktionsnachfolge (1963).

[83] *Glunz*, Der Begriff der Funktionsnachfolge, S. 9.

[84] Vgl. *Blanke*, in: Blanke/Trümner, Handbuch Privatisierung, Rn. 771 (f.).

[85] Vgl. dazu *Blanke*, in: Blanke/Trümner, Handbuch Privatisierung, Rn. 773; *Friedrich*, Europäisches Arbeitsrecht und Privatisierungen, S. 74.

[86] Ausgenommen sind davon die Fälle des Formwechsels gem. §§ 190 ff. UmwG.

[87] *Wank*, in: MünchArbR, § 123, Rn. 27.

[88] *Hanau*, ZGR 1990, 548 (549).

Das gilt zunächst für materielle Privatisierungen. Wird eine öffentliche Aufgabe bereits in privatrechtlicher Form ausgeführt, kommen die Umwandlungsmöglichkeiten innerhalb des Privatrechts zur Anwendung.[89] Ein solcher Fall liegt vor, wenn eine bereits formell privatisierte öffentliche Einrichtung später materiell privatisiert werden soll. Ist eine materielle Privatisierung rechtlich zulässig, kommen alle einschlägigen Umwandlungsformen in Betracht. Die Fallgruppen der Gesamtrechtsnachfolge sind gesetzlich abschließend normiert.[90] Z.B. kann eine Kapitalgesellschaft, deren Anteile ausschließlich die öffentliche Hand hält, auf diese Weise mit einer privaten Gesellschaft nach §§ 2 ff. UmwG verschmolzen werden. In Betracht kommt zudem die Spaltung einer im Eigentum der öffentlichen Hand stehenden Gesellschaft in der Form der Aufspaltung, der Abspaltung und der Ausgliederung nach den §§ 123 ff. UmwG.

Von besonderer Bedeutung ist das UmwG für materiellen Privatisierungen vorgeschaltete formelle Privatisierungen. Es enthält in den §§ 168 ff. UmwG spezielle Vorschriften zur Überleitung öffentlichrechtlicher Unternehmen in eine privatrechtliche Organisationsform und gibt damit selbst die rechtlichen Grundlagen für Organisationsprivatisierungen.[91] Man spricht in diesem Zusammenhang von *privatisierenden Umwandlungen.*[92] Die Umwandlung eines öffentlichrechtlich organisierten Unternehmens in eine private Rechtsform im Wege der Ausgliederung ist nach der Gesetzessystematik ein Unterfall der Spaltung. Es finden daher die allgemeinen Vorschriften des Spaltungsrechts gem. §§ 123 bis 127 UmwG mit der Einschränkung Anwendung, dass nur eine Spaltung im Wege der Ausgliederung, nicht der Abspaltung oder Aufspaltung für die privatisierende Umwandlung in Betracht kommt. Es stehen der öffentlichen Hand dafür die Möglichkeiten der Ausgliederung zur Neugründung oder der Ausgliederung zur Aufnahme in eine bereits bestehende Gesellschaft zur Verfügung. Der übertragende Rechtsträger sondert dabei gem. § 123 Abs. 3 UmwG Teile aus seinem Vermögen aus und erhält dafür entweder alle Anteile an dem neuen oder dem Übernahmevertrag entsprechende Anteile an dem übernehmenden Rechtsträger. Das Vermögen des übertragenden Rechtsträgers geht gem. § 131 Abs. 1 Nr. 1 UmwG im Wege der Gesamtrechtsnachfolge auf den übernehmenden Rechtsträger über. Die in den §§ 168 ff. UmwG enthaltenen Möglichkeiten, im Wege der partiellen Gesamtrechtsnachfolge öffentliche Einrichtungen nach dem UmwG auf private Träger zu übertragen, sind abschließend.[93] Ausgliedernde Unternehmensträger können gem. § 168 UmwG einzelne Gebietskörperschaften oder ein

---

[89] *Schipp*, RdA 2001, 150 (154).

[90] *Schaub*, in: Schaub, Arbeitsrechts-Handbuch, § 117, Rn. 2.

[91] *Lee*, Privatisierung als Rechtsproblem, S. 153.

[92] Vgl. *Depenheuer*, ZTR 1997, 492 (495); *Steuck*, NJW 1995, 2887.

[93] *BAG*, 8.5.2001, AP Nr. 219 zu § 613 a BGB.

Zusammenschluss von Gebietskörperschaften sein. Ein solcher Zusammenschluss braucht dann nicht selbst eine Gebietskörperschaft zu sein.[94]

Ausgliederungsfähig sind nach § 168 UmwG nur Unternehmen in öffentlich-rechtlicher Organisationsform.[95] Unerheblich ist, ob die betreffende öffentliche Einrichtung ausschließlich erwerbswirtschaftlich tätig ist. Ebenfalls ausreichend ist eine nur gewisse organisatorische Selbständigkeit; eine vollständig selbständige Handlungsweise ist nicht erforderlich.[96] Nach dem Willen des Gesetzgebers muss das öffentliche Unternehmen bei einer Ausgliederung nach § 168 UmwG erhalten bleiben. Es kann nur *als Ganzes* übertragen werden.[97] Dafür reicht jedoch aus, dass der Vermögenskern bei der Übertragung erhalten bleibt, wobei hier auf die Rechtsprechung des *BAG* zum Betriebsübergang zurückgegriffen werden kann.[98]

Die privatisierende Umwandlung öffentlicher Einrichtungen bedarf darüber hinaus keiner weiteren rechtlichen Ermächtigung. Jedoch darf gem. § 168 UmwG das für Privatisierungen maßgebliche Bundes- oder Landesrecht der Umwandlung nicht entgegenstehen. Auf diese Weise ist ein unzulässiger Eingriff in die organisationsrechtliche Gesetzgebungskompetenz der Länder vermieden worden.[99] Gegenstand einer privatisierenden Umwandlung sind vor allem Versorgungs- und Entsorgungsbetriebe, kulturelle Einrichtungen, Einrichtungen des Gesundheitswesens sowie Restaurations- und Kantinenbetriebe, Verkehrsbetriebe und Materialprüfungsanstalten.[100]

Letztlich stellt das UmwG der öffentlichen Hand mit dem Institut des sog. Formwechsels nach den §§ 190 bis 304 UmwG noch weitere Möglichkeiten für materielle und formelle Privatisierungen zur Verfügung. Bei einem Formwechsel ändert sich gem. § 190 Abs. 1 UmwG die Rechtsform eines Rechtsträgers, ohne dass sich dessen Identität verändert. Wegen der Identität des Rechtsträgers bei der formwechselnden Umwandlung handelt es sich bei dieser Form der Umwandlung nicht um eine Gesamtrechtsnachfolge.[101] Gleichwohl verändert sich bei einem Formwechsel die anwendbare Rechtsordnung.[102] Das hat bei einem privatisierenden Formwechsel insbesondere für die Personalvertretung er-

[94] *Steuck*, NJW 1995, 2887 (2888).

[95] Zum Begriff des öffentlichen Unternehmens siehe oben S. 26.

[96] *Steuck*, NJW 1995, 2887 (2888).

[97] Vgl. die Begründung zu § 168 UmwG, BR-Drs. 75/94, S. 132.

[98] *Steuck*, NJW 1995, 2887 (2889).

[99] *Steuck*, NJW 1995, 2887 (2888).

[100] *Steuck*, NJW 1995, 2887 (2888).

[101] *Decher*, in: Lutter, UmwG, § 202, Rn. 10.

[102] *Decher*, in: Lutter, UmwG, § 202, Rn. 11.

hebliche Auswirkungen, da die anwendbare Rechtsordnung nicht mehr das öffentliche Recht, sondern das Privatrecht ist.

Eine formwechselnde formelle Privatisierung kann gem. § 301 Abs. 1 i.V.m. § 191 Abs. 1 Nr. 6 UmwG nur für eine Körperschaft oder eine Anstalt des öffentlichen Rechts durchgeführt werden, wenn Bundes- oder Landesrecht dem nicht entgegenstehen. Im Unterschied zu den Fällen der privatisierenden Ausgliederung bedarf es für die formwechselnde Privatisierung gem. § 301 Abs. 2 UmwG einer Ermächtigungsgrundlage im maßgebenden Bundes- oder Landesrecht. Diese muss den Formwechsel entweder *vorsehen* oder jedenfalls *zulassen*. Das bedeutet: Der Gesetzgeber kann die Privatisierungsentscheidung mit der Ermächtigungsgrundlage selbst treffen oder er erlaubt sie lediglich.[103] Die Entscheidung fällt dann später, z.B. in einem Gemeinderatsbeschluss.

Der privatisierende Formwechsel führt zu einer Veränderung der Rechtsform einer öffentlichrechtlichen Einrichtung. Die öffentliche Hand kann öffentlichrechtliche Einrichtungen gem. § 301 Abs. 1 UmwG ausschließlich in Kapitalgesellschaften umwandeln. Es handelt sich bei diesen Fällen eines Formwechsels genau genommen um privatisierende Umwandlungen, bei welcher die öffentliche Hand öffentlichrechtliche Einrichtungen in privatrechtlich verfasste Einrichtungen transformiert. Ist im Folgenden von der *privatisierenden Umwandlung* die Rede, so sind damit sowohl die Unterform der Ausgliederung nach den §§ 168 ff. UmwG als auch die des privatisierenden Formwechsels gem. §§ 190 ff. UmwG gemeint.

c) Organisationsgesetz

Die öffentliche Hand kann ihre Einrichtungen ferner dadurch privatisieren, dass sie die gesetzliche Regelung des Privatisierungsvorganges selbst schafft.[104] Die Privatisierung kann dabei durch ein Organisationsgesetz oder aufgrund einer solchen Vorschrift durchgeführt werden. Beispielhaft sei auf die Privatisierung der Bahn durch das DBGrG[105] verwiesen.

d) Weitere rechtliche Umsetzungsmöglichkeiten

Die öffentliche Hand kann ihre Aufgaben auf Private schließlich auch im Wege der sog. Verwaltungshilfe übertragen. Sie beauftragt hierfür Verwaltungshelfer mit der Ausführung bestimmter öffentlicher Aufgaben. Der funktionale Bezug

---

103 *Schmidt*, in: Lutter, UmwG, § 301, Rn. 7.

104 *Trümner*, PersR 1993, 473 (476).

105 Deutsche Bahn Gründungsgesetz i.d.F. vom 27.12.1993, BGBl. I 1993, S. 2378, 2386; dazu *Meyer*, RdA 2001, 157 (ff.).

der übertragenen Aufgaben zur staatlichen Tätigkeit bleibt dabei bestehen.[106] Bei der Auswahl des jeweiligen Verwaltungshelfers ist das Vergaberecht, insbesondere § 97 GWB[107] zu beachten. Nach § 97 Abs. 4 Halbsatz 1 GWB werden Aufträge nur an fachkundige, leistungsfähige und zuverlässige Unternehmen vergeben. § 97 GWB macht die Vergabe darüber hinaus von dem Kriterium der Wirtschaftlichkeit der Arbeit des Verwaltungshelfers abhängig. Verwaltungshelfer können sowohl rein privatrechtlich organisierte Unternehmen[108] als auch gemischtwirtschaftliche Unternehmen sein.[109] Die Verwaltungshilfe ist besonders im Bereich der funktionellen Privatisierung von großer Bedeutung.

Der öffentlichen Hand ist es zudem möglich, durch Veräußerungen von Beteiligungen, Vermietung oder Verpachtung ihr Vermögen schrittweise zu privatisieren.[110] Letztlich kommen für eine materielle oder Aufgabenprivatisierung der schlichte Verzicht der Verwaltung auf eine bestimmte öffentliche Aufgabe und deren Übertragung auf die privaten Marktteilnehmer z.B. durch Betriebseinstellung, gesetzgeberische Akte oder auch Verwaltungshandeln, z.B. durch Verwaltungsakt in Betracht.[111]

3. Typische praktische Folgemaßnahmen von Privatisierungen

Die rechtliche Umsetzung der Entscheidung bildet bei den meisten Privatisierungsvorhaben nicht das Ende des Privatisierungsprozesses. Mit einer Privatisierung sind, unabhängig davon, welcher Art sie ist, regelmäßig eine Reihe von Folgemaßnahmen verbunden, die für die Beschäftigten erhebliche Auswirkungen haben können.

Zunächst ist an Personalmaßnahmen zu denken, die die Beschäftigungsverhältnisse unmittelbar betreffen. In Betracht kommen hier zunächst Versetzungen zu anderen Dienststellen und Umsetzungen innerhalb der Dienststelle. Betrifft eine Privatisierung beispielsweise nur einen Teil einer öffentlichen Einrichtung und sollen nicht alle bisher dort Beschäftigten in der privatisierten Einrichtung beschäftigt werden, kann der Dienststellenleiter zu den Mitteln der Versetzung oder Umsetzung greifen. Denkbar ist in diesem Zusammenhang auch die Abordnung von Beschäftigten.

---

[106] *Burgi*, GewArch 2001, 217 (218).

[107] Gesetz gegen Wettbewerbsbeschränkungen i.d.F. vom 26.8.1998, BGBl. I 1998, S. 2521.

[108] *Burgi*, GewArch 2001, 217 (218).

[109] *Peilert*, DVBl. 1999, 282 (285).

[110] *Hamer/Gebhardt*, Privatisierungspraxis, S. 83.

[111] *Lee*, Privatisierung als Rechtsproblem, S. 164.

Ebenfalls möglich sind Umgruppierungen im Rahmen von Änderungskündigungen – es wird sich dabei regelmäßig um Rückgruppierungen handeln – oder sogar die Kündigung von Beschäftigten, etwa dann, wenn sie dem Übergang ihres Beschäftigungsverhältnisses auf die privatisierte Einrichtung widersprochen haben.[112]

Neben den personellen Maßnahmen kann eine Privatisierung auch organisatorische Maßnahmen nach sich ziehen. Zunächst können Privatisierungen dazu führen, dass Dienststellen oder Dienststellenteile im Zusammenhang mit deren Privatisierung oder der Privatisierung der bisher von ihnen ausgeführten Aufgaben wegfallen oder jedenfalls verkleinert werden. Diese Maßnahmen sind insbesondere in den Fällen der Aufgabenprivatisierung ohne vorherige formelle Privatisierung relevant. In Betracht kommen auch Maßnahmen wie die Umgestaltung von Arbeitsplätzen, Maßnahmen zur Steigerung der Produktivität sowie die Veränderung der Arbeitszeit. Derartige Maßnahmen spielen ebenfalls vor allem dann eine Rolle, wenn die öffentliche Hand nur Teile einer Dienststelle privatisiert oder wenn sie nicht in die privatisierte Einrichtung übernommene Beschäftigte in den Arbeitsablauf anderer Dienststellen integrieren muss. Privatisierungen können außerdem zu neuen Hierarchiestrukturen, zu Umbaumaßnahmen oder einer veränderten Arbeitsorganisation führen. Letztlich spielt das Sozialplanrecht als Begleiterscheinung der Privatisierung öffentlicher Aufgaben oder Einrichtungen eine große Rolle.

V. Mögliche Arten der Beteiligung von Personalvertretungen an Privatisierungen

Der Personalvertretung stehen für die Beteiligung an Privatisierungen und deren Folgemaßnahmen grundsätzlich die allgemeinen Beteiligungsarten des Zusammenwirkens mit der Dienststellenleitung zur Verfügung. Welche Form der Beteiligung jeweils konkret in Betracht kommt, hängt von der Art der geplanten Maßnahme ab. Die häufigsten Beteiligungsarten der Personalvertretung an den Entscheidungen der Dienststellenleitung sind die der Mitbestimmung und der Mitwirkung. In einigen Fällen sehen die einschlägigen Gesetze nur eine Anhörung[113] sowie bloße Informationsrechte[114] des Personalrats vor. Eine besondere

---

[112] *Kunze*, ZfPR 1997, 101; *Schmitt*, BayBgm 1987, 266 (267); *Wollenschläger/von Harbou*, NZA 2005, 1081 (1088).

[113] Für das Personalvertretungsrecht des Bundes vgl. §§ 78 Abs. 3 bis 5, 79 Abs. 3 Satz 1 BPersVG; ähnliche Vorschriften finden sich in nahezu allen Landespersonalvertretungsgesetzen; zu den einzelnen vergleichbaren Landesvorschriften *Altvater/Bacher/Hörter u.a.*, BPersVG, § 78, Rn. 31 (ff.) und § 79, Rn. 34 (ff.).

[114] Z.B. § 68 Abs. 2 Satz 1 BPersVG.

Form der Zusammenarbeit zwischen Personalrat und Dienststellenleitung stellt zudem die Dienstvereinbarung dar.

Die intensivste Form der Beteiligung ist die Ausübung von Mitbestimmungsrechten. Eine mitbestimmungspflichtige Maßnahme ist nur mit der vorherigen Zustimmung der Personalvertretung durchführbar. Das Verfahren der Mitbestimmung richtet sich auf Bundesebene nach den Vorschriften der §§ 69 ff. BPersVG. Es wird gem. § 69 Abs. 2 Satz 1 BPersVG dadurch eingeleitet, dass der Dienststellenleiter den Personalrat von der beabsichtigten Maßnahme unterrichtet und dessen Zustimmung beantragt. Äußert sich der Personalrat binnen zehn Tagen nicht zu der beabsichtigten Maßnahme oder erteilt er seine Zustimmung, gilt die Maßnahme gem. § 69 Abs. 2 Satz 5 BPersVG als gebilligt. Einigen sich Personalvertretung und Dienststellenleitung nicht, können beide innerhalb von sechs Tagen die Angelegenheit gem. § 69 Abs. 3 Satz 1 BPersVG der übergeordneten Dienststelle zur Entscheidung vorlegen. Kommt auch zwischen der Stufenvertretung und der übergeordneten Dienststellenleitung keine Einigung zustande, können beide die oberste Dienstbehörde in dieser Angelegenheit anrufen. Kommt es dort ebenfalls nicht zur Einigung, entscheidet gem. § 69 Abs. 4 Satz 1 BPersVG die Einigungsstelle.

Der Spruch der Einigungsstelle hat dabei je nach Art des Mitbestimmungsrechts unterschiedliche Intensität. In einigen Fällen, z.B. grundsätzlich bei § 75 BPersVG, kommt ihm Letztentscheidungscharakter zu. Man spricht dabei von der uneingeschränkten,[115] vollen[116] oder echten[117] Mitbestimmung des Personalrats. Die Einigungsstelle entscheidet die Streitigkeit in diesen Fällen verbindlich. In den Fällen des § 76 BPersVG kommt dem Spruch der Einigungsstelle nur der Charakter einer Empfehlung zu. Das Letztentscheidungsrecht verbleibt hier bei der obersten Dienstbehörde. Man spricht in diesen Fällen daher von der eingeschränkten Mitbestimmung.

Privatisierungen können zudem Mitwirkungsrechte des Personalrats auslösen. In Angelegenheiten, in denen dem Personalrat ein Mitwirkungsrecht zusteht, hat die Dienststellenleitung die beabsichtigte Maßnahme gem. § 72 Abs. 1 BPersVG mit der Personalvertretung zu erörtern. Der Dienststellenleiter hat sich vor der Entscheidung mit den Argumenten des Personalrats auseinanderzusetzen und dessen Einwände mit ihm zu beraten.[118] Die Mitwirkung verlangt einen Meinungsaustausch zwischen Dienststelle und Personalrat. Einigen sich Dienststellenleitung und Personalvertretung nicht, kann wie beim Mitbestimmungsverfahren das Stufenverfahren durchgeführt werden, d.h. die Angelegenheit wird den

---

[115] *Lorenzen/Etzel/Gerhold u.a.*, BPersVG, § 69, Rn. 6.

[116] *Edenfeld*, Recht der Arbeitnehmermitbestimmung, Rn. 326; *Müller, B.*, Arbeitsrecht im Öffentlichen Dienst, Rn. 262.

[117] *Fluck*, ZfPR 1994, 97 (99).

[118] *Müller, B.*, Arbeitsrecht im Öffentlichen Dienst, Rn. 261.

jeweils übergeordneten Gremien zur Entscheidung vorgelegt. Anders als bei der Mitbestimmung kommt es beim Mitwirkungsverfahren nicht zu einem Spruch der Einigungsstelle. Können sich Hauptpersonalrat und oberste Dienstbehörde nicht einigen, so entscheidet gem. § 72 Abs. 4 Satz 2 BPersVG die oberste Dienstbehörde über die Angelegenheit endgültig.

Das Anhörungsverfahren setzt die rechtzeitige und umfassende Unterrichtung des Personalrats über die beabsichtigte Maßnahme voraus. Die für die Entscheidung zuständige Dienststelle hat die bei ihr gebildete Personalvertretung sodann zu der geplanten Maßnahme anzuhören, d.h. dem Personalrat ist vor Durchführung der Maßnahme Gelegenheit zur Äußerung zu gewähren.[119]

Das schwächste Beteiligungsrecht der Personalvertretung ist das der Information, bei welchem der Dienststellenleiter den Personalrat vor der Durchführung einer Maßnahme hiervon nur in Kenntnis zu setzen hat.

Ein besonderes Instrument zur Zusammenarbeit zwischen Personalvertretung und Dienststellenleitung ist die Dienstvereinbarung, mit Hilfe derer auch Maßnahmen im Zusammenhang mit Privatisierungen geregelt werden können. Die Arbeitsverhältnisse der Beschäftigten des öffentlichen Dienstes werden durch die inhaltlichen Vorgaben zahlreicher Dienstvereinbarungen ergänzt. Gem. § 73 Abs. 1 Satz 1 BPersVG schließen Dienststelle und Personalrat Dienstvereinbarungen gemeinsam ab. Sie dienen der einheitlichen Gestaltung der Arbeitsbedingungen und sind grundsätzlich vergleichbar mit Betriebsvereinbarungen zwischen Betriebsrat und privatem Arbeitgeber.[120] Zwar ordnet das BPersVG die normative Wirkung der Dienstvereinbarung nicht ausdrücklich an. Dennoch besteht Einigkeit darin, dass Dienstvereinbarungen ebenfalls normativ wirken.[121]

VI. Gesetzliche und verfassungsrechtliche Vorgaben für die Beteiligung

Die Beteiligung des Personalrats an den Entscheidungen der Dienststellenleitung findet ihre Vorgaben in verschiedenen Rechtsquellen. Sie ist primär im BPersVG und den Personalvertretungsgesetzen der Länder geregelt. Außerdem bestehen europarechtliche Bestimmungen, die auf die Beteiligung der Personalvertretung Einfluss ausüben können. Darüber hinaus hat das *BVerfG* den verfassungsrechtlichen Rahmen der Personalratsbeteiligung konkretisiert.

---

[119] *Lorenzen/Etzel/Gerhold u.a.*, BPersVG, § 78, Rn. 62.

[120] *Edenfeld*, Arbeitnehmerbeteiligung, S. 252; *Kossens*, RiA 1996, 66 (75); *Müller, B.*, Arbeitsrecht im öffentlichen Dienst, Rn. 20; *Söllner/Reinert*, Personalvertretungsrecht, S. 215.

[121] *Altvater/Bacher/Hörter u.a.*, BPersVG, § 73, Rn. 1; *Dietz/Richardi*, BPersVG, § 73, Rn. 5; *Grabendorff/Ilbertz/Widmaier*, BPersVG, § 73, Rn. 2; *Lorenzen/Etzel/Gerhold*, BPersVG, § 73, Rn. 3; *Müller, B.*, Arbeitsrecht im öffentlichen Dienst, Rn. 253.

1. Personalvertretungsgesetze des Bundes und der Länder

Einschlägige Beteiligungstatbestände, die bei Privatisierungsvorhaben des Bundes eingreifen können, finden sich im BPersVG. Zudem enthält dieses Gesetz in den §§ 94 ff. BPersVG Rahmenvorschriften, die sich auf die personalvertretungsrechtliche Gesetzgebung der Länder auswirken. Die Beteiligung der Personalvertretungen in den einzelnen Bundesländern richtet sich nach den jeweils dort geltenden Landespersonalvertretungsgesetzen. Zwar weisen die Personalvertretungsgesetze des Bundes und der Länder viele Gemeinsamkeiten auf. In diesen Bereichen konzentrieren sich die folgenden Ausführungen im Wesentlichen auf die Vorschriften des BPersVG. Einige Beteiligungstatbestände – wozu auch Privatisierungen öffentlicher Aufgaben und Einrichtungen zählen – sind freilich sehr unterschiedlich geregelt. Ob dies zu einem unterschiedlichen Beteiligungsniveau der personalvertretungsrechtlichen Mitbestimmung bei Privatisierungen in Bund und Ländern führt, wird zu klären sein. Dies macht auch ein näheres Eingehen auf die einschlägigen Normen des Landesrechts erforderlich.

2. Europarechtliche Vorgaben

Eine Untersuchung der personalvertretungsrechtlichen Probleme bei Privatisierungen hat auch europarechtliche Vorgaben zu berücksichtigen.

In den Blick zu nehmen ist zunächst die Betriebsübergangsrichtlinie 2001/23/EG vom 12.3.2001, die an die Stelle der alten Betriebsübergangsrichtlinie 77/187/EWG vom 14.2.1977 in der von der RL 98/50/EG vom 29.6.1998[122] geänderten Form getreten ist.[123] Die Richtlinie ist auf jede vertragliche Übertragung oder Verschmelzung von Unternehmen, Betrieben oder Betriebsteilen anwendbar. Darunter fallen gem. Art. 1 Abs. 1 c) auch öffentliche Unternehmen, die eine wirtschaftliche Tätigkeit ausüben, unabhängig davon, ob sie Erwerbszwecke verfolgen. Das Kriterium der Wirtschaftlichkeit ist auf das gesamte Unternehmen als Einheit von Personen und Sachen zu erstrecken. Es kommt nicht darauf an, ob die Tätigkeit jedes einzelnen Beschäftigten an einer wirtschaftlichen Zielsetzung gemessen werden kann.[124] Zu diesen öffentlichen Unternehmen gehören alle öffentlichrechtlichen Einrichtungen, die keine hoheitlichen Tätigkeiten ausführen.[125] Öffentliche Unternehmen, die sich in einem Tätigkeitsbereich befinden, der ausschließlich im hoheitlichen Bereich zu verorten ist,

[122] Vgl. Art. 12 RL 2001/23/EG.

[123] Vgl. dazu *von Roetteken*, NZA-RR 2001, 505 (521).

[124] *Friedrich*, Europäisches Arbeitsrecht und Privatisierungen, S. 90.

[125] *EuGH*, 14.9.2000, EzA Nr. 191 zu § 613 a BGB; *EuGH*, 26.9.2000, AP Nr. 30 zu EWG-Richtlinie Nr. 77/187.

sind vom Geltungsbereich der Richtlinie demgegenüber ausgeschlossen. Hoheitsrechtliche Aufgaben können nur von der öffentlichen Verwaltung wahrgenommen werden.[126] Art. 7 Abs. 1 der Richtlinie konkretisiert die Informationspflichten der an einem Betriebsübergang Beteiligten, d.h. des Veräußerers und des Erwerbers, gegenüber der Arbeitnehmervertretung bzw. gegenüber den Arbeitnehmern selbst. Darüber hinaus enthält die Richtlinie Vorgaben für die Weitergeltung von Kollektivvereinbarungen und die Fortexistenz von Beschäftigtenvertretungen.

Der Richtliniengeber hat mit der Richtlinie 2002/14/EG, der sog. Arbeitnehmer-Unterrichtungs-Richtlinie, weitere europarechtliche Vorgaben zur Information und Konsultation von Arbeitnehmervertretern geschaffen.[127] Sie schreibt bei organisatorischen Veränderungen innerhalb wirtschaftlich tätiger Unternehmen und Betriebe die Beteiligung der Arbeitnehmervertreter vor. Die Mitgliedstaaten waren gem. Art. 11 RL 2002/14/EG dazu verpflichtet, deren Vorgaben bis spätestens zum 23. März 2005 in nationales Recht zu transformieren. Jedoch gilt diese Richtlinie im Verhältnis zur Betriebsübergangsrichtlinie gem. ihres Art. 9 und Nr. (29) der amtlichen Begründung nur subsidiär. Sie ist daher nur dann in den Blick zu nehmen, wenn für die Anwendung der Betriebsübergangsrichtlinie kein Raum bleibt.

3. Verfassungsrechtliche Vorgaben

Die Beteiligung der Personalvertretung ist eingebettet in einen verfassungsrechtlichen Kontext. Einerseits bezieht die Beschäftigtenbeteiligung ihre Legitimation aus verfassungsrechtlichen Vorgaben, die den Interessen der Beschäftigten dienen. Andererseits begrenzen verfassungsgesetzliche Gesichtspunkte, die die Funktionsfähigkeit und Effizienz der öffentlichen Verwaltungstätigkeit gewährleisten, die Mitbestimmung. Das Personalvertretungsrecht dient zudem dazu, den Widerstreit verschiedener Verfassungsprinzipien zum Ausgleich zu bringen.[128]

---

[126] Vgl. zu einer ähnlichen Problematik: *EuGH*, 23.4.1991, NJW 1991, 2891 (f.).

[127] Dazu *Reichold*, NZA 2003, 289 (ff.).

[128] *Lorenzen/Etzel/Gerhold u.a.*, BPersVG, § 1, Rn. 18.

a) Verfassungsrechtliche Legitimation der Personalratsbeteiligung

Das Grundgesetz enthält keine ausdrückliche Vorschrift, welche die Personalratsbeteiligung gewährleistet.[129] Ebenso wenig ist ihr der Auftrag an den Gesetzgeber zu entnehmen, den Beschäftigten im öffentlichen Dienst Beteiligungsrechte einzuräumen. Gleichwohl legitimiert die Verfassung das Recht der Beschäftigten auf Mitgestaltung der Arbeitsprozesse in Form der Personalratsbeteiligung.[130] Diese Legitimation basiert auf dem Sozialstaatsprinzip aus Art. 20 Abs. 1 GG und auf Grundrechten der Beschäftigten.[131]

Die Vorschriften über die Arbeit von Personalvertretungen beruhen zunächst auf dem Sozialstaatsprinzip aus Art. 20 Abs. 1 GG.[132] Dieses Prinzip sichert die Teilhabe der Beschäftigten an innerdienstlichen Entscheidungen über soziale Angelegenheiten institutionell ab.[133] Der Staat ist danach dazu verpflichtet, durch die Gewährleistung sozialer Sicherheit und sozialer Gerechtigkeit die gesellschaftlichen Verhältnisse – wozu auch die Arbeitsbedingungen zählen – nach sozialen Prinzipien zu gestalten.[134] Die Beteiligung der Beschäftigten ist ein wesentlicher Bestandteil dieser sozialen Ordnung.[135]

Neben dem Sozialstaatsprinzip legitimieren die Grundrechte der Beschäftigten die Beteiligung von Personalvertretungen. Über die Beteiligungsrechte verhelfen die Personalvertretungen den Grundrechten der Beschäftigten im Arbeits- oder Beamtenverhältnis zur Wirksamkeit.[136] Es handelt sich dabei um einen kollektiven Schutz.[137]

---

[129] Vgl. zu den Besonderheiten der Landesverfassungen, die teilweise eine solche Gewährleistung vorsehen, *Benecke*, Beteiligungsrechte und Mitbestimmung im Personalvertretungsrecht, S. 120 (f.); *Edenfeld*, Arbeitnehmerbeteiligung, S. 48 (f.).

[130] *Plander*, PersR 1990, 345 (347 ff.); zu den Streitigkeiten in diesem Zusammenhang *Edenfeld*, Arbeitnehmerbeteiligung, S. 50 (ff.).

[131] *Altvater/Bacher/Hörter u.a.*, BPersVG, § 104, Rn. 13 e; *Edenfeld*, Arbeitnehmerbeteiligung, S. 50 (ff.), 57 (ff.).

[132] GmS OGB, 12.3.1987, BGHZ 100, 277 (285); *BVerfG*, 27.3.1979, BVerfGE 51, 43 (58); *BVerfG*, 26.5.1970, BVerfGE 28, 314 (323); *Altvater/Bacher/Hörter u.a.*, BPersVG, § 104, Rn. 13 e; *Lorenzen/Etzel/Gerhold u.a.*, BPersVG, § 1, Rn. 19; *Söllner/Reinert*, Personalvertretungsrecht, S. 23.

[133] *Schelter*, Personalvertretungsrecht, S. 23.

[134] Vgl. *BVerfG*, 31.1.1982, BVerfGE 59 231 (262); *BVerfG*, 18.6.1975, BVerfGE 40, 121 (133); *Lorenzen/Etzel/Gerhold u.a.*, BPersVG, § 1, Rn. 18.

[135] Vgl. bereits *BVerfG*, 26.5.1970, BVerfGE 28, 314 (323); *Schelter*, Personalvertretungsrecht, S. 23; *Söllner/Reinert*, Personalvertretungsrecht, S. 23.

[136] *Altvater/Bacher/Hörter u.a.*, BPersVG, § 104, Rn. 13e.

[137] GmS OBG, 12.3.1987, BGHZ 100, 277 (285).

Der Gemeinsame Senat der obersten Gerichtshöfe des Bundes hat insoweit auf das Grundrecht der freien Entfaltung der Persönlichkeit aus Art. 2 Abs. 1 GG abgestellt.[138] Das Selbstbestimmungsrecht enthält das Recht jedes einzelnen, an allen Entscheidungen, die seine persönliche Lebensführung berühren, beteiligt zu werden, soweit nicht höherrangige Rechtsgüter dem entgegenstehen.[139] Die Beteiligung von Personalvertretungen gewährleistet demgemäß, dass von den Beschäftigten gewählte Repräsentanten an den die Beschäftigten betreffende Maßnahmen soweit wie möglich beteiligt werden. Das Personalvertretungsrecht verfolgt damit den Zweck, die Beschäftigten des öffentlichen Dienstes vor den besonderen Gefahren der abhängigen Tätigkeit zu schützen.[140]

Doch nicht nur das Grundrecht aus Art. 2 Abs. 1 GG ist hier heranzuziehen. Ebenso dienen die Grundrechte der Menschenwürde aus Art. 1 Abs. 1 GG, auf freie Meinungsäußerung aus Art. 5 Abs. 1 GG und der Berufsfreiheit aus Art. 12 Abs. 1 GG der Legitimation der Personalvertretung.[141] Die Beschäftigtenpartizipation dient zudem der Verwirklichung der Beschäftigtengrundrechte aus den Art. 6 GG und Art. 8 GG sowie aller Grundrechte der Beschäftigten, welche bei der Tätigkeit im öffentlichen Dienst berührt werden.[142]

b) Verfassungsrechtliche Grenzen der Personalratsbeteiligung

Verfassungsrechtliche Vorgaben schränken die Personalratsbeteiligung bei Entscheidungen der Dienststelle andererseits aber auch ein. Weil es sich hierbei um den Bereich der öffentlichen Verwaltung handelt, hat das Demokratieprinzip insoweit große Bedeutung.[143] Inwieweit es sich begrenzend auf die personalvertretungsrechtliche Beteiligung auswirkt, war lange Zeit sehr umstritten und sorgt auch nach dem Beschluss des BVerfG vom 24.5.1995 weiterhin für Kontroversen.

---

[138] GmS OBG, 12.3.1987, BGHZ 100, 277 (285).

[139] *Schelter*, Personalvertretungsrecht, S. 22.

[140] *Battis*, RdA 1992, 12 (16); *Becker*, RiA 1988, 1 (3); *Däubler*, Das Grundrecht auf Mitbestimmung, S. 129 (ff.); *Plander*, Personalvertretungen als Grundrechtshilfe, Rn. 73.

[141] *BVerfG*, 26.5.1970, BVerfGE 28, 314 (323); *Altvater/Bacher/Hörter u.a.*, BPersVG, § 1, Rn. 14; *Lorenzen/Etzel/Gerhold u.a.*, BPersVG, § 1, Rn. 21; *Nagel/Abel*, AuR 1987, 15 (18).

[142] *Edenfeld*, Arbeitnehmerbeteiligung, S. 54; *Plander*, Personalvertretungen als Grundrechtshilfe, Rn. 76.

[143] Zu den anderen die Beschäftigtenbeteiligung allgemein einschränkenden Verfassungsvorgaben *Edenfeld*, Arbeitnehmerbeteiligung, S. 70 (ff.).

aa) Beschluss des BVerfG vom 24.5.1995

Das *BVerfG* hat die verfassungsrechtlichen Vorgaben, d.h. die Grenzen der personalvertretungsrechtlichen Mitbestimmung in einer viel beachteten Entscheidung bei der Überprüfung des Mitbestimmungsgesetzes von Schleswig-Holstein aufgezeigt,[144] an der auch für die personalvertretungsrechtliche Beteiligung bei Privatisierungen kein Weg vorbei führt. Es hat die verfassungsrechtliche Kontroverse um die Reichweite der personalvertretungsrechtlichen Beteiligung damit – zumindest vorläufig – beendet.

Das MBG Schl.-H. sieht in einer Generalklausel vor, dass alle sozialen, organisatorischen oder sonstigen innerdienstlichen Maßnahmen der Mitbestimmung des Personalrats unterworfen werden.[145] Darüber hinaus räumt es dem Personalrat in § 56 Abs. 1 S. 1 MBG Schl.-H. ein Initiativrecht ein. Der Personalrat kann danach von sich aus entsprechende Maßnahmen vorschlagen. Dieses Initiativrecht bezieht sich tatbestandlich ebenfalls auf die Generalklausel.

Nach Ansicht des *BVerfG* verstoßen derart weitgehende Mitbestimmungsrechte einer Personalvertretung gegen das Demokratieprinzip aus Art. 28 Abs. 1 Satz 1 i.V.m. Art. 20 Abs. 2 GG.[146] Zwar lasse das demokratische Prinzip eine mitentscheidende Beteiligung der Arbeitnehmervertreter zu. Diese sei, je nach Charakter der zu treffenden internen Maßnahmen, aber an verfassungsrechtliche Grenzen gebunden. Begründet wird diese Beschränkung damit, dass die Personalvertretung im Rahmen ihrer Beteiligung an der Ausübung von Staatsgewalt teilnehme.[147] Die Ausübung von Staatsgewalt bedürfe einer hinreichenden demokratischen Legitimation durch das Volk, welche zunächst durch eine sachlich-inhaltliche Legitimation vermittelt werde.[148] Die sachlich-inhaltliche Legitimation entspringe einem vom Parlament beschlossenen Gesetz.[149] Diese Legitimati-

---

[144] *BVerfG*, 24.5.1995, BVerfGE 93, 37 (ff.), veröffentlicht auch in PersR 1995, 483 (ff.); dazu *Battis/Kersten*, DÖV 1996, 584 (ff.); *Ehlers*, Jura 1997, 180 (183 ff.); *von Mutius*, FS Kriele, S. 1119 (1122 ff.).

[145] Vgl. §§ 2, 51 MBG Schl.-H.

[146] *BVerfG*, 24.5.1995, PersR 1995, 483 (484).

[147] Vgl. dazu *Spiegel*, Personalvertretungsrecht und Demokratieprinzip, S. 75 (ff.) mit weiteren Nachweisen; nach anderer Ansicht nimmt die Personalvertretung nicht an der Ausübung von Staatsgewalt teil, vgl. *Altvater/Bacher/Hörter u.a.*, BPersVG, § 104, Rn. 13a (ff.); *Nagel/Abel*, AuR 1987, 15 (18); *Plander*, Personalvertretungen als Grundrechtshilfe, Rn. 168 (ff.); *von Roetteken*, NVwZ 1996, 552 (f.); *Schneider, P.*, Verfassungsmäßigkeit der Mitbestimmung, S. 7 (ff.), 29 (ff.).

[148] *Jarass/Pieroth*, GG, Art. 2, Rn. 10 nennen diese Form *materielle Legitimation.*

[149] *Kluth*, Verfassungsfragen der Privatisierung von Industrie und Handelskammern, S. 45 (f.); *Schnapp*, in: von Münch/Kunig, GG, Art. 20, Rn. 20. Zu der *funktionell institutionellen Legitimation*, die in dem hier betrachteten Zusammenhang keine Rolle spielt vgl. *BVerfG*, 8.8.1978, BVerfGE 49, 89 (125); *BVerfG*, 18.12.1984, BVerfGE 68, 1 (88); *Böckenförde*,

on vermittelten die in den Personalvertretungsgesetzen enthaltenen einzelnen Beteiligungstatbestände, welche den Inhalt und die Grenzen personalvertretungsrechtlicher Beteiligung innerhalb des dienstlichen Ablaufes, etwa bei personellen Entscheidungen festlegen.[150]

Außerdem bedürfe es einer sog. personell-demokratischen Legitimation, d.h. einer ununterbrochenen Legitimationskette vom Volk zu den mit den staatlichen Aufgaben befassten Amtswaltern.[151] An dieser Legitimationsform fehle es den Personalvertretungen. Zwar könnten die Personalvertretungen auf die durch die Beteiligungstatbestände vermittelte sachlich-inhaltliche Legitimation verweisen. Nach Auffassung des *BVerfG* erreicht das Handeln der Personalvertretungen über die sachlich-inhaltliche Legitimation aber nicht das für staatliches Handeln erforderliche Legitimationsniveau. Deshalb dürfe sich die Mitbestimmung nur auf innerdienstliche Maßnahmen erstrecken und nur soweit gehen, als schutzwürdige Interessen der Arbeitnehmer des öffentlichen Dienstes dies rechtfertigten. Diese Grenze bezeichnet das *BVerfG* als Schutzzweckgrenze.[152] Darüber hinaus gebe es eine Verantwortungsgrenze dergestalt, dass alle Entscheidungen, die für die Erfüllung des Amtsauftrages als solchen von Bedeutung sind, in der Letztentscheidungsbefugnis einer dem Parlament verantwortlichen Verwaltungseinheit bleiben müssten.[153] Je weniger diese Entscheidung die Amtsausübung selbst berühre und je mehr dafür die Belange der Beschäftigten betroffen seien, desto weiter könne ein Beteiligungsrecht des Personalrats reichen. Das *BVerfG* unterteilt diese unterschiedlichen Intensitäten in drei Stufen und macht diese beispielhaft an einzelnen Beteiligungstatbeständen des BPersVG fest.

Der ersten Stufe seien Angelegenheiten zuzuordnen, die ausschließlich die Belange der Beschäftigten betreffen und dabei nicht oder nur ganz unerheblich die Wahrnehmung der Amtsaufgaben selbst berühren. Diese könnten einer Mitbestimmung mit Letztentscheidungsbefugnis einer unabhängigen Einigungsstelle ohne Bedenken unterworfen werden.[154] Zu diesen Angelegenheiten zählt das

---

Staat, Verfassung, Demokratie, S. 301; *Ossenbühl*, ZGR 1996, 504 (508 f.); *Unruh*, VerwArch 92 (2001), 531 (545); vgl. auch *Mehde*, Neues Steuerungsmodell und Demokratieprinzip, S. 179 (f.), der auf den generell geringen praktischen Bedeutungsgehalt des funktionell institutionellen Legitimationsmodus hinweist.

[150] *Becker*, ZögU 2001, 1 (11).

[151] Vgl. auch *Jarass/Pieroth*, GG, Art. 20, Rn. 9; *Schnapp*, in: von Münch/Kunig, GG, Art. 20, Rn. 20.

[152] *BVerfG*, 24.5.1995, PersR 1995, 483 (485).

[153] Vgl. dazu auch schon *BVerfG*, 27.4.1959, BVerfGE 9, 268 (282).

[154] A.A. *Ossenbühl*, Grenzen der Mitbestimmung im öffentlichen Dienst, S. 42, der in diesen Fällen eine Beteiligung der Personalvertretung zwar für verfassungsrechtlich unbedenklich bewertet, wenn diese ohne Einfluss auf die staatliche Entscheidung bleibt. Die sog. uneingeschränkte Mitbestimmung käme nach seiner Ansicht grundsätzlich nicht in Betracht.

Gericht alle sozialen Angelegenheiten nach § 75 Abs. 2 BPersVG und die innerdienstlichen Angelegenheiten gem. § 75 Abs. 3 BPersVG.[155]

Auf die zweite Stufe hebt das Gericht Maßnahmen, die zwar den Binnenbereich der Beschäftigungsverhältnisse berühren, jedoch gleichzeitig nicht bloß unerheblich die Wahrnehmung des Amtsauftrages tangieren. Diese müssten bereits der Letztentscheidungsbefugnis einer dem Parlament gegenüber verantwortlichen Stelle unterstellt werden. Dazu zählten die Angelegenheiten nach §§ 75 Abs. 3 Nr. 14 und 17, 78 Abs. 1 Nr. 1 BPersVG. Die Einigungsstelle dürfe in diesen Fällen nur dann ein Letztentscheidungsrecht haben, wenn sie mehrheitlich aus personell uneingeschränkt demokratisch legitimierten Mitgliedern bestehe und die getroffene Entscheidung darüber hinaus von der Mehrheit dieser so demokratisch legitimierten Mitglieder getragen werde.[156] Das *BVerfG* greift hier auf Überlegungen seines Mitglieds des Richters *Böckenförde* zurück, der diese Legitimationsqualität als *Prinzip der doppelten Mehrheit* bezeichnet.[157] Diese Voraussetzungen erfüllten die Einigungsstellen bisher nicht. Solange die Einigungsstellen diesem Prinzip nicht gerecht würden, verbleibe das Letztentscheidungsrecht in der Verantwortung eines dem Parlament gegenüber verantwortlichen Amtsträgers. Im Ergebnis kommt bei Angelegenheiten, die der zweiten Stufe zuzurechnen sind, daher nur eine eingeschränkte Mitbestimmung in Betracht, bei welcher die Einigungsstelle lediglich eine Empfehlung abgeben darf.

Der dritten Stufe rechnet das *BVerfG* alle innerdienstlichen Maßnahmen zu, wozu insbesondere organisatorische, personelle und teilweise auch soziale Maßnahmen gehören, die von erheblicher Bedeutung für die Wahrnehmung des Amtsauftrages sind. Diese berührten neben den individuellen Interessen der Beschäftigten auch die Interessen der Allgemeinheit, so dass die parlamentarische Verantwortung der Regierung in diesen Fällen nicht eingeschränkt werden dürfe.[158] In diesen Bereichen sei daher lediglich eine sog. eingeschränkte Mitbestimmung zulässig. Eine Entscheidung der Einigungsstelle dürfe in diesen Fällen nur den Charakter einer Empfehlung für die zuständige Dienstbehörde haben.

Diese Grundsätze sind auch bei der Beteiligung des Personalrats bei Privatisierungsvorhaben zu beachten. Wie noch darzulegen sein wird, entfalten sie insbesondere hinsichtlich der Beteiligung an der Privatisierungsentscheidung Auswirkungen.

---

[155] Von der uneingeschränkten Mitbestimmung auf der ersten Stufe ausgenommen hat es die Nummern 10, 14 und 17 des § 75 Abs. 3 BPersVG.

[156] *BVerfG*, 24.5.1995, PersR 1995, 483 (485).

[157] Vgl. *Böckenförde*, in: Isensee/Kirchhof, HandbStaatsR, Bd. I, § 22, Rn. 19 (Fn. 25 a.E.).

[158] *BVerfG*, 24.4.1995, PersR 1995, 483 (486); *Riedmaier*, PersV 1991, 148 (152).

bb) Beschluss des BVerfG vom 5.12.2002

Der Beschluss des *BVerfG* vom 24.5.1995 hat die Grenzen der Reichweite personalvertretungsrechtlicher Beteiligung für die Verwaltung des Bundes und der Länder sowie für die Verwaltungen der kommunalen Gebietskörperschaften umrissen. In diesen Bereichen gelten diese Grundsätze bis heute unverändert. Diese Rechtsprechung hat das Verfassungsgericht mittlerweile für den Bereich der funktionalen Selbstverwaltung aber modifiziert. Auf Vorlagebeschluss des *BVerwG*[159] hatte sich das *BVerfG* mit den Kriterien des Demokratieprinzips für Entscheidungen innerhalb der funktionalen Selbstverwaltung auseinanderzusetzen.[160]

Der Begriff der funktionellen Selbstverwaltung umschreibt einen Verwaltungstypus, der nicht auf ein bestimmtes Gebiet, wie bei der kommunalen Selbstverwaltung, sondern auf einen bestimmten Aufgabenkreis abstellt.[161] Die Mitglieder der funktionalen Selbstverwaltungskörperschaften bestehen aus den von dem bestimmten Aufgabenkreis sachlich betroffenen natürlichen Personen sowie juristischen Personen des öffentlichen und des privaten Rechts.[162] Rechtsfähige funktionale Selbstverwaltungsträger nehmen eigenständig Ordnungsfunktionen in der Wirtschaft und der Gesellschaft wahr.[163] Sie sind dazu mit eigenen Entscheidungsbefugnissen ausgestattet, deren Ausübung der Staat lediglich mit Hilfe der Rechtsaufsicht kontrolliert.[164] Die Erscheinungsformen der funktionalen Selbstverwaltung sind weit gefächert. Dazu gehören u.a. die Hochschulen, das Rundfunkwesen, die Sozialversicherung, die Kammern in Industrie, Handel, Handwerk und Landwirtschaft sowie die Wasser- und Bodenverbände.[165]

Der Vorlagebeschluss des *BVerwG* betraf Fragen bezüglich der demokratischen Legitimation des Lippeverbandes und der Emschergenossenschaft – beides Wasserverbände. Die Literatur ist sich über den Maßstab der demokratischen Legitimation innerhalb der funktionalen Selbstverwaltung uneinig. Teilweise wird darauf verwiesen, innerhalb der funktionalen Selbstverwaltungskörperschaften bestehe ein Legitimationsdefizit, das so gering wie möglich gehalten

---

[159] *BVerwG*, 17.12.1997, NVwZ 1999, 870 (ff.); siehe dazu *Blanke*, PersR 1999, 50 (ff.); *Unruh*, VerwArch 92 (2001), 531 (ff.).

[160] *BVerfG*, 5.12.2002, NVwZ 2003, 974 (ff.).

[161] *Kluth*, Funktionale Selbstverwaltung, S. 12 (f.); *Unruh*, VerwArch 92 (2001), 531 (536); *Muckel*, NZS 2002, 118 (121).

[162] *Muckel*, NZS 2002, 118 (122); *Unruh*, VerwArch 92 (2001), 531 (536).

[163] *Kluth*, Verw 35 (2002), S. 349 (350).

[164] *Emde*, Die demokratische Legitimation der funktionalen Selbstverwaltung, S. 82 (ff.); *Kluth*, Funktionale Selbstverwaltung, S. 25; *derselbe*, Verw 35 (2002), S. 349 (352 f.); *Unruh*, VerwArch 92 (2001), 531 (536).

[165] Vgl. *Kluth*, Verw 35 (2002), S. 349 (351); *Unruh*, VerwArch 92 (2001), 531 (536).

werden müsse.[166] Nach anderer Ansicht sind die Mitglieder funktionaler Selbstverwaltungskörperschaften mit einer autonomen Legitimation ausgestattet, welche die fehlende Legitimation im Hinblick auf Art. 20 Abs. 2 GG kompensiere.[167] Letztlich wird die Ansicht vertreten, die Mitglieder funktionaler Selbstkörperschaften seien durch den gesetzlichen Gründungsakt kollektiv personell legitimiert.[168] Im Ergebnis halten alle Auffassungen funktionale Selbstverwaltung für verfassungsgemäß.

Das *BVerwG* hat im Unterschied dazu die Auffassung vertreten, innerhalb der funktionalen Selbstverwaltung würden die vom *BVerfG* für den Bereich der übrigen Verwaltungsträger aufgestellten Grundsätze des Demokratieprinzips gleichermaßen gelten.[169] Diese Maßstäbe seien in den Fällen der Emschergenossenschaft und des Lippeverbandes verletzt. Die Mitglieder der Verbandsversammlungen könnten teilweise nicht auf eine personell-demokratische Legitimation verweisen. Doch selbst wenn die Mehrheit der Versammlungsmitglieder über eine personell-demokratische Legitimation verfügte, sei nicht gewährleistet, dass die von der Verbandsversammlung getroffenen Entscheidungen auch mit der Mehrheit der so legitimierten Versammlungsmitglieder getroffen werden. Es müsse sichergestellt sein, dass „in allen Wahlen und Gremien Entscheidungen über die Ausübung von Staatsgewalt zumindest mehrheitlich, auch im Sinne doppelter Mehrheiten, von demokratisch, d.h. personell-organisatorisch legitimierten Amtswaltern getroffen werden."[170] Das gelte zumindest für diejenigen funktionalen Selbstverwaltungskörperschaften, welche nicht nur Angelegenheiten ihrer Mitglieder, sondern zudem überragende Gemeinwohlbelange sowie Angelegenheiten Dritter wahrnehmen. Aus diesen Gründen verstießen sowohl die Wahl des Verbandsrats durch die Verbandsversammlung als auch die Wahl des Vorstandes durch den Verbandsrat gegen das Demokratieprinzip.

Diese Überlegungen des *BVerwG* lehnte das *BVerfG* ab, ohne eindeutig eine bestimmte Auffassung in der Literatur zu favorisieren. Es hat seine Entscheidungen auf folgende Erwägungen gestützt: Das Demokratieprinzip sei außerhalb der unmittelbaren Staatsverwaltung und der kommunalen Selbstverwaltung offen für andere, vom Erfordernis lückenloser personell-demokratischer Legitimation abweichende Organisationsformen.[171] Die funktionale Selbstverwaltung ergänze das demokratische Prinzip. Übertrage der Staat bestimmte Aufgaben auf Selbst-

---

166 *Ossenbühl*, in: Isensee/Kirchhof, HandbStaatsR, Bd. I, § 22, Rn. 26 (ff.), 34.

167 *Emde*, Die demokratische Legitimation der funktionalen Selbstverwaltung, S. 363 (ff.); *Schmidt-Aßmann*, Das allgemeine Verwaltungsrecht als Ordnungsidee, S. 87 (ff.).

168 *Kluth*, Funktionale Selbstverwaltung, S. 373 (ff.); *Unruh*, VerwArch 92 (2001), 531 (551).

169 *BVerwG*, 17.12.1997, NVwZ 1999, 870 (872).

170 *BVerwG*, 17.12.1997, NVwZ 1999, 870 (872).

171 *BVerfG*, 5.12.2002, NVwZ 2003, 974 (976).

verwaltungskörperschaften, so dürfe er keine organisatorische Gestaltung vorschreiben, die dem Autonomieprinzip der Selbstverwaltungen widerspräche. Der Gesetzgeber dürfe einen Selbstverwaltungsträger in begrenztem Umfang zu verbindlichem Handeln mit Entscheidungscharakter auch gegenüber Nichtmitgliedern ermächtigen. Die erforderliche demokratische Legitimation vermittelte das die Aufgaben auf die Selbstverwaltungskörperschaft übertragende Gesetz.[172] Daher sei auch die Mitbestimmung von Arbeitnehmern als eine Form der Betroffenenbeteiligung in der funktionellen Selbstverwaltung grundsätzlich vereinbar mit dem Demokratieprinzip.[173]

cc) Auswirkungen der Beschlüsse auf das Personalvertretungsrecht

Der Beschluss des *BVerfG* vom 5.12.2002 hat an den Vorgaben der Leitentscheidung des *BVerfG* vom 24.5.1995 für die Geltung des Demokratieprinzips in den Verwaltungen von Bund, Ländern und Gemeinden nichts geändert. Hier gelten die Vorgaben dieser Leitentscheidung weiterhin uneingeschränkt.

Anders könnte sich das nunmehr in dem Bereich der funktionalen Selbstverwaltung darstellen. Verstünde man den Beschluss des *BVerfG* dahin, die Anforderungen an die demokratische Legitimation jeden Handelns innerhalb der funktionalen Selbstverwaltung seien im Vergleich zu den herkömmlichen Maßstäben geringer, so würde dieser veränderte Demokratiemaßstab auch für Personalvertretungen in Selbstverwaltungskörperschaften gelten. Gegen diese Auffassung sprechen aber wichtige Gründe.

Zunächst hat das *BVerfG* lediglich eine *jedenfalls eingeschränkte* Arbeitnehmerbeteiligung in der funktionalen Selbstverwaltung als zulässig erachtet.[174] Diese vorsichtige Formulierung leitet ersichtlich keinen Wandel im Hinblick auf die Anforderung an die demokratische Legitimation von Personalvertretungen ein. Für zulässig erachtet das Gericht die Wahl von Arbeitnehmervertretern in die Leitungsorgane von funktionalen Selbstverwaltungskörperschaften durch die Verbandsversammlung. Es hat sich folglich mit den demokratischen Anforderungen an die Arbeitnehmerbeteiligung in den Körperschaftsorganen und der demokratischen Legitimation dieser Organe selbst beschäftigt. Ob und inwieweit auch für Personalvertretungen ein anderer Maßstab gilt, hat das *BVerfG* damit nicht entschieden.[175]

Die vom *BVerfG* in den Blick genommenen Arbeitnehmervertreter in den Leitungsorganen unterscheiden sich denn auch von den Personalvertretungen inner-

---

172 *BVerfG*, 5.12.2002, NVwZ 2003, 974 (977).

173 *BVerfG*, 5.12.2002, NVwZ 2003, 974 (978).

174 *BVerfG*, 5.12.2002, NVwZ 2003, 974 (978).

175 Darauf weist zurecht *Unruh*, VerwArch 92 (2001), 531 (553 ff.) hin.

halb der Selbstverwaltungskörperschaften. Während erstere von der Verbandsversammlung in die Leitungsgremien gewählt werden und damit mittelbar von den Mitgliedern der Selbstverwaltungskörperschaft jedenfalls verbandsintern demokratisch legitimiert sind,[176] weisen Personalvertretungen der Selbstverwaltungskörperschaften eine derartige Legitimation innerhalb der Körperschaft nicht auf. Das Handeln der Leitungsorgane von Selbstverwaltungskörperschaften bezieht seine demokratische Legitimation zum einen aus dem von der Volksvertretung beschlossenen Gründungsgesetz, das die Handlungsmöglichkeiten detailliert vorgibt.[177] Zum anderen unterliegen sie der Rechtsaufsicht personell-demokratisch legitimierter Amtswalter.[178] Zusammengenommen erreichen diese Strukturen das erforderliche Legitimationsniveau.

Im Unterschied dazu unterliegt die Tätigkeit der Personalvertretungen auch innerhalb der funktionalen Selbstverwaltung keinen anderen gesetzlichen Bestimmungen als bei der unmittelbaren Bundes-, Landes- oder Kommunalverwaltung. Es gelten die Vorschriften der jeweiligen Personalvertretungsgesetze unverändert. Zusätzliche Legitimationsgrundlagen, vergleichbar derjenigen der Gründungsgesetze für die Selbstverwaltungskörperschaften, gibt es für deren Personalvertretungen nicht. Deren Errichtung und Organisation fußt allein auf den jeweils einschlägigen Personalvertretungsgesetzen. Daher sind auch die Anforderungen an die demokratische Legitimation der Personalräte nicht anders zu beurteilen, als in den Fällen unmittelbarer Staatsverwaltung.

Die vom *BVerfG* mit Beschluss vom 24.5.1995 aufgestellten Grundsätze der demokratischen Legitimation gelten nach allem für die Personalvertretungen der Bundes-, Landes- und Kommunalverwaltungen sowie innerhalb der funktionalen Selbstverwaltung. Die Beteiligungsrechte von Personalvertretungen bei Privatisierungen sind daher im Folgenden für alle Verwaltungsbereiche einheitlich zu betrachten.

---

[176] *Kluth*, Funktionale Selbstverwaltung, S. 458; *Unruh*, VerwArch 92 (2001), 531 (555 ff.).

[177] *BVerfG*, 5.12.2002, NVwZ 2003, 974 (977).

[178] Siehe oben S. 48 (f.).

2. Kapitel
Beteiligung der Personalvertretung an Privatisierungsentscheidungen?

Der Verlauf einer Privatisierung als Prozess macht es erforderlich, die Beteiligung der Personalvertretung bei den verschiedenen Stadien eines Privatisierungsprozesses einzeln zu untersuchen. Es ist zunächst danach zu fragen, ob und inwieweit die Personalvertretung an der Privatisierungsentscheidung zu beteiligen ist. Dabei sind die Fälle, in denen die Verwaltung als Exekutive oder ein kommunales Entscheidungsgremium – etwa eine Gemeinde- oder Kreisvertretung – eine Privatisierungsentscheidung trifft, zu unterscheiden von jenen, in denen ein Bundes- oder Landesparlament als Legislativorgan die Entscheidung zur Privatisierung im Wege eines Gesetzgebungsaktes fällt. Während im ersten Fall die Dienststellenleitung in die Entscheidungsfindung entweder unmittelbar oder jedenfalls mittelbar eingebunden ist, hat sie auf den Gesetzgebungsakt keinerlei Einfluss.

I. Privatisierungsentscheidungen durch Gesetz oder aufgrund eines Gesetzes

Liegt die Privatisierungsentscheidung in der Hand eines Parlaments und trifft dieses eine Entscheidung mittels Gesetz, stellt sich die Frage nach der personalvertretungsrechtlichen Beteiligungsfähigkeit hinsichtlich dieser Entscheidung. Beteiligungspartner der Personalvertretung ist gem. § 2 Abs. 1 BPersVG die jeweilige Dienststelle, vertreten durch deren Dienststellenleiter.[179] Die Beteiligung der Personalvertretung an einer Maßnahme die Dienststelle betreffend macht daher nur dann Sinn, wenn dem Dienststellenleiter zur Gestaltung der jeweiligen Maßnahme ein Handlungsspielraum eröffnet ist. Einigkeit besteht deshalb darin, dass eine Beteiligung des Personalsrats an Privatisierungsentscheidungen in den Fällen nicht in Betracht kommt, in denen die Privatisierung gesetzlich vorgesehen ist.[180] Trifft der Gesetzgeber auf Bundes- oder Landesebene die Privatisierungsentscheidung im Rahmen eines Gesetzes oder einer sonstigen Rechtsnorm, ist es der Dienststelle nicht möglich, diese Entscheidung in irgendeiner Weise zu beeinflussen und gestaltend in die Entscheidungsfindung einzugreifen. Zwar mag sie in Einzelfällen die Umsetzung der Entscheidung wieder selbstbestimmt

---

[179] Für das Bundesrecht sieht dies § 7 Satz 1 BPersVG vor. Zu den vergleichbaren Landesbestimmungen *Altvater/Bacher/Hörter u.a.*, BPersVG, § 2, Rn. 8.

[180] *VGH Hessen*, 26.1.1995, PersR 1995, 254; *Fischer/Goeres*, GKÖD, Bd. 5, § 78, Rn. 14; *Grabendorff/Ilbertz/Widmaier*, BPersVG, § 78, Rn. 10; *Hanau/Becker*, Arbeitsrechtliche Probleme der Privatisierung, S. 58; *Kunze*, PersV 1998, 339 (340); *Schaub*, PersV 1998, 100 (104).

vornehmen; die Privatisierungsentscheidung selbst ist dann aber bereits gefallen. Die Dienststellenleitung trifft in diesem Fall keine eigene beteiligungsgeeignete Maßnahme.[181] Damit entfällt ein Beteiligungsrecht des Personalrats hinsichtlich der Privatisierungsentscheidung.

II. Mitbestimmungsrechte?

In den übrigen Fällen kommt die Beteiligung der Personalvertretung an der Privatisierungsentscheidung in Betracht, wenn die Beteiligung in den Personalvertretungsgesetzen vorgesehen ist. Es soll zunächst nach Mitbestimmungsrechten von Personalvertretungen bei Privatisierungsentscheidungen gefragt werden. Solche räumen der Personalvertretung die intensivste Form der Beteiligung an Maßnahmen der Dienststellenleitung ein.

1. »Privatisierung« als Beteiligungstatbestand

Die Privatisierung öffentlicher Einrichtungen oder Aufgaben ist nicht in allen Personalvertretungsgesetzen gleichermaßen von einem Beteiligungstatbestand erfasst. So enthält das BPersVG keinen Beteiligungstatbestand, der an die Privatisierung öffentlicher Einrichtungen oder Aufgaben anknüpft. Anders ist dies bei den Landespersonalvertretungsgesetzen, wobei hier zu unterscheiden ist zwischen Vorschriften, die die Privatisierung ausdrücklich in den Katalog der beteiligungspflichtigen Maßnahmen aufführen, und solchen, in denen die Privatisierung im Rahmen einer Generalklausel von der Beteiligung der Personalvertretung erfasst ist.

a) »Privatisierung« als gesetzlicher Beteiligungstatbestand

Die Privatisierung öffentlicher Einrichtungen ist in Baden-Württemberg,[182] Brandenburg,[183] Hessen,[184] Niedersachsen,[185] Nordrhein-Westfalen,[186] Rheinland-Pfalz,[187] Saarland,[188] Sachsen[189] und Thüringen[190] als Beteiligungstatbe-

---

[181] *Fischer/Goeres*, GKÖD, Bd. 5, § 78, Rn. 14.
[182] § 80 Abs. 3 Nr. 6 LPVG BW.
[183] § 68 Abs. 2 Nr. 2 PersVG Bra.
[184] § 81 Abs. 1 Satz 1 HPVG.
[185] § 75 Abs. 1 Nr. 12 NPersVG.
[186] § 72 Abs. 3 Nr. 7 LPVG NRW.
[187] § 84 Satz 1 Nr. 7 LPersVG RP.
[188] § 84 Nr. 7 SPersVG.

stand normiert. Diese Beteiligungstatbestände sehen freilich nicht durchgängig die Mitbestimmung der Personalvertretung bei der Privatisierung vor, sondern unterscheiden sich jeweils in ihrer Intensität. Die uneingeschränkte Mitbestimmung des Personalrats sieht dabei keiner der Tatbestände vor.

Das Personalvertretungsgesetz Baden-Württembergs sieht die Anhörung der Personalvertretung bei der Privatisierungsentscheidung vor. Das rheinland-pfälzische Landespersonalvertretungsgesetz enthält insoweit ein Erörterungsrecht. Ein Mitwirkungsrecht bei Privatisierungen kennen die Landespersonalvertretungsgesetze von Brandenburg, Hessen, Niedersachsen, Sachsen und Thüringen.

Lediglich in Nordrhein-Westfalen und im Saarland steht dem Personalrat bei der Privatisierung ein – wenn auch eingeschränktes – Mitbestimmungsrecht zu. Die Beteiligung der Personalvertretung ist dabei nicht an eine bestimmte von der öffentlichen Hand geplante Privatisierungsform geknüpft, sondern greift bei allen Privatisierungstypen.[191] Es ist unerheblich, wie die öffentliche Hand die Privatisierungsentscheidung umzusetzen gedenkt. Ist ein Rechtsträgerwechsel bei der Erfüllung der öffentlichen Aufgaben geplant, gleichgültig, ob im Wege einer Einzel- oder Gesamtrechtsnachfolge, löst das den Beteiligungstatbestand in Bezug auf die Entscheidung aus.[192] Nichts anderes gilt, wenn die Privatisierungsentscheidung im Wege eines Formwechsels geschehen soll. Hier ist danach zu differenzieren, ob die gem. § 301 Abs. 2 UmwG erforderliche Ermächtigungsgrundlage den Formwechsel vorsieht oder zulässt. Im ersten Fall handelt es sich um eine gesetzliche Privatisierungsentscheidung, die der Beteiligung entzogen ist.[193] Nur im zweiten Fall kommt es noch zu einer beteiligungsfähigen Privatisierungsentscheidung.

Die Mitbestimmungstatbestände sind in beiden Landespersonalvertretungsgesetzen fast wortgleich formuliert. Der Personalrat hat demnach ein Mitbestimmungsrecht bei der „Übertragung von Arbeiten der Dienststelle, die üblicherweise von ihren Beschäftigten vorgenommen werden, auf Dauer an Privatpersonen oder wirtschaftliche Unternehmen".[194] Diese Formulierung gibt Anlass zu der Überlegung, es komme nicht darauf an, dass die Arbeiten tatsächlich in der Vergangenheit von den Beschäftigten einer Dienststelle ausgeführt wurden. Man könnte ausschließlich darauf abzustellen, ob die einem Privaten übertragenen Tätigkeiten *üblicherweise* von der öffentlichen Hand erfüllt werden. Darauf, ob

---

189 § 77 Nr. 3 SächsPersVG.

190 § 75 a Abs. 2 Nr. 4 ThürPersVG.

191 Vgl. *Orth/Welkoborsky*, LPVG Nordrhein-Westfalen, § 72, Rn 96.

192 *VGH Hessen*, 1.6.1994, NZA 1994, 903 (904).

193 Siehe oben S. 53.

194 § 72 Abs. 3 Nr. 7 LPVG NRW; § 84 Nr. 7 SPersVG.

diese Tätigkeitsbereiche zuvor tatsächlich in öffentlicher Hand lag, käme es dann nicht an. Der Begriff der »Üblichkeit« erscheint als Maßstab aber nicht geeignet. Welche Vergleichsmöglichkeiten in diesem Zusammenhang genutzt werden könnten, kann nicht mit der erforderlichen Bestimmtheit festgestellt werden. Das Beteiligungsrecht des Personalrats greift in diesen Fällen daher nur ein, wenn eine Übertragung von Aufgaben auf Private geplant ist, die bisher *tatsächlich* regelmäßig von verwaltungseigenen Kräften erledigt wurden.[195] Der Schutzzweck dieser Beteiligungsnorm, bestehende Arbeitsplätze zu sichern,[196] steht einer Beteiligung des Personalrats bei der Übertragung erstmals anfallender Verwaltungsarbeiten auf private Rechtssubjekte entgegen. In diesen Fällen liefe die Beteiligung des Personalrats darauf hinaus, bei der Schaffung neuer Arbeitsplätze im öffentlichen Dienst mitzuwirken. Das ist mit der Beteiligung der Personalvertretung nicht bezweckt.[197]

Die Personalvertretung hat bei der Privatisierungsentscheidung nur dann mitzubestimmen, wenn Arbeiten der Dienststelle auf einen Privaten oder ein wirtschaftliches Unternehmen *übertragen* werden. Es ist nicht erforderlich, dass die Privatisierungsentscheidung zu einem Abbau von Beschäftigungsplätzen führt. Bereits der geplante Übertragungsakt von Aufgaben auf ein privatrechtlich verfasstes Unternehmen der öffentlichen Hand oder des privaten Sektors löst den Mitbestimmungstatbestand aus.[198] Es wird sich dabei in der Regel um formelle Privatisierungen handeln. Denkbar ist auch die Vergabe öffentlicher Aufgaben auf Private ohne vorherige formelle Privatisierung im Rahmen einer materiellen oder funktionellen Privatisierung.

b) Generalklausel

Die Landespersonalvertretungsgesetze Bremens und Schleswig-Holsteins regeln die Beteiligung der Personalvertretung in Form einer Generalklausel.

§ 51 MBG Schl.-H. sieht die Mitbestimmung des Personalrats bei „allen personellen, sozialen, organisatorischen und sonstigen innerdienstlichen Angelegenheiten, die die Beschäftigten der Dienststelle insgesamt, Gruppen von ihnen oder einzelne Beschäftigte betreffen oder sich auf diese auswirken" vor.[199] Zwar haben Privatisierungen besondere Außenwirkungen; sie wirken sich aber gleichzeitig erheblich innerhalb der Verwaltung auf deren Struktur und auf die Be-

---

195 *BVerwG*, 15.10.2003, PersV 2004, 42 (43); *OVG Nordrhein-Westfalen*, 20.1.2000, PersR 2000, 460 (f.); *Kunze*, ZfPR 1997, 101 (102).

196 *OVG Nordrhein-Westfalen*, 25.3.1999, PersR 2000, 81 (82); *Vogelsang*, PersV 2005, 4 (8).

197 *OVG Nordrhein-Westfalen*, 20.1.2000, PersR 2000, 460 (461).

198 *BVerwG*, 15.10.2003, PersV 2004, 42 (44).

199 §§ 52 Abs. 1 Satz 1, 66 Abs. 1 und 3 PersVG Brem und § 51 MBG Schl.-H.

schäftigungsverhältnisse aus. Dort ist der Personalrat also in den Fällen einer geplanten Privatisierung mitbestimmungsberechtigt. Es handelt sich dabei um eine nur eingeschränkte Mitbestimmung. Zwar kann eine Streitigkeit über eine geplante Privatisierungsmaßnahme nach Durchlauf der Stufenvertretung gem. §§ 52, 54 MBG Schl.-H. der Einigungsstelle zur Entscheidung vorgelegt werden. Der Beschluss der Einigungsstelle hat aber nur in den in § 54 Abs. 4 Satz 3 MBG Schl.-H. genannten Fällen bindenden Charakter. Privatisierungsentscheidungen sind dort nicht genannt. In diesem Zusammenhang hat der Beschluss der Einigungsstelle gem. § 54 Abs. 4 Satz 4 MBG Schl.-H. nur einen empfehlenden Charakter für die Dienststelle.

§ 52 Abs. 1 Satz 1 PersVG Brem weist der Personalvertretung die „Aufgabe, für alle in der Dienststelle weisungsgebunden tätigen Personen in allen sozialen, personellen und organisatorischen Angelegenheiten gleichberechtigt (...) mitzubestimmen" zu. § 66 PersVG Brem nennt Beispiele, in denen die Personalvertretung in organisatorischen Maßnahmen mitzubestimmen hat. *Privatisierungen* sind in dieser Aufzählung nicht erwähnt. § 66 Abs. 3 PersVG Brem stellt aber klar, dass dessen beispielhafte Aufzählung nicht abschließend zu verstehen ist.

§ 61 Abs. 4 Satz 2 PersVG Brem bestimmt, dass die Beschlüsse der Einigungsstelle bindend sind. Das Landespersonalvertretungsgesetz Bremen enthält keinen Katalog von Maßnahmen, in denen der Beschluss der Einigungsstelle nur empfehlenden Charakter hat. Das darf nicht zu dem Fehlschluss verleiten, der Personalvertretung stehe im Falle einer bevorstehenden Privatisierung ein uneingeschränktes Mitbestimmungsrecht zu. § 61 Abs. 4 Satz 3 PersVG Brem sieht insoweit vor, dass in organisatorischen Angelegenheiten die endgültige Entscheidungsbefugnis der leitenden Stellen unberührt bleibt. Das bedeutet, bindende Wirkung entfaltet ein Beschluss in diesen Fällen nicht[200] – die Befugnis zur Letztentscheidung über eine Privatisierung verbleibt auch in Bremen bei dem Dienstherrn.

c) Verstoß gegen das Demokratieprinzip und die organisatorische Wahlfreiheit der Verwaltung?

Da einige Personalvertretungsgesetze die Beteiligung von Personalvertretungen an Privatisierungsentscheidungen vorsehen, fragt sich, ob dieser Beteiligungsmöglichkeit das Demokratieprinzip[201] oder die organisatorische Wahlfreiheit der Verwaltung entgegenstehen. Das Demokratieprinzip aus Art. 20 Abs. 2 GG gilt über Art. 28 Abs. 1 Satz 1 GG gleichermaßen in Kreisen und Gemeinden.

---

[200] *Großmann/Mönch/Rohr*, Bremisches Personalvertretungsgesetz, § 61, Rn. 22.

[201] Siehe dazu oben S. 42 (ff.).

Privatisierungen zählen zu den organisatorischen Maßnahmen von Bund, Ländern und Kommunen. Die öffentliche Hand entscheidet dabei darüber, ob sie öffentliche Aufgaben überhaupt noch weiter erfüllen möchte und in welcher Organisationsform sie diese Aufgaben erbringen möchte. Die Verwaltung genießt bei der Entscheidung, in welcher Rechtsform sie eine öffentliche Aufgabe erledigen möchte, grundsätzlich Wahlfreiheit.[202]

Für Bund und Länder liegt dem Grundsatz der organisatorischen Wahlfreiheit die Überlegung zugrunde, dass das Verfassungs- und Verwaltungsrecht die Handlungs- und Organisationsformen der Verwaltung nicht abschließend regelt.[203] Für die Kommunen, d.h. die Kreise und Gemeinden lässt sich dieses *Prinzip der organisatorischen Wahlfreiheit* aus ihrer Organisationsgewalt und Personal- und Finanzhoheit, die aus Art. 28 Abs. 2 GG folgen, ableiten.[204] Ihnen stehen für die Erfüllung öffentlicher Aufgaben nicht nur die öffentlichrechtlichen, sondern auch die privatrechtlichen Organisationsformen zur Verfügung.[205]

aa) Keine uneingeschränkte Mitbestimmung

Eine uneingeschränkte Mitbestimmung der Personalvertretung bei Privatisierungen kommt nicht in Betracht. Ein derartig weiter (Mit-) Entscheidungsspielraum des Personalrats im Bereich organisatorischer Maßnahmen mit erheblicher Außenwirkung verstieße gegen das in Art. 28 Abs. 1 Satz 1 i.V.m. Art. 20 Abs. 2 GG verankerte Demokratieprinzip.[206] Jedenfalls die Letztentscheidung muss dafür bei der öffentlichen Hand verbleiben.[207] Das gilt auch im Hinblick auf die organisatorische Wahlfreiheit der Verwaltung. Sie würde in den Fällen praktisch ins Leere laufen, in denen eine Personalvertretung diese Wahlfreiheit dadurch unterlaufen könnte, dass es organisatorische Entscheidungen in das Einigungsstellenverfahren bringt, an dessen Ende eine für die öffentliche Hand verbindliche Entscheidung der Einigungsstelle steht.

Diesen Bedenken tragen das BPersVG und die Landespersonalvertretungsgesetze Rechnung. Entgegen früheren Fassungen[208] sieht keines dieser Gesetze die uneingeschränkte Mitbestimmung bei Privatisierungsentscheidungen vor.

---

[202] *Ehlers*, in: Erichsen/Ehlers, Allgemeines Verwaltungsrecht, § 2, Rn. 33; *Erbguth/Stollmann*, DÖV 1993, 798 (799); a. A. *Kempen, B.*, Die Formenwahlfreiheit der Verwaltung, S. 129, der dies mit der fehlenden Privatrechtsfähigkeit des Staates begründet.

[203] *Wolff/Bachof/Stober*, Verwaltungsrecht Bd. I, § 23, Rn. 5.

[204] Vgl. *Erbguth/Stollmann*, DÖV 1993, 798 (799).

[205] *BVerwG*, 31.8.1961, BVerwGE 13, 47 (54); *BGH*, 27.2.1962, BGHZ 37, 1 (27).

[206] *BVerfG*, 24.5.1995, PersR 1995, 483 (484).

[207] *Ossenbühl*, Grenzen der Mitbestimmung im öffentlichen Dienst, S. 83.

[208] Vgl. etwa § 66 Abs. 1 HPVG i.d.F. vom 11.7.1984, GVBl. 1984, 181.

bb) Eingeschränkte Mitbestimmung verfassungswidrig?

Privatisierungsentscheidungen unterfallen in Bremen, Nordrhein-Westfalen, im Saarland und in Schleswig-Holstein aber immerhin der eingeschränkten Mitbestimmung.[209] Sie räumt der Personalvertretung die Möglichkeit ein, auf solche Maßnahmen Einfluss zu nehmen. Das hat zu Bedenken im Hinblick auf das Demokratieprinzip und die organisatorische Wahlfreiheit der Verwaltung geführt. Die Diskussion hat sich an der Frage der personalvertretungsrechtlichen Mitbestimmung bei kommunalen Privatisierungen entzündet.

Teilweise sind die Mitbestimmungstatbestände, die bei Privatisierungen eingreifen, als verfassungswidrig bezeichnet worden.[210] Wegen des langwierigen Verfahrens der Mitbestimmung werde der im Kernbereich kommunaler Selbstverwaltung ebenfalls geltende Grundsatz der Verhältnismäßigkeit verletzt.[211] Das gelte selbst dann, wenn das Letztentscheidungsrecht einem ausreichend demokratisch legitimierten Organ verbleibe.[212] Für einen derartigen Verstoß gegen das kommunale Selbstverwaltungsrecht spreche, dass die drohende Verzögerung Anlass zur Nichtaufnahme oder sogar zum Abbruch eines Privatisierungsvorhabens geben könne – die kommunalen Entscheidungsträger folglich nicht völlig frei hinsichtlich der Privatisierungsentscheidung seien.[213] In Fällen organisatorischer Entscheidungen der Verwaltung, denen erhebliche Außenwirkung zukommt, muss nach Auffassung *Havers* das Interesse der Beschäftigten dem Interesse der Allgemeinheit auf eine reibungslose Entscheidungsmöglichkeit der öffentlichen Hand weichen. Er bezeichnet die bestehende Situation als „personalvertretungsrechtliche Schieflage“ und führt diese auf eine fehlerhafte Gleichstellung der Beschäftigten im öffentlichen Dienst mit denen der Privatwirtschaft zurück. Während die Privatwirtschaft nach dem Gewinnmaximierungsprinzip arbeite, stehe bei den Tätigkeiten der Verwaltung das Allgemeininteresse im Vordergrund, weshalb es dort auch keine vergleichbare Situation im Verhältnis zwischen Arbeitnehmern und Arbeitgebern mit deren widerstreitenden Interessen gebe.[214]

Kempen schlägt daher vor, den Anwendungsbereich der Mitbestimmungstatbestände bei Privatisierungen einzugrenzen. Die Mitbestimmung der Beschäftig-

---

[209] Zum Begriff vgl. oben S. 38 (f.).

[210] So für den § 72 Abs. 3 Nr. 7 LPVG NRW: *Elsbernd*, Dienststellenleiter und Personalvertretung, S. 221 (f.); für den § 66 Abs. 1 HPVG (a.F.): *Ossenbühl*, Grenzen der Mitbestimmung im öffentlichen Dienst, S. 85 (f.).

[211] Zur eingeschränkten Mitbestimmung in organisatorischen Angelegenheiten: *Havers*, PersV 1987, 305 (310); *Wichmann*, PersV 1986, 265 (273).

[212] *Elsbernd*, Dienststellenleiter und Personalvertretung, S. 221 (f.).

[213] So *Havers*, PersV 1987, 305 (310).

[214] *Havers*, PersV 1987, 305 (306).

tenvertretung im Bereich der Privatisierung öffentlicher Aufgaben beziehe sich regelmäßig ausschließlich auf die Absicherung der sozialen Belange betroffener Arbeitnehmer.[215] Dies sei das Ergebnis einer verfassungskonformen Auslegung der Beteiligungstatbestände bei Privatisierungen. Die Personalvertretung könne nur Einfluss auf die *sozialen Auswirkungen* der Maßnahme nehmen. Seien die individual- und kollektivrechtlichen Positionen der Beschäftigten bei einer Privatisierung abgesichert, sei das Mitbestimmungsrecht erschöpft. Habe die Privatisierung überhaupt keine negativen Auswirkungen auf die bestehenden Beschäftigungsverhältnisse, so werde das Beteiligungsrecht überhaupt nicht ausgelöst. Die Privatisierungsentscheidung selbst unterliege dem Kernbereich staatlichen Handelns und dürfe in keiner Weise von einer Beschäftigtenvertretung beeinflusst werden.

Im Ergebnis bedeutete dies, den Mitbestimmungstatbestand um eine weitere Voraussetzung, nämlich der der „sozialen Betroffenheit der Beschäftigten" zu erweitern und dem Personalrat nur hinsichtlich dieser Nachteile ein Mitbestimmungsrecht zuzusprechen.

Ossenbühl weist demgegenüber darauf hin, Privatisierungen hätten für die betroffenen Arbeitnehmer immer soziale Nachteile, da sie stets die Rationalisierung der Verwaltung bezweckten.[216] Die Erweiterung des Tatbestandes um das Merkmal *soziale Nachteile* habe deshalb nicht den von *Kempen* erwarteten Effekt. Zu einer Eingrenzung des Mitbestimmungstatbestandes *Privatisierung* komme es in der Praxis überhaupt nicht. Vielmehr greife der Beteiligungstatbestand bei jeder organisatorischen Grundentscheidung zur Privatisierung ein.

Dieses Ergebnis streben die in Rede stehenden personalvertretungsrechtlichen Beteiligungstatbestände freilich auch an. Nach dem Vorliegen sozialer Nachteile für die Beschäftigten ist überhaupt nicht zu fragen. Sie sind nicht Voraussetzung der Mitbestimmung. Beteiligungstatbestände, die an die soziale Betroffenheit der Beschäftigten anknüpfen, enthalten die Personalvertretungsgesetze jeweils an anderer Stelle.[217] Sie greifen unabhängig von der Mitbestimmungsmöglichkeit hinsichtlich der Privatisierungsentscheidung ein. Es handelt sich dabei um die Beteiligung der Personalvertretung im Hinblick auf die typischen Folgemaßnahmen einer Privatisierung.

Der Mitbestimmungstatbestand bei Privatisierungen zielt daher allein auf die organisatorische Entscheidung ab. Da dem Personalrat bereits spezielle Beteiligungsmöglichkeiten im Falle sozialer Betroffenheit der Beschäftigten zur Seite stehen, machte ein Mitbestimmungsrecht bei Privatisierungen, das ebenfalls auf die negativen sozialen Auswirkungen abstellte, keinen Sinn. Dass die Beteili-

---

[215] *Kempen, O.E.*, Grund und Grenze gesetzlicher Personalvertretung, S. 47 (f.).

[216] *Ossenbühl*, Grenzen der Mitbestimmung im öffentlichen Dienst, S. 85 (f.).

[217] Z.B. §§ 63, 65 BremPersVG, § 72 Abs. 1 und Abs. 2 LPVG NRW, § 78 SPersVG.

gungsrechte des Personalrats generell den Ausgleich negativer Auswirkungen von Entscheidungen der Dienststellenleitung für die Beschäftigten ermöglichen sollen, darf nicht in eine generelle Tatbestandserweiterung um das Merkmal „soziale Betroffenheit“ münden. Die Beteiligungsrechte in organisatorischen oder wirtschaftlichen Angelegenheiten werden ausgelöst, wenn diese organisatorischen oder wirtschaftlichen Maßnahmen bevorstehen, ohne dass es eines Nachweises drohender sozialer Nachteile für die Belegschaft bedarf. Eine Beschränkung der Mitbestimmung auf die durch die Privatisierung drohenden sozialen Nachteile kommt aus denselben Gründen ebenfalls nicht in Betracht. Solche Maßnahmen sind bereits Gegenstand anderer Beteiligungstatbestände und von der Mitbestimmung bei Privatisierungen nicht betroffen.

Die Mitbestimmungstatbestände bei Privatisierungen greifen bereits bei der bevorstehenden organisatorischen Entscheidung ein. Sie gibt der Personalvertretung das Recht, über die Privatisierungsentscheidung – eingeschränkt – mitzubestimmen.

Dadurch wird indessen weder das Demokratieprinzip noch der verfassungsrechtlich geschützte Kernbereich kommunaler Selbstverwaltung verletzt.[218] Dafür spricht zunächst, dass die Letztentscheidungsbefugnis bei der Verwaltung verbleibt. Die Einigungsstelle kann nur eine Empfehlung an die endgültig entscheidende Stelle abgeben,[219] weshalb ein Verstoß gegen das Demokratieprinzip nicht auszumachen ist.[220] Ebenso wenig kommt ein Verstoß gegen die organisatorische Wahlfreiheit in Betracht. Zwar ist wegen des Beteiligungsverfahrens eine Verzögerung des Privatisierungsvorhabens zu befürchten; das macht die Regelungen aber noch nicht verfassungswidrig.[221] Die schlichte Verzögerung der Durchführung einer Maßnahme muss die Dienststelle dulden. Zwar kann der Personalrat dadurch einen gewissen Einfluss auf die Verwaltungsentscheidung nehmen und indirekt Druck auf die Dienststellenleitung ausüben.[222] Er nimmt dadurch an der Ausübung von Staatsgewalt teil. Diese Art der Interessenwahrnehmung verstößt aber noch nicht gegen verfassungsrechtliche Vorgaben. Die Tätigkeit des Personalrats findet ihre Legitimation – wie gesehen – in der Verfassung.[223] Diese verfassungsrechtlich legitimierte personalvertretungsrechtliche Interessenvertretung muss dann aber auch – unter Berücksichtigung des Demokratieprinzips – bestmöglich zur Geltung kommen können. Anderenfalls liefe sie ins Leere. Es muss dem Personalrat tatsächlich möglich sein, die für das Arbeits-

---

[218] *OVG Nordrhein-Westfalen*, 9.11.1987, PersV 1988, 313 (314).

[219] Vgl. §§ 66 Abs. 7 Satz 4, 68 LPVG NRW.

[220] *Schipp*, NZA 1994, 865 (870).

[221] In diesem Sinne auch *Müller, J.*, PersV 1990, 59 (60 f.); *Rodin*, in: Fettig/Späth; Privatisierung kommunaler Aufgaben, S. 61 (66); *Widmaier*, ZfPR 2001, 119.

[222] *Benecke*, Beteiligungsrechte und Mitbestimmung, S. 114.

[223] Siehe dazu bereits oben S. 43 (f.).

leben bedeutsamen Grundrechtspositionen der Beschäftigten wirksam zu vertreten. Dazu dienen die personalvertretungsrechtlichen Verfahren.[224] Dass die Beteiligung der Beschäftigtenvertretung dabei zu einer Verzögerung der beteiligungspflichtigen Maßnahme führt, ist die zwangsläufige Folge der verfassungsrechtlich gebotenen Beteiligung. Diese Verzögerung ist der öffentlichen Hand auch bei der Planung organisatorischer Maßnahmen durchaus zuzumuten. Es ist ja gerade der Sinn der Personalratsbeteiligung, vorschnelle Maßnahmen zu verhindern und eine für alle tragfähige Entscheidung mitzugestalten. Die Zeit, die das Beteiligungsverfahren in Anspruch nimmt, kann die Verwaltung bei der Planung der Privatisierung bereits im Vorwege berücksichtigen. Die Letztentscheidungsbefugnis der Dienststellenleitung ist dadurch noch nicht betroffen.

d) Privatisierungsentscheidungen durch Gemeinde- und Kreisvertretungen

Im kommunalen Bereich fallen Entscheidungen über Privatisierungen regelmäßig in die alleinige Entscheidungszuständigkeit der Gemeinde- oder Kreisvertretungen.[225] Diese Materie gehört zu deren sog. Vorbehaltsaufgabenbereich.[226] Privatisierungsentscheidungen muss die Kommunalvertretung durch Beschluss folglich selbst treffen. Eine Entscheidung innerhalb der Dienststellen ist hierbei nicht möglich. Es fragt sich, ob der Grundsatz der fehlenden Beteiligungsfähigkeit bei gesetzlichen Privatisierungsentscheidungen[227] auch gilt, wenn Privatisierungsentscheidungen durch Beschlüsse kommunaler Vertretungen getroffen werden.

Eine Privatisierungsentscheidung, die in der Hand einer kommunalen Vertretung liegt, fällt *außerhalb* der Dienststelle. Sie gleicht insoweit einer gesetzlichen Privatisierungsentscheidung. Beteiligungspartner der Personalvertretung ist gerade der Dienststellenleiter als Vertreter der Dienststelle. Die Kommunalvertretung ist jedenfalls nicht Dienststelle im personalvertretungsrechtlichen Sinne.[228]

In einigen Landespersonalvertretungsgesetzen finden sich Lösungen für dieses Problem. In Bayern ist gem. Art. 70 Abs. 1 Sätze 4 und 5 BayPVG in den Fällen der ausschließlichen Entscheidungszuständigkeit der Kommunalvertretung vorgesehen, dass dem zuständigen Organ der Beschluss der Personalvertretung hinsichtlich einer mitbestimmungspflichtigen Maßnahme vor der endgültigen Ent-

---

[224] *Plander*, PersR 1990, 345 (347 ff.).

[225] Z.B. § 39 Abs. 2 GO BW, Art. 32 Abs. 2 GO Bay, § 35 Abs. 2 GO Bra, § 51 HessGO.

[226] *Schröder*, in: Achterberg/Püttner/Würtenberger, Besonderes Verwaltungsrecht, Bd. 2, Kap. 5, § 16, Rn. 79; *Schmidt-Aßmann*, in: Schmidt-Aßmann, Besonderes Verwaltungsrecht, 1. Kap., Rn. 68.

[227] Siehe dazu oben S. 53.

[228] *BVerwG*, 14.1.1983, BVerwGE 66, 347 (349 ff.).

scheidung zur Kenntnis zu bringen ist. Das gilt gem. Art. 72 Abs. 1 Satz 3 BayPVG auch für das Mitwirkungsverfahren. Bremen sieht in § 58 Abs. 2 Satz 2 BremPersVG vor, dass im kommunalen Bereich an die Stelle des Dienststellenleiters im Mitbestimmungsverfahren die zur Entscheidung befugte Stelle tritt. Nordrhein-Westfalen sieht ebenfalls die Durchführung des Mitbestimmungsverfahrens[229] und des Mitwirkungsverfahrens[230] in diesen Fällen vor der endgültigen Entscheidung vor. Die Personalvertretung ist dabei so rechtzeitig über die geplanten Maßnahmen zu unterrichten, dass das Entscheidungsgremium dessen Stellungnahme bei der Entscheidung berücksichtigen kann. Das PersVG MV sieht in § 82 Abs. 1 Satz 1 dagegen vor, dass beteiligungspflichtige Maßnahmen i.S.d. §§ 68 bis 70 PersVG MV, die der Entscheidung einer Gemeindevertretung oder eines Kreistages unterliegen, nicht der Mitbestimmung oder Mitwirkung des Personalrats unterfallen. Nach § 82 Abs. 1 Satz 2 PersVG MV ist in diesen Fällen die Personalvertretung von der jeweiligen Entscheidung lediglich zu unterrichten. Der Personalratsvorsitzende ist nach dieser Vorschrift jedoch berechtigt, an den Sitzungen des entscheidenden Organs teilzunehmen und die Auffassung des Personalrats bei der Erörterung der Maßnahme darzulegen.

In den anderen Personalvertretungsgesetzen finden sich keine vergleichbaren Regelungen. Eine Beteiligung der Personalvertretung gegenüber einem Gemeinderat oder einem Kreistag ist dort gesetzlich nicht vorgesehen. Auch die Gemeinde- oder Kreisordnungen sehen eine Personalratsbeteiligung nicht vor. Das spricht zunächst dafür, die Privatisierungsentscheidung der Beteiligung durch die Personalvertretung im kommunalen Bereich vollständig zu entziehen. Dadurch liefen die Beteiligungstatbestände, die an Privatisierungen anknüpfen, aber praktisch ins Leere.

Dieser Befund veranlasst zu der Überlegung, ob die Beteiligungsmöglichkeiten der Personalvertretung bei Privatisierungsentscheidungen auf kommunaler Ebene nicht doch anders zu beurteilen sind als bei gesetzlichen Privatisierungsentscheidungen.[231] Für eine differenzierende Sichtweise sprechen – neben dem drohenden Leerlauf des Beteiligungstatbestandes *Privatisierung* – gewichtige Gründe: Kommunalvertretungsbeschlüsse sind grundsätzlich, anders als gesetzliche Regelungen, kein Ergebnis eines Rechtssetzungsaktes. Zur Rechtssetzungstätigkeit gehören im kommunalen Bereich ausschließlich Beschlüsse über den Erlass von Satzungen, von Rechtsverordnungen und von bestimmten inner-

229 § 66 Abs. 2 Satz 5 LPVG NRW.

230 § 69 Abs. 1 Satz 2 LPVG NRW.

231 Vgl. für eine Privatisierungsentscheidung durch Beschluss einer Stadtverordnetenversammlung *VGH Hessen*, 26.1.1994, NZA 1994, 903 (904 f.); *Trümner*, in: Blanke/Trümner, Handbuch Privatisierung, Rn. 608.

administrativen Rechtssätzen, wie z.B. Geschäftsordnungen der Gemeinderäte.[232]

Sonstige Beschlüsse einer kommunalen Vertretung zählen zum Tätigkeitsfeld der vollziehenden Gewalt und nicht – wie etwa ein Organisationsgesetz – zur legislativen Gewalt.[233] Bei Beschlüssen von Gemeinde- oder Kreisvertretungen handelt es sich in den meisten Fällen mangels unmittelbarer Rechtswirkung nach außen zwar auch nicht um Verwaltungsakte,[234] sondern um interne Willensbildungsakte innerhalb von Gemeinden oder Kreisen.[235] Gleichwohl zählen sie zur materiellen Verwaltungstätigkeit.[236] Ist eine Beteiligung von Personalvertretungen an der legislativen Arbeit im höchsten Maße bedenklich, ist sie für den Bereich der Verwaltungstätigkeit jedoch gerade vorgesehen.

Für die Beantwortung der Frage, wie das Beteiligungsverfahren in den genannten Fällen aussehen könnte, bietet sich zunächst an, Personalvertretungen unmittelbar in den Entscheidungsfindungsprozess einer Kommunalvertretung einzubinden. Diesen Lösungsweg beschreitet die Personalvertretungsgesetze Bremens[237] und Mecklenburg-Vorpommerns.[238] Mit diesem Lösungsweg umginge man aber den bereits erwähnten Grundsatz, dass Beteiligungspartner der Personalvertretung die jeweilige Dienststelle, vertreten durch deren Dienststellenleiter ist.[239] Aus diesem Grund kommt eine unmittelbare Beteiligung des Personalrats gegenüber der Kommunalvertretung nicht in Betracht.[240]

Für die hier problematisierten Fälle bietet sich jedoch ein anderer Lösungsweg an, den der *VGH Hessen* in einer Entscheidung vom 1.6.1994 für den Geltungsbereich des HPVG vorgezeichnet hat:[241] Kreis- und Gemeinderatsbeschlüsse werden regelmäßig in sog. Planungsgruppen oder Ausschüssen vorbereitet. An dieser Vorbereitungsarbeit ist die von einer geplanten Maßnahme betroffene

---

232 *Schmidt-Aßmann*, in: Schmidt-Aßmann, Besonderes Verwaltungsrecht, 1. Kap., Rn. 93; *Stelkens/Schmitz*, in: Stelkens/Bonk/Sachs, VwVfG, § 1 Rn. 161.

233 *Schröder*, in: Achterberg/Püttner/Würtenberger, Besonderes Verwaltungsrecht, Bd. II, Kap. 5, § 16, Rn. 68.

234 In seltenen Fällen können Kommunalvertretungsbeschlüsse auch unmittelbare Außenwirkung und damit Verwaltungsaktsqualität haben. Das ist z.B. der Fall, wenn ein Gemeinderat durch Beschluss einen Straßennamen ändert, vgl. *Gern*, Deutsches Kommunalrecht, Rn. 505.

235 *OVG Magdeburg*, 1.11.1999, NVwZ 2000, 208;.

236 Vgl. *Bonk/Schmitz*, in: Stelkens/Bonk/Sachs, VwVfG, § 1, Rn. 161.

237 § 58 Abs. 2 Satz 2 BremPersVG.

238 § 82 PersVG MV.

239 Siehe oben S. 53.

240 Vgl. *BVerwG*, 2.7.1990, Buchholz 415.1 Nr. 106; *VGH München*, 29.3.1990, NVwZ-RR 1991, 156.

241 *VGH Hessen*, 1.6.1994, NZA 1994, 431 (ff.).

Dienststelle – jedenfalls der Bürgermeister – beteiligt. Der Dienststellenleiter oder der Bürgermeister stellen folglich das Bindeglied zwischen der Kommunalvertretung und der betroffenen Dienststelle dar. Der Bürgermeister ist als Verwaltungsleiter für die gesamte Gemeindeverwaltung verantwortlich und für die kommunalen Beschäftigten oberste Dienstbehörde. Der zuständige Personalrat sollte ein Beteiligungsrecht hinsichtlich einer Maßnahme, die in die Alleinentscheidungsbefugnis eines kommunalen Vertretungsorgans fällt, gegenüber dem Dienststellenleiter, ggf. dem Bürgermeister ausüben, soweit es sich dabei um eine nach dem Personalvertretungsgesetz beteilungspflichtige Maßnahme handelt. Der Dienststellenleiter sollte den Personalrat folglich über die geplanten Maßnahmen umfassend informieren und das jeweilige Beteiligungsverfahren gegenüber der Kommunalvertretung vor deren Entscheidung durchführen.[242]

Für die Beteiligungstatbestände bei Privatisierungen ergibt sich daraus Folgendes: Soweit Privatisierungen der eingeschränkten Mitbestimmung unterliegen, ist der Personalrat über den Privatisierungsvorgang durch den Dienststellenleiter zu unterrichten. Zugleich beantragt der Dienststellenleiter beim Personalrat, der Privatisierungsentscheidung zuzustimmen. Die Stellungnahme der Personalvertretung hat der Dienststellenleiter der Planungsgruppe sodann vorzulegen. Erst wenn das Mitbestimmungsverfahren auf diese Weise durchlaufen ist, darf die Kommunalvertretung eine Entscheidung über das Privatisierungsvorhaben treffen.

Zwar ergibt sich diese Lösung – abgesehen von Art. 70 Abs. 1 Sätze 4 und 5 BayPVG – nicht unmittelbar aus dem Gesetz. Sie ist aber aus den gesetzlichen Vorgaben herzuleiten. Wenn die Landespersonalvertretungsgesetze die Beteiligung des Personalrats an Privatisierungsentscheidungen vorsehen, ohne für deren rechtliche Durchsetzbarkeit zu sorgen, so darf dies nicht bedeuten, dass eine Beteiligung des Personalrats daran scheitert. Das machen auch die Vorschriften derjenigen Landesgesetze deutlich, die für dieses Problem Regelungen enthalten. Einen Ausschluss der Personalratsbeteiligung bei Entscheidungen von Gemeinde- oder Kreisvertretungen sehen sie gerade nicht vor. Vielmehr beziehen sie die Personalvertretungen in die Entscheidungsfindung des jeweiligen Organs ein.

2. »Privatisierung« – ein Fall des § 75 Abs. 3 Nr. 16 BPersVG und der entsprechenden Bestimmungen des Landesrechts?

Die Mitbestimmung des Personalrats bei Privatisierungsentscheidungen hängt möglicherweise nicht davon ab, dass die einschlägigen Gesetze eine dies anordnende ausdrückliche Regelung vorsehen. Eine solche Beteiligung der Personal-

[242] Vgl. *VGH Hessen*, 1.6.1994, NZA 1994, 431 (433).

vertretung könnte auf § 75 Abs. 3 Nr. 16 BPersVG und die entsprechenden Bestimmungen des Landesrechts gestützt werden.

Gem. § 75 Abs. 3 Nr. 16 BPersVG bestimmt der Personalrat über die *Gestaltung der Arbeitsplätze* mit. Da sich Privatisierungen zumeist auch auf das Arbeitsplatzumfeld auswirken, etwa hinsichtlich der Ausstattung der Beschäftigten mit Arbeitsmitteln, richtet sich das personalvertretungsrechtliche Interesse bei Privatisierungen auf diese Norm. Die genannten Veränderungen der Arbeitsplätze gehören indes zu den Folgemaßnahmen einer Privatisierungsentscheidung. Äußerst umstritten ist, ob diese Vorschrift neben räumlichen und technischen Neuerungen auch organisatorische Veränderungen umfasst. Das könnte sich unmittelbar auf die Beteiligung an der Privatisierungsentscheidung selbst auswirken.

Nach einer Auffassung sind neben der räumlichen und technischen Ausgestaltung des Arbeitsplatzes auch die organisatorischen Regelungen, welche die Aufgabenerfüllung betreffen, nach dieser Vorschrift mitbestimmungspflichtig.[243]

Auf der Grundlage einer engen Auslegung dieses Mitbestimmungsrechts wird hingegen die Ansicht vertreten, mit der Gestaltung des Arbeitsplatzes sei ausschließlich der räumliche Faktor des Arbeitsplatzes gemeint, nicht dagegen die organisatorische Arbeitsplatzgestaltung, wozu z.B. der Ablauf des Arbeitsprozesses gehöre.[244]

Dieser Streit hat im Zusammenhang mit Privatisierungen deshalb Bedeutung, weil Privatisierungen, bei denen sich die Rechtsform einer öffentlichen Einrichtung verändert, d.h. alle formellen Privatisierungen und teilweise auch andere Privatisierungsarten, immer organisatorische Veränderungen mit sich bringen. Die Mitbestimmungsmöglichkeit könnte sich im Falle eines weiten Verständnisses der Vorschrift folglich auf die Privatisierungsentscheidung als Organisationsentscheidung beziehen.

Die meisten Personalvertretungsgesetze sehen die Mitbestimmung der Personalvertretung bei der Gestaltung der Arbeitsplätze vor. Das BPersVG und die Landespersonalvertretungsgesetze Berlins,[245] Brandenburgs,[246] Hamburgs,[247] Hessens,[248] Nordrhein-Westfalens,[249] des Saarlandes,[250] Sachsens[251] und Thürin-

---

[243] *Altvater/Bacher/Hörter u.a.*, BPersVG, § 75, Rn. 76 a; *Zander*, PersR 1991, 322.

[244] *Grabendorff/Ilbertz/Widmaier*, BPersVG, § 75, Rn. 192; *Lorenzen/Etzel/Gerhold u.a.*, BPersVG, § 75, Rn. 191; *Reich*, BPersVG, § 75, Rn. 35; *Welkoborsky*, LPVG NRW, § 72, Rn. 116.

[245] § 85 Abs. 1 Nr. 12 PersVG Bln.

[246] § 66 Nr. 16 PersVG Bra.

[247] § 86 Abs. 1 Nr. 5 HmbPersVG.

[248] § 74 Abs. 1 Nr. 16 HPVG.

[249] § 72 Abs. 4 Nr. 10 LPVG NRW.

[250] § 78 Abs. 1 Nr. 11 SPersVG.

[251] § 80 Abs. 3 Nr. 15 SächsPersVG.

gens[252] sehen die uneingeschränkte Mitbestimmung der Personalvertretung bei der Gestaltung der Arbeitsplätze vor. In Baden-Württemberg,[253] Mecklenburg-Vorpommern,[254] Niedersachsen[255] und Rheinland-Pfalz[256] hat der Personalrat bei diesen Maßnahmen ein eingeschränktes Mitbestimmungsrecht. Lediglich Bayern sieht die Mitwirkung des Personalrats bei der Gestaltung von Arbeitsplätzen vor.[257]

a) »Organisatorisch-funktionaler« Begriff der Arbeitsplatzgestaltung?

Zur Begründung eines weiten Verständnisses der *Arbeitsplatzgestaltung* wird vorgebracht, auch organisatorischen Regelungen sei Gestaltungsfunktion hinsichtlich des einzelnen Arbeitsplatzes zuzusprechen. *Gestaltung* i.S.d. § 75 Abs. 3 Nr. 16 BPersVG habe eine sehr weite Bedeutung. Damit sei das Herstellen aller Bedingungen, unter denen eine konkrete Arbeitsaufgabe erledigt werden müsse, gemeint.[258] Die Mitbestimmung beziehe sich auf alle funktionalen Bedingungen, die den Arbeitsplatz ausmachten. Zu diesen Bedingungen zählten auch die organisatorischen Strukturen, unter welchen die Aufgaben zu erledigen seien.

Diese Auffassung vermag nicht zu überzeugen. Die Gegenansicht weist zutreffend darauf hin, der Gesetzgeber habe mit dem eindeutigen Wortlaut dieses Mitbestimmungstatbestandes, der nur die Gestaltung des *Arbeitsplatzes* der Mitbestimmung durch den Personalrat unterstellt, seinen Willen zum Ausdruck gebracht, die organisatorische Gestaltung der Arbeitserfüllung nicht der Beteiligung durch den Personalrat zu unterwerfen. Hätte der Gesetzgeber eine derart weite Auslegung bezwecken wollen, hätte er in den Tatbestand des Mitbestimmungsrechts einen ebenfalls eindeutigen Begriff wie beispielsweise „Gestaltung der *Arbeitsinhalte*“[259] oder „*organisatorische*“ oder „*funktionale* Gestaltung der Arbeitsplätze“ aufnehmen müssen.

---

[252] § 74 Abs. 2 Nr. 9 ThürPersVG.

[253] § 79 Abs. 3 Nr. 13 PersVG BW.

[254] § 70 Abs. 1 Nr. 9 PersVG MV.

[255] § 67 Abs. 1 Nr. 3 NPersVG.

[256] § 80 Abs. 1 Satz 1 Nr. 6 LPersVG RP.

[257] Art. 76 Abs. 2 Nr. 3 BayPVG.

[258] *Altvater/Bacher/Hörter u.a.*, BPersVG, § 75, Rn. 76 a – unter Hinweis auf *BVerwG*, 25.8.1986, PersR 1986, 235.

[259] So *Schipp/Schipp*, Arbeitsrecht und Privatisierung, Rn. 316.

b) Nur »räumlich-gegenständlicher« Begriff der Arbeitsplatzgestaltung

Eine Begrenzung der Mitbestimmung auf räumliche und technische Faktoren gebietet zudem der Sinn und Zweck der Vorschrift. Die Mitbestimmung bei der Gestaltung der Arbeitsplätze bezweckt eine menschengerechte Gestaltung des Arbeitsplatzes.[260] Diese Schutzrichtung umfasst ausschließlich die gegenständliche Einrichtung der Arbeitsplätze, nicht dagegen funktionale Gegebenheiten wie das organisatorische Umfeld der Arbeitsabläufe.[261] *Gestaltung der Arbeitsplätze* meint die räumliche Unterbringung und die Ausstattung mit Einrichtungsgegenständen und technischen Geräten.[262] Eine Erweiterung dieses Anwendungsbereiches auf organisatorische Strukturänderungen innerhalb der Dienststelle ist dagegen nicht sachgerecht.

Darüber hinaus spricht die Gesetzessystematik für eine einschränkende Auslegung dieses Mitbestimmungstatbestandes. Beteiligungsrechte der Personalvertretung bei organisatorischen Veränderungen innerhalb der Dienststelle sehen bereits § 76 Abs. 2 Nr. 5 und Nr. 7 sowie § 78 Abs. 5 BPersVG vor. Der Gesetzgeber hat somit den Bereich der Beteiligungsrechte bei organisatorischen Angelegenheiten anderweitig geregelt. Die Mitbestimmung des Personalrats gem. § 75 Abs. 3 Nr. 16 BPersVG bei der organisatorischen Gestaltung der Tätigkeit ist daher nicht angezeigt. Dieses Argument trifft gleichermaßen für die Personalvertretungsgesetze von Brandenburg, Hessen, Rheinland-Pfalz und Saarland zu. Dort gehören die Beteiligungstatbestände bei der Gestaltung der Arbeitsplätze jeweils ebenfalls nicht zu den organisatorischen Angelegenheiten. Anders ist dies in den Personalvertretungsgesetzen Mecklenburg-Vorpommerns und Niedersachsens. Hier zählt dieser Beteiligungstatbestand zu den organisatorischen Maßnahmen[263] bzw. Angelegenheiten.[264]

Letztlich spricht aber das Erfordernis einer ausreichenden demokratischen Legitimation gerade im Anwendungsbereich des Personalvertretungsrechts für eine enge Auslegung der Beteiligungstatbestände. Da der Personalrat als handelndes Organ der Personalverfassung nicht über eine ausreichende personell-

---

[260] *Grabendorff/Ilbertz/Widmaier*, BPersVG, § 75, Rn. 191 und 193; *Lorenzen/Etzel/Gerhold u.a.*, BPersVG, § 75, Rn. 191; *Riedmaier*, PersV 1991, 148 (162 f.); *Welkoborsky*, LPVG NRW, § 72, Rn. 116.

[261] *Orth/Welkoborsky*, LPVG NRW, § 72, Rn. 150.

[262] *BVerwG*, 16.12.1992, PersR 1993, 164 (166).

[263] § 67 NPersVG.

[264] § 70 PersVG MV. Bei den anderen Landesgesetzen ist eine Zuordnung der Beteiligung des Personalrats bei der Gestaltung der Arbeitsplätze zu den organisatorischen Maßnahmen nicht möglich. Zum Teil enthalten die LPVG diesen Begriff nicht einmal, z.B. das PersVG BW, zum Teil kann eine Zuordnung dieses Beteiligungstatbestands zu den organisatorischen Angelegenheiten nicht eindeutig vorgenommen werden, vgl. Art. 76 BayPVG.

demokratische Legitimation verfügt, ist umso mehr auf die sachlich-inhaltliche Legitimation seines Handelns abzustellen. Nur so kann ein ausreichendes Legitimationsniveau erreicht werden. Bei einer weiten Auslegung von Beteiligungsrechten des Personalrats ist daher in jedem Falle äußerste Vorsicht geboten. Das gilt umso mehr, als § 75 Abs. 3 Nr. 16 BPersVG sowie einige landesrechtliche Vorschriften die uneingeschränkte Mitbestimmung der Personalvertretung vorsehen. Organisatorische Entscheidungen mit Außenwirkung, wie sie Privatisierungen darstellen, dürfen nicht der Letztentscheidungsbefugnis einer personalvertretungsrechtlichen Einigungsstelle übertragen werden.[265]

c) Ergebnis

Privatisierungsentscheidungen unterfallen nicht dem Beteiligungstatbestand *Gestaltung der Arbeitsplätze* gem. § 75 Abs. 3 Nr. 16 BPersVG und der entsprechenden landesrechtlichen Vorschriften.

3. »Privatisierung« – ein Fall der „Auflösung oder Einschränkung von Dienststellen"?

Das BPersVG und die Personalvertretungsgesetze Bayerns, Berlins, Hamburgs, Mecklenburg-Vorpommerns und Sachsen-Anhalts enthalten keinen Beteiligungstatbestand, der die Privatisierung öffentlicher Einrichtungen oder Aufgaben zum Gegenstand hat. Die Mitbestimmung des Personalrats sehen nur die Personalvertretungsgesetze von Bremen, Nordrhein-Westfalen, Saarland und Schleswig-Holstein vor. Dieser Befund hat Anlass dazu gegeben, darüber nachzudenken, ob § 78 Abs. 1 Nr. 2 BPersVG und die vergleichbaren Regelungen der Landespersonalvertretungsgesetze, die eine Beteiligung der Personalvertretung „bei der Auflösung, Einschränkung (...) von Dienststellen oder wesentlicher Teile von ihnen" vorsehen, auch bei Privatisierungsentscheidungen eingreifen. Einen solchen Beteiligungstatbestand enthalten alle Personalvertretungsgesetze. Während § 78 Abs. 1 Nr. 2 BPersVG und einige Landespersonalvertretungsgesetze die *Mitwirkung* des Personalrats bei diesen Maßnahmen vorsehen,[266] hat die Personalvertretung in Hamburg,[267] Mecklenburg-Vorpommern,[268]

[265] Siehe oben S. 42.

[266] § 80 Abs. 1 Nr. 2 LPVG BW, Art. 76 Abs. 2 Nr. 4 BayPVG, § 90 Nr. 4 PersVG Bln, § 68 Abs. 2 Nr. 1 PersVG Bra, § 82 Abs. 2 HPVG, § 75 Abs. 1 Nr. 13 NPersVG, § 73 Nr. 7 LPVG NRW, § 83 Abs. 1 Nr. 9 SPersVG, § 75 a Abs. 2 Nr. 4 ThürPersVG.

[267] § 89 Abs. 1 Nr. 2 HmbPersVG.

[268] § 70 Abs. 1 Nr. 11 PersVG MV.

Rheinland-Pfalz[269] und Sachsen-Anhalt[270] in diesen Fällen ein eingeschränktes *Mitbestimmungs*recht.[271] Wenn Privatisierungen Fälle der Auflösung oder Einschränkung von Dienststellen bzw. Dienststellenteilen sind, fallen Privatisierungsentscheidungen in den genannten Ländern unter die eingeschränkte Mitbestimmung der Personalvertretung.

a) Meinungsstand

Es wird die Ansicht vertreten, Privatisierung bedeute immer die *Auflösung* einer Dienststelle.[272] Dieser Tatbestand erfordere dem Wortlaut nach zwar den vollständigen Wegfall bisher von der Dienststelle ausgeführter Aufgaben, könne aber auch die Übertragung der Aufgabe auf eine andere Dienststelle und sogar einen privaten Träger bedeuten.[273] Das sei bei Privatisierungen anzunehmen. Mit Blick auf die Schutzwirkung dieses Beteiligungstatbestandes sei seine Anwendung auch sinnvoll, da eine Privatisierung erhebliche negative Auswirkungen auf die Beschäftigungsverhältnisse haben könne.

Nach anderer Ansicht kommt eine Beteiligung des Personalrats an der Privatisierungsentscheidung gem. § 78 Abs. 1 Nr. 2 BPersVG und der entsprechenden Landesgesetze nicht in Betracht.[274] Die Überführung einer Dienststelle von einer öffentlichrechtlichen in eine privatrechtliche Verfassung bedeute nicht deren Auflösung.[275]

---

[269] § 80 Abs. 2 Nr. 12 LPersVG RP.

[270] § 69 Nr. 8 PersVG LSA.

[271] Zum Begriff vgl. S. 38 (f.).

[272] *Aufhauser/Brunhöber/Warga*, BayPVG, Art. 76, Rn. 101; *Blanke*, in: Thannheiser, Handbuch der Personalrechtspraxis, Teil 5 Rn. 73; *Hamer*, PVG Brandenburg, § 64, Rn. 7; *Hecker*, DÖV 2001, 119 (120); wohl auch *Herdlein*, bühnengen 1995, 9 (der allerdings ausdrücklich den Betriebsübergang als Anknüpfungspunkt für die Personalratsbeteiligung festmacht); *Lorenzen/Etzel/Gerhold u.a.*, BPersVG, § 78, Rn. 25; *Schipp/Schipp*, Arbeitsrecht und Privatisierung, Rn. 270 (ff.); *Schweier*, in: Fabry/Augsten, Handbuch Unternehmen der öffentlichen Hand, Teil 3, Rn. 61; *Thannheiser*, PersR 2001, 105 (107); *derselbe*, PersR 2006, 4 (f.); *Trümner* in: Blanke/Trümner, Handbuch Privatisierung, Rn. 684; *Wurm*, ZfPR 2000, 307 (309).

[273] *Lorenzen/Etzel/Gerhold u.a.*, BPersVG, § 78, Rn. 25.

[274] *Beckerle*, PersV 1987, 265 (267); *Fischer/Goeres*, GKÖD, Bd. 5, § 78, Rn. 14; *Hanau/Becker*, Arbeitsrechtliche Probleme der Privatisierung, S. 57 (f.); *Kunze*, ZfPR 1997, 101 (102); *ders.*, PersV 1998, 339 (340); *Schaub*, PersV 1998, 100 (104). *Zander*, PersR 1991, 322 (323).

[275] *Beckerle*, PersV 1987, 265 (267); *Zander*, PersR 1991, 322 (323).

b) Stellungnahme

Auflösung bedeutet die vollständige und ersatzlose Beseitigung einer Dienststelle.[276] Diejenigen Aufgaben, welche die aufgelöste Dienststelle bisher ausgeführt hat, werden dabei auf andere Aufgabenträger innerhalb oder außerhalb der Verwaltung übertragen.[277]

Von der Einschränkung einer Dienststelle spricht man, wenn sich der Aufgabenumfang einer Dienststelle reduziert, ihr aber noch Aufgabenteile zur Erledigung verbleiben.[278] Der Zweck der Dienststelle bleibt in diesem Fall zwar im Kern bestehen,[279] die organisatorische Struktur verändert sich jedoch durch die Aufgabenreduktion.[280] Eine Dienststelle wird beispielsweise dadurch im personalvertretungsrechtlichen Sinne eingeschränkt, dass sich die Beschäftigtenzahl durch Versetzungen oder Entlassungen erheblich vermindert oder die Beschäftigten in nicht unerheblichem Umfang niedriger zu bewertende Tätigkeiten ausführen oder Rückgruppierungen hinnehmen müssen.[281]

Beide Tatbestandsmerkmale – das der *Auflösung* und das der *Einschränkung* – werden von tatsächlichen Kriterien geprägt. Es geht zum einen darum, ob die Organisationseinheit *Dienststelle* durch die Privatisierungsentscheidung beseitigt wird, zum anderen um die Frage, ob die Aufgaben nach der Privatisierung nicht mehr öffentliche Aufgaben sind.

Man könnte zunächst einwenden, die Privatisierungsentscheidung führe noch nicht zur Auflösung oder Einschränkung der von der Privatisierung betroffenen Einrichtung. Die Auflösung zähle genau genommen erst zu den Umsetzungsschritten oder den Folgemaßnahmen der Entscheidung zur Privatisierung. In diese Richtung tendieren auch die Einwände der die Anwendung des § 78 Abs. 1 Nr. 2 BPersVG ablehnenden Auffassung. Sie verweist darauf, dass die Privatisierung die Auflösung der Dienststelle zwar *verursache*, die Auflösung somit

---

276 *Altvater/Bacher/Hörter u.a.*, BPersVG, § 78, Rn. 14; *Hanau/Becker*, Arbeitsrechtliche Probleme der Privatisierung, S. 58; *Grabendorff/Ilbertz/Widmaier*, BPersVG, § 78, Rn. 10; *Kunze*, PersV 1998, 339 (340); *Orth/Welkoborsky*, LPVG NRW, § 73, Rn. 10; *Zander*, PersR 1991, 322 (323).

277 *Altvater/Bacher/Hörter u.a.*, BPersVG, § 78, Rn. 14 a; *Gronimus*, PersR 2001, 189.

278 *Altvater/Bacher/Hörter u.a.*, BPersVG, § 78, Rn. 15; *Lorenzen/Etzel/Gerhold u.a.*, BPersVG, § 78, Rn. 26.

279 *Dietz/Richardi*, BPersVG, § 78, Rn. 26.

280 *BVerwG*, 13.3.1964, BVerwGE 18, 147 (149); *Grabendorff/Ilbertz/Widmaier*, BPersVG, § 78, Rn. 11; *Lorenzen/Etzel/Gerhold u.a.*, BPersVG, § 78, Rn. 22.

281 *Grabendorff/Ilbertz/Widmaier*, BPersVG, § 78, Rn. 11; *Lorenzen/Etzel/Gerhold u.a.*, BPersVG, § 78, Rn. 26.

eine Folgeerscheinung der Privatisierung sei; *Privatisierung* und *Auflösung* seien aber nicht gleichzusetzen.[282]

Richtig ist zwar, dass die Privatisierungsentscheidung und die Entscheidung zur Auflösung oder Einschränkung nicht identisch sind. In jedem Fall bedingt die Privatisierungsentscheidung erst die Entscheidungen zu organisatorischen Veränderungen innerhalb der Dienststelle. § 78 Abs. 1 Nr. 2 BPersVG sieht für den Personalrat ein Beteiligungsrecht an der organisatorischen Grundentscheidung zur Auflösung oder Einschränkung einer Dienststelle vor.

Es umfasst aber auch Vorbereitungsentscheidungen.[283] Der weite Anwendungsbereich der Vorschrift resultiert aus der Erkenntnis, dass die Entscheidung zur Auflösung oder Einschränkung in vielen Fällen nicht isoliert fällt, sondern Bestandteil einer komplexeren Organisationsentscheidung ist. Fällt die Auflösungsentscheidung im Kontext einer solchen Organisationsentscheidung, liefe das Beteiligungsrecht ins Leere, wenn man die Personalvertretung nicht an der Grundentscheidung beteiligte. Die vorbereitende Grundentscheidung und die Entscheidung zur Auflösung oder Einschränkung sind in diesen Fällen als Gesamtentscheidung zu begreifen.

Die Personalratsbeteiligung an der Privatisierungsentscheidung setzt folglich voraus, dass damit gleichzeitig die Entscheidung zur Auflösung der Dienststelle getroffen wird. Die Frage lautet daher: Bedeutet die Privatisierungsentscheidung gleichzeitig die Auflösung der zu privatisierenden Einrichtung? Zur Beantwortung dieser Frage sind verschiedene Argumentationslinien nachzuzeichnen.

aa) Verhältnis zu ausdrücklich geregelten Privatisierungstatbeständen

Einige Landespersonalvertretungsgesetze führen Beteiligungstatbestände auf, die dem Personalrat ein Beteiligungsrecht bei der Privatisierung öffentlicher Einrichtungen einräumen.[284] Diese Beteiligungstatbestände stehen grundsätzlich selbständig neben denen der Auflösung oder Einschränkung einer Dienststelle; sie kommen unabhängig voneinander zur Anwendung.[285] Das könnte dafür sprechen, die eben gestellte Frage bereits zu verneinen. Die Aufnahme eines Beteiligungstatbestandes *„Privatisierung"* machte keinen Sinn, wenn jede Privatisierung ohnehin dem Beteiligungstatbestand der *Auflösung oder Einschränkung einer Dienststelle* unterfiele.

---

[282] *Kunze*, ZfPR 1997, 101 (102).

[283] *Altvater/Bacher/Hörter u.a.*, BPersVG, § 78, Rn. 13; *Aufhauser/Brunhöber/Warga*, BayPVG, Art. 76, Rn. 97; *Dietz/Richardi*, BPersVG, § 78, Rn. 17; *Grabendorff/Ilbertz/Widmaier*, BPersVG, § 78, Rn. 9; *Lorenzen/Etzel/Gerhold u.a.*, BPersVG, § 78, Rn. 22.

[284] Siehe oben S. 54 (ff.).

[285] *VGH Hessen*, 1.6.1994, NZA 1994, 903 (904).

Dem wird entgegnet, die Privatisierung sei als Unterfall der Auflösung einer Dienststelle zu verstehen.[286] Die Nennung beider Tatbestände diene nur der Klarstellung. Von dieser Auslegung muss man das Thüringer Personalvertretungsgesetz aber bereits ausnehmen, dessen § 75 a Abs. 2 Nr. 4 ThürPersVG dem entgegensteht. Diese Norm unterwirft die „Privatisierung, Auflösung, Einschränkung (...) von Dienststellen“ der Mitwirkung des Personalrats. Hier stellt der Landesgesetzgeber die Tatbestandsmerkmale der Privatisierung und der Auflösung sowie Einschränkung gleichwertig nebeneinander. Das spricht dagegen, eine Maßnahme als Unterfall der anderen aufzufassen.

Auch die übrigen Landespersonalvertretungsgesetze, die eine Beteiligung der Personalvertretung sowohl bei Privatisierungen als auch bei der Auflösung oder Einschränkung von Dienststellen kennen, lassen eine Auslegung, wonach die Privatisierung Unterfall der Auflösung sei, nicht zu. Dazu hätte der Gesetzgeber das Unterordnungsverhältnis der Tatbestandsmerkmale durch Zusätze wie z.B. „insbesondere“ deutlich machen müssen. Derart eindeutige Formulierungen lassen alle hier einschlägigen Landespersonalvertretungsgesetze vermissen.

Es spricht indes nichts dagegen, dass diese Beteiligungstatbestände nebeneinander zur Anwendung kommen können. Das wäre immer dann der Fall, wenn die Privatisierung einer öffentlichen Einrichtung gleichzeitig deren Auflösung bedeutete. Die Aufnahme der Beteiligungsmöglichkeit bei Privatisierungen in einige Landespersonalvertretungsgesetze spricht dafür, dass § 78 Abs. 1 Nr. 2 BPersVG gerade nicht in jedem Fall auf Privatisierungen anzuwenden ist. Die vorhandenen „Privatisierungstatbestände“ sind im Verhältnis zu § 78 BPersVG und den vergleichbaren landesrechtlichen Normen unabhängig. Haben die Landesgesetzgeber eine Beteiligung der Personalvertretung bei der Privatisierung öffentlicher Einrichtungen nicht vorgesehen, kann der Personalrat nicht *hilfsweise* auf § 78 Abs. 1 Nr. 2 BPersVG zurückgreifen, wenn dessen Voraussetzungen nicht vorliegen. Es ist daher genau zu prüfen, ob das jeweilige Privatisierungsvorhaben zur Auflösung oder Einschränkung einer Dienststelle führt. In dieser Hinsicht ist zwischen formellen, materiellen und funktionellen Privatisierungen zu unterscheiden.

bb) Formelle Privatisierungen

(1) Wegfall von Dienststelle und öffentlicher Aufgaben?

Beteiligungspflichtig ist jeweils die Auflösung oder Einschränkung von *Dienststellen*. Dienststellen i.S.v. § 78 Abs. 1 Nr. 2 BPersVG sind die in § 6 Abs. 1 und Abs. 2 BPersVG genannten Einrichtungen. Das BPersVG geht von einem

---

[286] So *Blanke*, PersR 2000, 43 (46).

personalvertretungsrechtlichen Dienststellenbegriff aus, nach welchem Dienststellen organisatorische Einheiten sind, die mit einem selbständigen Aufgabenbereich und mit organisatorischer Selbständigkeit innerhalb der öffentlichen Verwaltung ausgestattet sind.[287]

Um eine Privatisierung diesem Beteiligungstatbestand zuzurechnen, müsste die Privatisierungsentscheidung folglich dazu führen, dass die organisatorische Einheit mit selbständigem Aufgabenbereich wegfiele oder sich jedenfalls verkleinerte.

Die Befürworter einer Anwendung des § 78 Abs. 1 Nr. 2 BPersVG stellen darauf ab, es komme nicht darauf an, dass die Organisation der Aufgabenerfüllung bei der Privatisierung überhaupt erhalten bleibe, sondern vielmehr darauf, dass mit der Privatisierung der spezifisch öffentlichrechtliche Bestand der Dienststelle und ihrer Aufgaben verloren gehe.[288] Die formelle Privatisierung einer Dienststelle führe zu deren juristisch organisatorischem Bestandsverlust im Sinne von § 6 BPersVG, was einer Auflösung gleichkomme.[289] § 78 Abs. 1 Nr. 2 BPersVG wolle jeden *personalvertretungsrechtlichen* Existenzverlust von Dienststellen der Mitwirkung des Personalrats unterstellen.[290]

Zwar ist im Falle einer formellen Privatisierung die juristische Einheit „Dienststelle" als öffentlichrechtliche Organisationseinheit nicht mehr vorhanden. Die organisatorische Einheit „Dienststelle", die aus den Beschäftigten und den Sachmitteln besteht und einen selbständigen Aufgabenbereich unter organisatorischer Selbständigkeit ausführt,[291] bleibt aber – nun in privatrechtlicher Verfassung – erhalten. Sie kommt bei einer formellen Privatisierung nicht tatsächlich zum Wegfall und damit zur Auflösung. Das setzte voraus, dass die Beschäftigten nicht mehr mit der Aufgabe der früheren Dienststelle betraut wären. Es verändern sich bei einer formellen Privatisierung lediglich die juristische Struktur und der Rahmen dieser organisatorischen Einheit. Die Personal- und Aufgabenstruktur bleiben hingegen unverändert. Die Aufgabenerledigung an sich wird in diesem Fall von den bisher Beschäftigten kontinuierlich weitergeführt und gerade nicht eingestellt.[292] Der Verweis auf den „juristisch organisatorischen Bestand" vermag das Erfordernis eines tatsächlichen Moments nicht zu ersetzen.

---

[287] *BVerwG*, 10.3.1982, PersV 1983, 65; *Altvater/Bacher/Hörter u.a.*, BPersVG, § 6, Rn. 4; *Grabendorff/Ilbertz/Widmaier*, BPersVG, § 6, Rn. 4; *Lorenzen/Etzel/Gerhold u.a.*, BPersVG, § 6, Rn. 8.

[288] *Blanke*, in: Thannheiser, Handbuch der Personalrechtspraxis, Teil 5, Rn. 73; *ders.*, PersR 2000, 43 (46); *Trümner*, in: Blanke/Trümner, Handbuch Privatisierung, Rn. 682.

[289] *Lorenzen/Etzel/Gerhold u.a.*, BPersVG, § 78, Rn. 25; *Trümner*, in: Blanke/Trümner, Handbuch Privatisierung, Rn. 682.

[290] So *Lorenzen/Etzel/Gerhold u.a.*, BPersVG, § 78, Rn. 25.

[291] *BVerwG*, 10.3.1982, PersV 1983, 65 (66).

[292] *Kunze*, PersV 1998, 339 (340); *Schaub*, PersV 1998, 100 (104).

Formelle Privatisierungen haben eine rechtliche Veränderung der zuvor öffentlichrechtlichen Einrichtung hin zum Privatrecht zur Folge. Sie bedeuten indes nicht den Wegfall der selbständigen Organisationseinheit. Formell privatisierte Organisationseinheiten sind privatrechtlich verfasste öffentliche Einrichtungen[293] und als solche Bestandteil der Verwaltung.[294]

Ob es für die Auflösung einer Dienststelle i.S.d. § 78 Abs. 1 Nr. 2 BPersVG darauf ankommt, dass diese Organisationseinheit den Geltungsbereich des Personalvertretungsrechts verlässt und für sie eine Personalvertretung nun nicht mehr vorgesehen ist,[295] ist zweifelhaft. Die Beteiligung der Personalvertretung wäre dann deshalb notwendig, weil organisatorische Veränderungen i.S.d. § 78 Abs. 1 Nr. 2 BPersVG, die Zusammensetzung und den Bestand der Personalvertretung selbst berühren können.[296] Den Sinn einer Mitwirkung der Personalvertretung im rein institutionellen Selbstschutz zu sehen, überzeugt aber nicht. Jedes Beteiligungsrecht sollte zumindest mittelbar an die Interessen der vertretenen Beschäftigten anknüpfen. Bei der formellen Privatisierung wechselt die organisatorische Einheit nicht in einen vertretungslosen Rechtsraum. Sie befindet sich danach vielmehr im Anwendungsbereich des Betriebsverfassungsrechts, welches eine vergleichbare Vertretung der Beschäftigteninteressen durch den Betriebsrat sicherstellt. Ob die Personalvertretung dabei in ihrem Bestand geschützt ist oder nicht, ist eine Frage nach deren Übergangsmandat. Diese Frage kann nicht im Rahmen des § 78 Abs. 1 Nr. 2 BPersVG gelöst werden.

Die von einer formell privatisierten Einrichtung ausgeführten Aufgaben sind nach der Privatisierung weiterhin öffentliche Aufgaben. Die Verantwortung dafür, dass diese Tätigkeitsfelder weiter bearbeitet werden, liegt bei der öffentlichen Hand. Dieser Verantwortung wird sie über die Ausübung der Rechte als Alleingesellschafterin einer formell privatisierten Einrichtung gerecht. Formell privatisierte Organisationseinheiten befinden sich auch nach der Privatisierung *innerhalb* der Verwaltung.

Dieses Ergebnis stützt ein Rückgriff auf den im Betriebsverfassungsrecht parallel verwendeten Begriff der *Betriebsstilllegung* i.S.d. § 111 Satz 2 Nr. 1 BetrVG.[297] Hier ist ebenfalls die *tatsächliche* Aufgabe der Betriebs- und Produk-

[293] Siehe oben S. 25.

[294] Vgl. *Knemeyer/Kempen*, in: Achterberg/Püttner/Würtenberger, Besonderes Verwaltungsrecht, Bd. II, Kap. 5, § 17, Rn. 16 (ff.).

[295] Vgl. *Altvater/Bacher/Hörter u.a.*, die diese Voraussetzung zum Begriff der Dienststelle zählen: BPersVG, § 6, Rn. 2.

[296] So *Lorenzen/Etzel/Gerhold u.a.*, BPersVG, § 78, Rn. 22 (a.E.).

[297] *Altvater/Bacher/Hörter u.a.*, BPersVG, § 78, Rn. 14.

tionsgemeinschaft erforderlich.[298] Die Veränderung rechtlicher Rahmenbedingungen, etwa die Umwandlung des Rechtsträgers, löst auch im Betriebsverfassungsrecht nicht den Tatbestand des § 111 BetrVG aus. In diesem Falle greifen vielmehr allenfalls die Sonderregelungen des § 613 a BGB ein.

(2) Teleologische Gesichtspunkte

Die Beteiligung des Personalrats an der Auflösung oder Einschränkung von Dienststellen dient dem Bestandsschutz der von dieser Organisationsentscheidung betroffenen Beschäftigungsverhältnisse.[299] Dieser Schutz umfasst alle Faktoren, die das Beschäftigungsverhältnis umrahmen. Typische Veränderungen des Arbeitsplatzumfeldes, welche die Auflösung der Dienststelle nach sich ziehen können, sind beispielsweise weitere Anfahrtswege oder veränderte Schul- oder Klimaverhältnisse.[300]

Bereits die Grundentscheidung kann die Beschäftigungsverhältnisse jedenfalls mittelbar beeinflussen, weshalb eine Beteiligung der Personalvertretung an dieser Entscheidung zum Schutz der Beschäftigteninteressen erforderlich ist.

Formelle Privatisierungen führen aber nicht zu solchen nachteiligen Veränderungen. Die betroffenen Beschäftigten erfüllen ihre Arbeitsverpflichtung regelmäßig in der gewohnten Umgebung. Formelle Privatisierungen führen auch nicht unmittelbar zur Gefährdung des Bestands von Arbeitsplätzen.[301] Der Status der bereits beschäftigten Arbeitnehmer bleibt bei Privatisierungsmaßnahmen unverändert.

Zwar zielen formelle Privatisierungen u.a. darauf ab, die Ausgaben der öffentlichen Hand dadurch zu senken, dass auch die Personalkosten reduziert werden. Dieses Ziel wird z.B. dadurch erreicht, dass anderenfalls notwendig werdende Neueinstellungen unterbleiben. Die Personalvertretung soll aber nicht an arbeitsplatzschaffenden Maßnahmen beteiligt werden.[302] Der Begriff des Bestandsschutzes setzt vielmehr bei den bereits bestehenden Beschäftigungsverhältnissen an. Deren Bestand ist bei formellen Privatisierungen grundsätzlich nicht gefährdet.

---

[298] *BAG*, 27.9.1984, AP Nr. 39 zu § 613 a BGB; *Bachner*, in: Bachner/ Köstler/ Matthießen/ Trittin, Arbeitsrecht bei Unternehmensumwandlung, S. 337; *Richardi/Annuß*, in: Richardi, BetrVG, § 111, Rn. 56.

[299] *Aufhauser/Brunhöber/Warga*, BayPVG, Art. 76, Rn. 97; *Dietz/Richardi*, BPersVG, § 78, Rn. 18; *Lorenzen/Etzel/Gerhold u.a.*, BPersVG, § 78, Rn. 22.

[300] *Aufhauser/Brunhöber/Warga*, BayPVG, Art. 76, Rn. 97; *Lorenzen/Etzel/Gerhold u.a.*, BPersVG, § 78, Rn. 22.

[301] Vgl. schon *Wichmann*, PersV 1986, 265 (271).

[302] *Wichmann*, PersV 1986, 265 (271).

(3) § 613 a BGB und § 324 UmwG

Der organisatorische Bestand einer formell privatisierten Einrichtung bleibt nach der Privatisierung jedenfalls zunächst erhalten. Die privatisierte Einrichtung führt die bisher erledigten Aufgaben weiter aus. Das gibt Anlass zu der Überlegung, ob und inwieweit § 613 a BGB und § 324 UmwG einschränkend auf die Beteiligungsmöglichkeit der Personalvertretung wirken.

Die Befürworter einer engen Auslegung der Tatbestandsmerkmale *Auflösung* und *Einschränkung* sehen ihre Auffassung von § 613 a BGB und § 324 UmwG gestützt.[303] Diese verdrängten die Beteiligungsvorschrift des § 78 BPersVG. Die Gegenansicht lehnt hingegen die Anwendung dieser Vorschriften auf den kollektivrechtlichen Zusammenhang der Beteiligungsrechte der Personalvertretung ab. Die Beteiligungsrechte des Personalrats würden nicht durch § 613 a BGB oder § 324 UmwG verdrängt. Diese Vorschriften regelten nur die Rechtsverhältnisse der einzelnen Arbeitnehmer zum Arbeitgeber und die Fortgeltung von Normen, die sich auf die Arbeitsverhältnisse beziehen. Im Unterschied zu diesen individualrechtlich geprägten Normen beziehe sich § 78 Abs. 1 BPersVG auf die kollektivrechtliche Gestaltung der Arbeitsverhältnisse.[304] Einer parallelen Anwendung der § 613 a BGB und § 324 UmwG einerseits sowie des § 78 Abs. 1 BPersVG andererseits stehe wegen ihrer jeweils unterschiedlichen Wirkungsrichtung nichts entgegen.[305]

(a) Privatisierung und Betriebsübergang

Da die Befürworter einer engen Auslegung der Tatbestandsmerkmale *Auflösung* und *Einschränkung* ihre Auffassung damit begründen, § 613 a BGB und § 324 UmwG verdrängten die Vorschrift des § 78 Abs. 1 BPersVG, ist zunächst zu prüfen, ob diese Vorschriften bei Privatisierungen überhaupt zur Anwendung kommen.

(aa) Privatisierung durch Rechtsgeschäft

§ 613 a Abs. 1 Satz 1 BGB setzt voraus, dass ein Betrieb oder Betriebsteil durch Rechtsgeschäft auf einen anderen Inhaber übergeht. Dass diese Vorschrift

---

303 Vgl. *Zander*, PersR 1991, 322 (323).

304 *Schipp/Schipp*, Arbeitsrecht und Privatisierung, Rn. 270; *Trümner*, in: Blanke/Trümner, Handbuch Privatisierung, Rn. 681; zur vergleichbaren Problematik des Verhältnisses zwischen § 613 a BGB und §§ 111 ff. BetrVG vgl. *Biedenkopf*, Interessenausgleich und Sozialplan, S. 51 (ff.).

305 *VGH Hessen*, 1.6.1994, PersR 1994, 431 (432); *Schipp/Schipp*, Arbeitsrecht und Privatisierung, Rn. 270.

grundsätzlich bei Privatisierungen Anwendung findet, ist unbestritten. Der öffentlichrechtliche Kontext formeller Privatisierungen ist unschädlich. § 613 a BGB gilt auch für rechtsgeschäftliche Betriebs- oder Betriebsteilübertragungen, an denen öffentlichrechtliche Rechtsträger beteiligt sind.[306]

Fraglich ist nur, auf welche Weise § 613 a BGB im Zusammenhang mit Privatisierungen wirkt. Nach einer Auffassung gilt diese Norm bei Privatisierungen unmittelbar.[307] *Eigenbetriebe*, *Dienststellen* oder *Dienststellenteile* könnten i.S.d. § 613 a Abs. 1 BGB übergehen. Diese Bezeichnungen entsprächen denen des *Betriebs* oder *Betriebsteils* in § 613 a BGB.[308]

Der Wortlaut des § 613 a BGB lässt zunächst Zweifel an dieser Auffassung aufkommen. Der Gesetzgeber verwendet die Begriffe *Betrieb* und *Betriebsteil*. Das öffentliche Recht kennt den Begriff des Betriebes nur in der Form des *Eigenbetriebes*. Der öffentlichrechtlich gebräuchliche Terminus der *Dienststelle* taucht in § 613 a BGB hingegen nicht auf. Wollte man § 613 a BGB unmittelbar auf Privatisierungen durch Rechtsgeschäft anwenden, müsste es sich bei diesen Vorgängen um *Betriebsübergänge* i.S.d. § 613 a BGB handeln.[309]

Ein Betrieb i.S.d. § 613 a BGB ist eine organisatorische Einheit, innerhalb derer ein Arbeitgeber allein oder mit seinen Arbeitnehmern mit Hilfe von technischen und immateriellen Mitteln bestimmte arbeitstechnische Zwecke fortgesetzt verfolgt.[310] Ein *Betriebsübergang* liegt folglich dann vor, wenn der neue Inhaber mit den übernommenen Betriebsmitteln den Betrieb im Wesentlichen weiterführen kann.[311] Es genügt bereits, dass ein Teil des Betriebes auf einen anderen Inhaber übertragen wird.[312] Ein Betriebsteil ist eine wirtschaftliche Einheit, die unter Wahrung ihrer Identität übertragen wird.[313] Diese Einheit bezeichnet die organisierte Gesamtheit von Personen und Sachen zur auf Dauer angelegten Ausübung einer wirtschaftlichen Tätigkeit mit einer bestimmten Zielsetzung.[314] Die Identität dieser Einheit ergibt sich aus der Beibehaltung von Personal, den Führungskräften, der Arbeitsorganisation, der Betriebsmethoden und der ihr zur

---

[306] *BAG*, 6.9.1978, AP Nr. 13 zu § 613 a BGB; *BAG*, 7.9.1995, NZA 1996, 424 (f.); *Blanke*, in: Blanke/Trümner, Handbuch Privatisierung, Rn. 763; *Schuster/Beckerle*, NZA 1985, 16 (ff.); *Seiter*, Betriebsinhaberwechsel, S. 43.

[307] *Blanke*, in: Blanke/Trümner, Handbuch Privatisierung, Rn. 763; *Hamer*, PersR 1992, 291 (292).

[308] *Hamer*, PersR 1992, 291 (292); *Wollenschläger/von Harbou*, NZA 2005, 1081 (1084).

[309] So auch *Schipp*, RdA 2001, 150 (151).

[310] Ständige Rechtsprechung des *BAG*, vgl. nur *BAG*, 14.5.1997, EzA § 8 BetrVG 1972 Nr. 8.

[311] *Depenheuer*, ZTR 1997, 492.

[312] *Depenheuer*, ZTR 1997, 492 (493).

[313] *EuGH*, 14.4.1994, NZA 1994, 545 (f.).

[314] *ArbG Bremen*, 29.9.1999, EzBAT, § 54 BAT, Nr. 9 (Unkündbare Angestellte).

Verfügung stehenden Betriebsmittel.[315] Bei formellen Privatisierungen, bei denen eine öffentlichrechtliche Einrichtung unmittelbar in den Privatrechtskreis wechselt, erfüllt die organisatorische Einheit der privatisierten öffentlichen Einrichtung die bisherigen Aufgaben mit unverändertem Personal in nunmehr privatrechtlicher Verfassung. Die formell privatisierte Einrichtung ist eine organisatorisch verselbständigte Einheit von Beschäftigten und Betriebsmitteln. Deren Privatisierung stellt daher einen Betriebsübergang im Sinne des § 613 a BGB dar.

Der Eintritt des neuen Betriebsinhabers in die Rechte und Pflichten aus den Arbeitsverhältnissen hängt zudem von einem Betriebsübergang *durch Rechtsgeschäft* ab. Die Übertragung der Rechtsposition des Veräußerers muss durch den Inhalt des Rechtsgeschäfts auf den Erwerber erfolgen. Das Rechtsgeschäft muss dem Erwerber die betriebliche Fortführungsmöglichkeit eröffnen.[316] Da der Übergang des Betriebes aufgrund des freien Willensentschlusses der beteiligten Vertragsparteien erfolgt, stellt der Betriebsübergang durch Einzelrechtsnachfolge den von § 613 a BGB vorausgesetzten rechtsgeschäftlichen Betriebsübergang dar.[317] Die zentrale Rechtsfolge des § 613 a Abs. 1 Satz 1 BGB ist der automatische Übergang der Arbeitsverhältnisse auf den Erwerber. Zudem regelt § 613 a BGB detailliert das rechtliche Schicksal der kollektivvertraglichen Arbeitsbedingungen.

Der Übergang einer öffentlichrechtlichen Einrichtung in eine privatrechtliche Verfassung kann durch einen öffentlichrechtlichen Vertrag erfolgen,[318] der das für § 613 a Abs. 1 Satz 1 BGB erforderliche Rechtsgeschäft darstellt. Die Vorschriften des BGB und damit auch des § 613 a BGB kommen dabei über § 62 VwVfG zur Anwendung.[319]

Formelle Privatisierungen bewirken Betriebsübergänge i.S.d. § 613 a Abs. 1 Satz 1 BGB. Auf formelle Privatisierungen, bei denen die Rechtsformänderung im Wege einer Einzelrechtsnachfolge vorgenommen wird, finden daher die Regelungen des § 613 a BGB grundsätzlich unmittelbar Anwendung.

(bb) Privatisierende Umwandlung

Betriebliche oder öffentlichrechtliche Einheiten können ferner im Wege der Gesamtrechtsnachfolge privatisiert werden. Alle diese Einheiten betreffenden

---

[315] *BAG*, 22.1.1998, AP Nr. 173 zu § 613 a BGB.

[316] *Preis*, in: ErfKommArbR, § 613 a BGB, Rn. 59.

[317] Vgl. dazu *Schuster/Beckerle*, NZA 1985, 16 (17).

[318] *Trümner*, PersR 1993, 473 (476).

[319] *Seiter*, Betriebsinhaberwechsel, S. 43; *Boecken*, Anmerkung zu BAG v. 25.5.2000, RdA 2001, 240 (241).

Rechtsverhältnisse gehen in einem Schritt von dem Übertragenden auf dessen Rechtsnachfolger über.[320] Das Umwandlungsgesetz eröffnet der öffentlichen Hand die Gestaltungsmöglichkeit einer privatisierenden Umwandlung durch Gesamtrechtsnachfolge.[321] Der Wechsel eines Unternehmensträgers führt zu einem Wechsel des Betriebsinhabers oder Betriebsteilinhabers[322] und damit des Arbeitgebers *durch Gesetz*.[323] Zwar sind auch diese Übergänge auf eine rechtsgeschäftliche Basis zurückzuführen, etwa auf einen Spaltungs- und Übernahmevertrag, das Vermögen des bisherigen Rechtsträgers geht aber kraft Gesetzes auf den neuen Rechtsträger über. Der neue Rechtsträger tritt damit automatisch in die Rechtsposition des alten Rechtsinhabers ein.[324] Diese Besonderheiten lassen Zweifel daran aufkommen, ob § 613 a BGB auf die Fälle der Gesamtrechtsnachfolge überhaupt angewendet werden kann.

Zum Teil wird angenommen, die Formen der partiellen Gesamtrechtsnachfolge seien vom Anwendungsbereich des § 613 a BGB ausgenommen.[325] § 613 a BGB regele ausschließlich Fälle der Einzelrechtsnachfolge.[326] Bei der Gesamtrechtsnachfolge trete der Betriebsübergang gerade nicht durch Rechtsgeschäft, sondern kraft Gesetzes ein. Nicht die vertraglichen Übertragungsregelungen würden den Rechtsübergang bewirken, sondern die einschlägige gesetzliche Bestimmung.[327] Es fehle demnach an der erforderlichen Voraussetzung des rechtsgeschäftlichen Betriebsübergangs. An diesem Befund ändere sich auch nichts durch die Einfügung des § 324 in das UmwG, nach welchem die Regelungen des § 613 a Abs. 1 und 4 bis 6 BGB durch die Wirkungen der Eintragung einer Verschmelzung, Spaltung oder Vermögensübertragung unberührt bleiben. § 613 a BGB selbst erfordere nach wie vor einen Betriebsübergang durch Rechtsgeschäft.[328] In den Fällen partieller Gesamtrechtsnachfolge nach dem UmwG bestehe außerdem keine Notwendigkeit einer Anwendung des § 613 a BGB, da der erforderliche Schutz der Arbeitnehmer bereits durch die Gesamt-

---

[320] *Gaul*, NZA 1995, 717 (718).

[321] Siehe dazu oben S. 33 (ff.).

[322] *Hanau*, ZGR 1990, 548 (549).

[323] *Müller, B.*, Arbeitsrecht im öffentlichen Dienst, Rn. 501.

[324] *Preis*, in: ErfKommArbR, § 613 a BGB, Rn. 58.

[325] *BAG*, 24.6.1998, SAE 2000, 159 (162); *Frohner*, PersR 1995, 99 (102); *Seiter*, Betriebsinhaberwechsel, S. 42; *Quander*, Betriebsinhaberwechsel bei Gesamtrechtsnachfolge, S. 15.

[326] *Engels/Müller/Mauß*, DB 1994, 473 (474); vgl. auch *Klimpe-Auerbach*, PersR 1993, 482 (483), der die Anwendung des § 613 a BGB bei im Zusammenhang mit der Privatisierung der Flugsicherung durch Rechtsverordnung ablehnt.

[327] Vgl. *BAG*, 25.2.1981, AP Nr. 24 zu § 613 a BGB; *BAG*, 8.5.2001, AP Nr. 219 zu § 613 a BGB; *Schaub*, MünchKomm, BGB, Bd. 4, § 613 a, Rn. 40; *Seiter*, Betriebsinhaberwechsel, S. 42; *Quander*, Betriebsinhaberwechsel bei Gesamtrechtsnachfolge, S. 13 (ff.).

[328] *Gaul*, NZA 1995, 717 (721).

rechtsnachfolge ausreichend gewährleistet sei.[329] Auch eine analoge Anwendung des § 613 a BGB komme bei der Gesamtrechtsnachfolge nicht in Betracht.[330]

Dem ist entgegengehalten worden, nach Einführung des § 324 UmwG sei eine solche Betrachtungsweise nicht mehr haltbar.[331] Eine Vorschrift, die grundsätzlich unanwendbar sei, könne nicht für „unberührt" erklärt werden.[332] Die Entstehungsgeschichte der Norm bestätige diese Ansicht, da der Rechtsausschuss die Formulierung mit dem Hinweis begründete, die Anwendbarkeit des § 613 a Abs. 1 und 4 BGB müsse klargestellt werden.[333]

Es fällt der letztgenannten Auffassung nicht leicht, die Verknüpfung der Umwandlungsfälle mit dem rechtsgeschäftlichen Betriebsübergang herzustellen, da § 324 UmwG nahezu einstimmig als Rechtsgrundverweisung gelesen wird.[334] Es müssten folglich im Falle einer Gesamtrechtsnachfolge in der Form der Umwandlung die Voraussetzungen des § 613 a BGB selbständig geprüft werden. Für den erforderlichen Übergang *durch Rechtsgeschäft* werden verschiedene Möglichkeiten in Betracht gezogen, ohne wirklich zu überzeugen. So könne ein Nutzungs- und Überlassungsvertrag hinsichtlich der Betriebsmittel diese Voraussetzung erfüllen.[335] Teilweise wird darauf verwiesen, die maßgeblichen Rechtsgeschäfte i.S.d. § 613 a BGB seien der Ausgliederungs-, Spaltungs- oder Übernahmevertrag.[336] Auf die dingliche Einzelrechtsübertragung könne es dagegen nicht ankommen.[337] Es liege jedenfalls eine rechtsgeschäftsähnliche

---

[329] *Frohner*, PersR 1995, 99 (102).

[330] *Sahmer*, BetrVG, § 122, Rn. 3.

[331] *Däubler*, RdA 1995, 136 (139); *Mengel*, Umwandlungen im Arbeitsrecht, S. 75 (ff.), 101; *Müller-Ehlen*, Der Übergang von Arbeitsverhältnissen im Umwandlungsrecht, S. 11; *Schaub*, FS Wiese, S. 535 (537); *Schipp*, RdA 2001, 150 (154); *Schipp/Schipp*, Arbeitsrecht und Privatisierung, Rn. 231; *Schnitker*, Die Auswirkungen des neuen Umwandlungsgesetzes, S. 17 (ff.); *Skuderis*, Die Weitergeltung von Tarifverträgen bei Betriebsübergängen, S. 4 (f.); *Steuck*, NJW 1995, 2887 (2890).

[332] *Boecken*, ZIP 1994, 1087 (1090); *Schneider, R.*, PflR 2001, 188.

[333] *Bauer/Lingemann*, NZA 1994, 1057 (1061), mit Hinweis auf BR-Drs. 75/94, S. 78, 118, 121, 175; *Däubler*, RdA 1995, 136 (139), mit Hinweis auf BT-Drs. 12/7850, S. 61; *Schnitker*, Die Auswirkungen des neuen Umwandlungsgesetzes, S. 19 unter Hinweis auf den Bericht des Rechtsausschusses des Bundestages, stv-Dokumente, Das neue Umwandlungsrecht (Gesetze, Begründungen, Materialien), § 324 UmwG, S. 344.

[334] *Hörstnagl*, in: Schmitt/Hörstnagl/Stratz, UmwG – UmwStG, UmwG, § 324, Rn. 1; *Müller-Ehlen*, Der Übergang von Arbeitsverhältnissen im Umwandlungsrecht, S. 11; *Spirolke*, Der Betriebsübergang nach § 613 a BGB im neuen Umwandlungsgesetz, S. 39, *Willemsen*, in: Kallmeyer, UmwG, § 324, Rn. 2.

[335] *BAG*, 25.5.2000, RdA 2001, 236 (239).

[336] *Boecken*, ZIP 1994, 1087 (1090); *Joost*, in: Lutter, UmwG, § 324, Rn. 3; *Steuck*, NJW 1995, 2887 (2890).

[337] *Boecken*, ZIP 1994, 1087 (1090).

Handlung vor, auf welche die Grundsätze über die Rechtsgeschäfte analog angewandt werden könnte. Aus Sicht des arbeitnehmerschützenden Zwecks von § 613 a BGB könne es keinen Unterschied machen, ob der Betriebsübergang durch Rechtsgeschäft oder aufgrund einer rechtsgeschäftsähnlichen Handlung erfolge.[338]

Darüber hinaus sei auf die RL 2001/23/EG zu verweisen, welche nicht nur den Übergang von Betrieben und Betriebsteilen, sondern auch den von Unternehmen einschließe. Eine richtlinienkonforme Auslegung müsse § 613 a BGB auf diese Fälle erstrecken.[339] Ein Betriebsinhaberwechsel habe unabhängig davon, ob dieser auf einer Einzel- oder Gesamtrechtsnachfolge beruhe, grundsätzlich die gleichen arbeitsrechtlichen Folgen.[340]

Zwar ist die in § 613 a Abs. 1 Satz 1 BGB vorgesehene Rechtsfolge, der Übergang der Beschäftigtenverhältnisse, bei der Gesamtrechtsnachfolge in der Tat nicht von Interesse. Diese Folge tritt hier bereits mit der Umwandlung ein. § 613 a BGB enthält aber weitere Arbeitnehmerschutzvorschriften, wie etwa das Widerspruchsrecht oder das Informationsrecht, deren Anwendung im Falle einer Gesamtrechtsnachfolge bedeutsam sein könnte. Die in § 613 a BGB für den Fall eines Betriebsübergangs normierten Folgen für die einzelnen Arbeitsverhältnisse und für das rechtliche Schicksal von Kollektivvereinbarungen können im Rahmen der Gesamtrechtsnachfolge ebenfalls nicht immer sachgerecht gelöst werden. Hier böte § 613 a BGB die notwendigen Regelungen an. Folglich kann nur durch einen Rückgriff auf § 613 a BGB bei allen Betriebsübergängen, unabhängig davon, ob diese im Wege der Einzel- oder Gesamtrechtsnachfolge geschehen, ein vereinheitlichtes „Folgerecht" zur Anwendung kommen.

§ 613 a BGB sichert als gesetzliche Umsetzung der RL 2001/23/EG nationalrechtlich europäische arbeitsrechtliche Schutzstandards.[341] Die Richtlinie selbst bezweckt den Schutz der Arbeitsverhältnisse bei einem Inhaberwechsel, insbesondere die Wahrung der Ansprüche der Arbeitnehmer.[342] Der Bestandsschutz des Arbeitsverhältnisses bildet eine Weiterentwicklung des Kündigungsschutzes in einem vor dem Inkrafttreten des § 613 a BGB noch nicht erfassten Bereich.[343] Die Regelungen der Richtlinien beziehen sich seit ihrem Erlass ausdrücklich auf vertragliche Übertragungen von Unternehmen *und* auf Verschmelzungen. Folg-

---

[338] *Däubler*, RdA 1995, 136 (139) ; *Wlotzke*, DB 1995, 40 (42).

[339] *Boecken*, ZIP 1994, 1087 (1091 f.); *Däubler*, RdA 1995, 136 (139); *Hanau*, ZGR 1990, 548 (552 f.); *Löw*, Betriebsveräußerung im europäischen Arbeitsrecht (1992), S. 51, 197 (ff.), die jedoch lediglich auf die europarechtliche Unzulänglichkeiten des § 613 a BGB hinweist, ohne eine Ausdehnung des Anwendungsbereiches von § 613 a BGB zu fordern; *Schaub*, FS Wiese, S. 535 (537).

[340] *Hanau*, ZGR 1990, 548 (550).

[341] *Bieback*, FS Däubler, S. 193 (194).

[342] Begründung der RL 77/187/EWG vom 14.2.1977.

[343] Vgl. *Seiter*, Betriebsinhaberwechsel, S. 30.

lich ist auch der nationale Arbeitnehmerschutz bei Betriebsübergängen nicht auf rechtsgeschäftliche Übertragungen von Betrieben zu beschränken.[344] Anderenfalls unterliefe man den vom europäischen Richtliniengeber bezweckten umfänglichen und einheitlichen Schutz für die Arbeitsverhältnisse.[345] Bereits vor dem Inkrafttreten des § 324 UmwG wurde die Beschränkung der Rechtsfolgen des § 613 a BGB auf vertragliche Betriebsübertragungen als ein klares Umsetzungsdefizit des deutschen Gesetzgebers kritisiert.[346] Mit § 324 UmwG wollte der Gesetzgeber diese Defizite ersichtlich beseitigen. Der Schutz, den § 613 a BGB für die Arbeitsverhältnisse bei einer unternehmerischen Umstrukturierung bietet, ist folglich nicht ausschließlich den rechtsgeschäftlichen Übertragungen vorbehalten, sondern erstreckt sich auf jede Form des Betriebsübergangs.[347] Wesentliches Kriterium ist der Wechsel des Arbeitgebers, welcher erst zu der von § 613 a BGB ins Auge gefassten Unsicherheit für den Inhalt der Arbeitsverhältnisse führt.[348]

Neben den europarechtlichen Vorgaben, die für einen Mindestschutz des § 613 a BGB sprechen, streiten auch verfassungsrechtliche Normen für diese Lösung. Dem Staat obliegt eine aus Art. 12 Abs. 1 GG folgende Schutzpflicht, dem Einzelnen mit Hilfe der gesetzlichen Ausgestaltung des Kündigungsschutzes den Bestand seines Arbeitsplatzes zu sichern.[349] Zwar kann der Staat die Arbeitsverhältnisse nicht vor jeder Disposition des Arbeitgebers bewahren,[350] jedoch hat er die gesetzlichen Grenzen dieser Dispositionsfreiheit hinsichtlich der Auflösungsmöglichkeiten von Arbeitsverhältnissen zu setzen. Dazu ist er zudem aufgrund des Sozialstaatsprinzips aus Art. 20 Abs. 1 GG i.V.m. Art. 12 GG verpflichtet.[351] Der in § 613 a BGB festgeschriebene Bestandsschutz konkretisiert den Kündigungsschutz als Ausgestaltung dieser Schutzpflicht. § 613 a BGB dient dazu, Bestandsschutzlücken im bestehenden Kündigungssystem zu schließen und ist deshalb seinerseits ein Auffangtatbestand, wenn die Arbeitsverhältnisse nicht auf andere Weise ähnlich oder besser geschützt werden können.[352] Entstehen nun durch die rechtliche Entwicklung der Betriebsübergangsmöglichkeiten bisher von § 613 a BGB nicht erfasste Anwendungs- und damit Bestands-

---

344 Vgl. *BAG*, 5.10.1993, EzA § 1 BetrAVG Zusatzversorgung Nr. 6.

345 *Kempen/Zachert*, TVG, § 3, Rn. 49.

346 *Düwell*, AuR 1994, 357 (359); *Quander*, Betriebsinhaberwechsel bei Gesamtrechtsnachfolge, S. 228 (ff.).

347 Vgl. *Kohte*, BB 1997, 1738 (1739).

348 In diesem Sinne *Friedrich*, Europäisches Arbeitsrecht und Privatisierungen, S. 108 (ff.).

349 *BVerfG*, 24.4.1991, NJW 1991, 1667.

350 *BVerfG*, 10.3.1992, NJW 1992, 1373 (1374).

351 *Kohte*, BB 1997, 1738 (1741).

352 *Kamlah*, Bestandsschutz und Ablösung von Kollektivverträgen, S. 17 (ff.); *Seiter*, Betriebsinhaberwechsel, S. 42.

schutzlücken, sind diese nach Möglichkeit zu schließen.[353] Vor diesem Hintergrund ist die Entstehung des § 324 UmwG zu sehen. § 613 a BGB enthält folglich Regelungen, die ein Mindestschutzniveau für die von einem Betriebsübergang betroffenen Arbeitsverhältnisse schaffen.[354]

Der bloße Hinweis auf ein beabsichtigtes Schutzniveau allein kann diesen Schutz noch nicht auslösen. Es fragt sich nach dem dogmatischen Weg, um das Schutzniveau des § 613 a BGB auch bei einer Gesamtrechtsnachfolge zur Geltung zu bringen.

Der einer Geltung des § 613 a BGB bei der Gesamtrechtsnachfolge ablehnenden Auffassung ist zuzugeben, dass ein gem. § 613 a Abs. 1 Satz 1 BGB erforderlicher rechtsgeschäftlicher Übergang des Betriebs im Falle einer Umwandlung nicht vorliegt. Es kann nicht auf den Spaltungs- oder Übernahmevertrag oder gar auf einen Überlassungsvertrag von Betriebsmitteln abgestellt werden. Diese bilden lediglich die Voraussetzung für den gesetzlichen Übergang des Betriebes nach dem UmwG. § 613 a BGB erfordert aber, dass der Betriebsübergang selbst durch das Rechtsgeschäft stattfindet. Der Rückgriff auf die Figur der rechtsgeschäftsähnlichen Handlung macht die Begründungsschwierigkeiten dieser Auffassung deutlich. Bei der Gesamtrechtsnachfolge löst ein zu Grunde liegendes Rechtsgeschäft erst die gesetzliche Folge des Überganges aus. Dem Erfordernis eines Betriebsübergangs unmittelbar „durch Rechtsgeschäft" wird damit nicht genügt.

Auf das Fehlen dieser Voraussetzung bei der Gesamtrechtsnachfolge kommt es wegen § 324 UmwG aber nicht an. § 324 UmwG ist nicht als Rechtsgrundverweisung zu verstehen. Nach einem solchen Verständnis wäre die Verweisung sinnlos, da die für die Umwandlungen gewünschten Folgen des § 613 a Abs. 1 und Abs. 4 bis 6 BGB vollständig an eine Unternehmensübertragung unmittelbar „durch Rechtsgeschäft" anknüpfen würden. An dieser fehlt es bei der in Bezug genommenen Gesamtrechtsnachfolge gerade. Die Verweisung in § 324 UmwG macht nur Sinn, wenn man sie als eine Rechtsfolgenverweisung versteht.[355] Die in § 613 a Abs. 1, 4 bis 6 UmwG aufgeführten Folgen gelten unabhängig davon, ob ein Betriebsübergang durch Rechtsgeschäft vorliegt, ausnahmsweise unmittelbar für die Verschmelzung, Spaltung oder Vermögensübertragung. Der Gesetzgeber hätte sich in § 324 UmwG klarer ausdrücken können oder sogar müssen. Dennoch spricht der Wortlaut dieser Vorschrift nicht gegen die Annahme einer Rechtsfolgenverweisung. Die Begründung des Gesetzgebers spricht vielmehr eindeutig für das Vorliegen dieses rechtlichen Verweisungsinstruments. Soll für das Arbeitsverhältnis bei einer Umwandlung § 613 a BGB

---

[353] Vgl. *Pietzko*, Der Tatbestand des § 613 a BGB, S. 42.

[354] Im Ergebnis ebenso *Bieback*, FS Däubler, S. 193 (194 f.); *Blanke*, PersR 1995, 463 (464).

[355] *Kreßel*, BB 1995, 925 (928); *Salje*, RdA 2000, 126.

gelten,[356] so kann das nur dann der Fall sein, wenn man § 324 UmwG als Rechtsfolgenverweisung liest. Die Anwendung der Rechtsfolgen des § 613 a Abs. 1 und 4 bis 6 BGB sind bei der partiellen Gesamtrechtsnachfolge auch nicht überflüssig,[357] sondern haben eine Auffang- und Vereinheitlichungsfunktion, indem sie das Mindestschutzniveau der Arbeitsverhältnisse für die in § 324 UmwG genannten Umwandlungsfälle bilden. Auf diese Weise wäre zudem die Integration des *Betriebsübergangs* im Umwandlungsrecht wesentlich erleichtert, da es für den Übergang der Arbeitsverhältnisse nicht mehr auf den Zeitpunkt des Rechtsgeschäfts, sondern den der Eintragung ankäme. Das entspräche umwandlungsrechtlichen Grundsätzen.[358]

§ 324 UmwG sieht die Anwendung der Rechtsfolgen des § 613 a Abs. 1 und Abs. 4 bis 6 BGB unter anderem bei Umwandlungen öffentlicher Einrichtungen nach dem UmwG und folglich auch bei einer Ausgliederung vor.[359] Eine Ausnahme bildet dabei einzig die privatisierende formwechselnde Umwandlung nach den §§ 301 bis 304 UmwG, da in diesen Fällen nicht von einem Betriebsübergang auf einen neuen Rechtsträger gesprochen werden kann.[360] Die Rechtsfolgen des § 613 a BGB Abs. 1 und 4 bis 6 BGB gelten damit unmittelbar für die Fälle einer privatisierenden Umwandlung durch Gesamtrechtsnachfolge.

(cc) Privatisierung durch Organisationsgesetz

Die Verwaltung kann öffentliche Einrichtungen auch aufgrund eines Hoheitsaktes privatisieren.[361] In diesen Fällen ist für eine direkte Anwendung des § 613 a BGB kein Raum, da es an dem vorausgesetzten rechtsgeschäftlichen Übergang fehlt und eine dem § 324 UmwG vergleichbare Vorschrift für diesen Bereich nicht existiert.[362] Fraglich ist, ob eine analoge Anwendung des § 613 a BGB in diesen Fällen zulässig und sachgerecht ist.[363] Das wird unter Verweis auf die fehlenden Voraussetzungen des § 613 a Abs. 1 Satz 1 BGB vom *BAG* bestritten.[364]

---

[356] Vgl. BR-Drs. 75/94, S. 78, 118.

[357] So aber *Frohner*, PersR 1995, 99 (102).

[358] *Salje*, RdA 2000, 126.

[359] *BAG*, 25.5.2000, RdA 2001, 236 (239); *Schaub*, PersV 1998, 100 (101).

[360] *Skuderis*, Die Weitergeltung von Tarifverträgen bei Betriebsübergängen, S. 3.

[361] Siehe dazu oben S. 36.

[362] *BAG*, 6.9.1978, AP Nr. 13 zu § 613 a BGB; *Gaul*, Das Arbeitsrecht der Betriebs- und Unternehmensspaltung, § 7, Rn. 6 (f.); *Schaub*, MünchKomm, BGB, Bd. 4, § 613 a, Rn. 35.

[363] Für eine analoge Anwendung bei Betriebsübergang durch Hoheitsakt *Blanke*, in: Blanke/Trümner, Handbuch Privatisierung, Rn. 767; *Seiter*, Betriebsinhaberwechsel, S. 42.

[364] *BAG*, 6.9.1978, AP Nr. 13 zu § 613 a BGB; *BAG*, 8.5.2001, AP Nr.219 zu § 613 a BGB.

Folgt man dem generellen Schutzzweck des § 613 a BGB, einerseits den Bestandsschutz der Arbeitsverhältnisse bei Betriebsübergängen zu sichern,[365] andererseits die Arbeitnehmer nicht zu zwingen, für einen bestimmten Arbeitgeber tätig werden zu müssen, so haben die Arbeitnehmer im öffentlichen Dienst denselben Schutzbedarf. Auf den Betriebsübergang einer öffentlichrechtlichen Einrichtung durch Rechtsgeschäft oder im Wege der Gesamtrechtsnachfolge ist § 613 a BGB anerkanntermaßen anwendbar.[366] Es will nicht einleuchten, das Mindestschutzniveau für die Arbeitsverhältnisse bei einem Übergang ihres Arbeitsplatzes nicht den durch Hoheitsakt übergehenden Arbeitsverhältnissen zusprechen zu wollen. Wie bei der Gesamtrechtsnachfolge ist hier auf das Vorliegen der Voraussetzungen des § 613 a Abs. 1 Satz 1 BGB zu verzichten.

Der *EuGH* hat sich in seiner Rechtsprechung zur RL 77/187/EWG als Vorgängerregelung zur RL 2001/23/EG ebenfalls an der Zielsetzung der Richtlinie orientiert und maßgeblich deren Schutzzweck für die Arbeitnehmer herausgestellt.[367] Der Gleichbehandlungsgrundsatz aus Art. 3 Abs. 1 GG gebietet es, diesen Schutz auf alle Arbeitsverhältnisse des öffentlichen Dienstes, die von einem Arbeitgeberwechsel betroffen sind, anzuwenden, unabhängig davon, ob es sich um eine Übertragung durch Rechtsgeschäft, Gesamtrechtsnachfolge oder durch Hoheitsakt handelt. Eine Differenzierung nach der Art der Übertragung ist nicht gerechtfertigt.[368] Es kommt allein darauf an, ob ein Betrieb oder eine Dienststelle auf einen Erwerber übergeht, nicht darauf, wie das geschieht.

Daneben sprechen wettbewerbsrechtliche Gründe für einen so erweiterten Anwendungsbereich der RL 2001/23/EG. Würden Privatisierungen durch Hoheitsakt dem Geltungsbereich der Richtlinie entzogen, könnte die öffentliche Hand unter erleichterten Bedingungen in den freien Markt einsteigen, da die bestandserhaltenden Regeln der Richtlinie für die vorhandenen Arbeitsverhältnisse keine Wirkung entfalteten.[369]

Letztlich drängt auch die unterschiedliche sprachliche Fassung der Richtlinie in den Mitgliedstaaten eine solche Bewertung auf. Während die deutsche Fassung einen Übergang „durch vertragliche Übertragung oder durch Verschmelzung" voraussetzt, spricht die englische Fassung wesentlich weiter von einem „legal transfer". Eine vorausgesetzte vertragliche Übertragung kommt darin nicht zum Ausdruck. Folglich kann auf die Art des Übergangs oder des Rechtsgrundes für

---

[365] *Schaub*, MünchKomm, BGB, Bd. 4, § 613 a, Rn. 6.

[366] Siehe oben S. 77 (ff.) und S. 79 (ff.).

[367] Vgl. *EuGH*, 14.9.2000, EzA Nr. 191 zu § 613 a BGB; zu dieser Rechtsprechung *Friedrich*, Europäisches Arbeitsrecht und Privatisierungen, S. 106 (ff.).

[368] *Friedrich*, Europäisches Arbeitsrecht und Privatisierungen, S. 108 (f.).

[369] Vgl. *Friedrich*, Europäisches Arbeitsrecht und Privatisierungen, S. 113 (ff.).

den Übergang nicht abgestellt werden. Maßgeblich ist eine Auslegung, die sich am arbeitnehmerschützenden Zweck der Richtlinie orientiert.[370]

Diese Überlegungen sind auf den Anwendungsbereich von § 613 a BGB durchaus übertragbar. Da die RL 2001/23/EG Privatisierungen durch Hoheitsakt erfasst,[371] sollte § 613 a BGB als Transformationsakt dieser Richtlinie diese Vorgänge nicht ausschließen. Das bedeutet zunächst, dass der die Privatisierung regelnde Gesetzgeber das Schutzniveau des § 613 a BGB beachten und in das die Privatisierung gestaltende Gesetz einfließen lassen muss. Kommt er diesem Erfordernis nicht nach, bildet § 613 a BGB das Mindestschutzniveau, welches den betroffenen Beschäftigten zu gewähren ist. Bevor man an die unmittelbare Anwendung der Richtlinie denkt,[372] gilt es zu prüfen, ob diese Bestandsschutzlücke nicht bereits mit den Mitteln der nationalen Rechtsanwendung geschlossen werden kann. § 613 a BGB ist auf Privatisierungen durch Hoheitsakt, bei denen das Schutzniveau des § 613 a BGB nicht beachtet wird, analog anwendbar. Es handelt sich hier um eine vom Gesetzgeber nicht beabsichtigte Regelungslücke eines vergleichbaren Sachverhalts.[373]

(b) Verhältnis des § 78 Abs. 1 Nr. 2 BPersVG zu § 613 a BGB und § 324 UmwG

Formelle Privatisierungen, die im Wege der Einzel- oder der Gesamtrechtsnachfolge rechtlich umgesetzt werden, unterfallen nach allem dem Begriff des Betriebsübergangs i.S.d. § 613 a BGB. Dies könnte zu einem Ausschluss der Personalratsbeteiligung an der organisatorischen Grundentscheidung *Privatisierung* führen.

Die Entstehungsgeschichte des § 613 a BGB macht deutlich, dass der Gesetzgeber mit § 613 a BGB eine allgemeine Regelung der Rechtsfolgen des Betriebsübergangs für Arbeitnehmer schaffen wollte. Deshalb hat er darauf verzichtet, diese Problematik im BetrVG zu regeln.[374] Das spricht dafür, alle arbeitsrechtlichen Fragen im Zusammenhang mit einem Betriebsübergang ausschließlich mit Hilfe des § 613 a BGB zu lösen. [375] Die *Betriebsänderung* in der Form der Betriebseinschränkung oder Betriebsstilllegung ist hingegen als Beteiligungstatbestand in § 111 Satz 1 und Satz 2 Nr. 1 BetrVG erfasst. Betriebübergang und Be-

---

370 *Friedrich*, ZEuS 2002, 427 (437 f.).

371 Vgl. *Hamer*, PersR 1997, 54 (69).

372 Für diese Lösung *Friedrich*, Europäisches Arbeitsrecht und Privatisierungen, S. 118 (ff.).

373 Im Ergebnis ebenso *Pietzko*, Der Tatbestand des § 613 a BGB, S. 43.

374 Vgl. Begründung des Regierungsentwurfs BT-Drs. 6/1786, S. 59.

375 *Richardi/Annuß*, in: Richardi, BetrVG, § 111, Rn. 127 (mit weiteren Nachweisen).

triebsänderung schließen einander aus.[376] Werden im Zusammenhang mit dem Betriebsübergang weitere Maßnahmen geplant, die schutzwürdige Interessen der Arbeitnehmer berühren, stehen dem Betriebsrat außerdem weitere Beteiligungsrechte[377] zur Verfügung. Die Entscheidung über den Betriebsübergang selbst ist indes betriebsverfassungsrechtlich nicht nach der Vorschrift des § 111 BetrVG beteiligungspflichtig. Dazu bedürfte es einer gesetzlichen Regelung. Nach dem BetrVG ist das Beteiligungsrecht des Betriebsrates gem. § 111 BetrVG wegen § 613 a BGB in den Fällen eines rechtsgeschäftlichen Betriebsüberganges nach herrschender Auffassung ausgeschlossen.[378]

Diese Wertung kann auf den rechtsgeschäftlichen Übergang einer öffentlichrechtlichen Dienststelle auf einen privaten Übernehmer übertragen werden. Die Interessenlage der Beteiligten ist in beiden Fällen vergleichbar.[379] Diese Vorschrift gilt für die rechtsgeschäftlichen Betriebs- oder Betriebsteilübertragungen durch öffentlichrechtliche Rechtsträger.[380] Die Übertragung einer Dienststelle auf einen anderen Inhaber bei einer formellen Privatisierung führt wegen der Wirkung des § 613 a BGB nicht zur Auflösung der Dienststelle. Deren Identität hängt nicht von einem Wechsel des Inhabers ab.[381] Der Gesetzgeber hat mit der Einführung des § 613 a in das BGB deutlich gemacht, dass diese Norm nicht nur auf den Anwendungsbereich des BetrVG beschränkt bleiben, sondern sich auf alle Arbeitsverträge, auch solche im Anwendungsgebiet des Personalvertretungsgesetzes, erstrecken solle.[382]

---

[376] *BAG*, 25.1.2000, AP Nr. 137 zu § 112 BetrVG 1972; *Fitting/Engels/Schmidt u.a.*, BetrVG, § 111, Rn. 50 (mit weiteren Nachweisen); a.A. *Däubler*, in: Däubler/Kittner/Klebe u.a., BetrVG, § 111, Rn. 102.

[377] Es kommt ein Mitbestimmungsrecht des Betriebsrats bei der Aufstellung eines möglichen Interessenausgleichs oder Sozialplans nach § 112 BetrVG in Betracht. Darüber hinaus können dem Betriebsrat weitere Beteiligungsrechte zustehen, wenn die Privatisierung bestimmte „Begleiterscheinungen“ zeigt. So steht dem Betriebsrat ein Mitbestimmungsrecht gem. § 99 BetrVG zu, wenn im Zuge der Privatisierung personelle Einzelmaßnahmen geplant sind. Hier ist insbesondere an Versetzungen zu denken. Kündigungen unterliegen ihrerseits dem Anhörungs- und dem Widerspruchsrecht aus § 102 BetrVG.

[378] Vgl. *BAG*, 25.1.2000, AP Nr. 137 zu § 112 BetrVG 1972; *Fitting/Engels/Schmidt u.a.*, BetrVG, § 111, Rn. 50; *Annuß*, in: Richardi, BetrVG, § 111, Rn. 127; a.A. *Däubler*, in: Däubler/Kittner/Klebe u.a., BetrVG, § 111, Rn. 102. Zum Streitstand vgl. *Biedenkopf*, Interessenausgleich und Sozialplan, S. 50 (ff.).

[379] *Hanau/Becker*, Arbeitsrechtliche Probleme der Privatisierung, S. 58.

[380] *BAG*, 6.9.1978, AP Nr. 13 zu § 613 a BGB; *BAG*, 7.9.1995, NZA 1996, 424 (f.); *Seiter*, Betriebsinhaberwechsel, S. 43.

[381] *Dietz/Richardi*, BPersVG, § 78, Rn. 21.

[382] *Borngräber*, Arbeitsverhältnis bei Betriebsübergang, S. 36; *Hanau*, in: Erman, BGB, § 613 a, Rn. 23 (ff.); *ders.*, Funktionsnachfolge, S. 61.

Hinzuweisen ist in diesem Zusammenhang auf einen vergleichbaren Regelungskomplex des Einigungsvertrages. Dessen Art. 13 regelt die rechtliche Zukunft der öffentlichen Einrichtungen der ehemaligen DDR.[383] Der Einigungsvertrag unterscheidet in Art. 13 Abs. 1 Satz 4 zwischen der *Abwicklung* und der *Überführung* öffentlicher Einrichtungen. Die Abwicklung einer Einrichtung setzt deren vorherige Auflösung voraus. Bei einer Überführung hingegen wird die öffentliche Einrichtung in den Zuständigkeitsbereich eines Landes oder des Bundes übertragen oder überführt, da der bisherige Träger, die ehemalige DDR, mit dem Einigungsvertrag rechtlich erloschen ist. Die öffentliche Hand kann sich dafür entscheiden, die Einrichtung aufzulösen und abzuwickeln oder sie in die Trägerschaft eines Landes oder des Bundes zu überführen. Abwicklung und Überführung schließen sich wechselseitig aus. Entscheidendes Kriterium für das Vorliegen einer Abwicklung ist ein organisatorischer Akt, an den sich ein Bündel individualrechtlicher Maßnahmen anschließt. Im Unterschied dazu wird bei einer Überführung die Aufgabenerfüllung durch die Beschäftigten ohne Einschränkung fortgeführt.

Überträgt man diese Überlegungen auf die Problematik der Beteiligungsrechte des Personalrats bei Privatisierungen, so schließen sich auch die Privatisierung einer öffentlichen Einrichtung und die Auflösung der Dienststelle grundsätzlich aus. Bei der formellen Privatisierung überträgt die öffentliche Hand eine zuvor öffentlichrechtlich verfasste organisatorische Einheit insgesamt auf ein privatrechtlich verfasstes Unternehmen. Anteilseignerin dieser privatrechtlichen, öffentlichen Einrichtung bleibt die öffentliche Hand.

§ 613 a BGB schließt als Spezialregelung die Anwendung des § 78 Abs. 1 Nr. 2 BPersVG in den Fällen formeller Privatisierungen aus.

cc) Materielle Privatisierungen

Bei materiellen Privatisierungen gibt die öffentliche Hand – anders als bei formellen Privatisierungen – öffentliche Aufgaben in den privaten Sektor ab und entlässt sie damit aus ihrem Verwaltungsbereich.[384] Wurden diese Aufgaben von öffentlichrechtlichen Einrichtungen erfüllt, kommt Personalvertretungsrecht zur Anwendung. In Betracht kommt etwa die Übertragung bisher öffentlicher Aufgaben auf Private, ohne dass die mit diesen Aufgaben betraute öffentlichrechtliche Einrichtung zuvor formell privatisiert wurde. In diesen Fällen sind die öffentlichen Beschäftigten nach der Privatisierung nicht mehr mit der Aufgabe betraut.

---

[383] Vgl. dazu eingehend *Germelmann*, NZA-Beilage 1/1991, 26 (ff.).

[384] Siehe dazu oben S. 28 (f.).

Ausgehend von dem oben entwickelten Verständnis, dass dem Beteiligungstatbestand der *Auflösung oder Einschränkung einer Dienststelle* zugrunde zu legen ist, kann eine Privatisierung nur dann die Auflösung einer Dienststelle mit sich bringen, wenn die Organisationseinheit *Dienststelle* durch die Privatisierungsentscheidung beseitigt wird und die Aufgaben nach der Privatisierung nicht mehr im Verantwortungsbereich der öffentlichen Hand sind. Sie gehen der öffentlichen Hand als Aufgabenbereich verloren.

Die Vergabe öffentlicher Aufgaben auf private Dritte muss indes nicht in jedem Fall zum Wegfall der bisher mit diesen Aufgaben betrauten organisatorischen Einheit führen. Zwar liegt es nahe, diese im Zusammenhang mit materiellen Privatisierungen zu beseitigen; ihr können aber auch neue öffentliche Aufgaben zugewiesen werden. Da der Beteiligungstatbestand kumulativ vom Wegfall der Organisationseinheit und deren Aufgabenbereichen ausgeht, entscheidet die Planung des Privatisierungsvorhabens über dessen Eingreifen. Es ist eine Prüfung jedes Einzelfalles erforderlich. Soll die materielle Privatisierung zum Wegfall der organisatorischen Einheit von personellen und sächlichen Mitteln, die die Dienststelle ausmachen, führen, so ist darin gleichzeitig die Auflösung dieser Organisationseinheit zu sehen. Die Personalvertretung hätte in diesen Fällen das jeweils einschlägige Beteiligungsrecht bei der *Auflösung von Dienststellen.*

dd) Funktionelle Privatisierungen

Bei funktionellen Privatisierungen gelten keine anderen Maßstäbe als bei materiellen Privatisierungen. Zwar teilen sich die öffentliche Hand und der private Sektor bei diesem Privatisierungstypus die Erfüllung öffentlicher Aufgaben. Jedoch wird deren Ausführung regelmäßig teilweise in die Hände Privater gelegt.[385] Diese Aufgabenbereiche sind – wenn in vielen Fällen auch nur vorübergehend – vom privaten Sektor zu erfüllen. Es kommt maßgeblich darauf an, ob die funktionelle Privatisierung zur Beseitigung der bisher mit diesen Aufgabenbereichen betrauten Organisationseinheit führt oder ob diese andere Aufgabenbereiche zugewiesen bekommt.

c) Ergebnis

Formelle Privatisierungen führen nicht zur Auflösung oder Einschränkung von Dienststellen. Eine Beteiligung der Personalvertretung an der Privatisierungsentscheidung über diesen Beteiligungstatbestand kommt also nicht in Betracht.

Bei materiellen und funktionellen Privatisierungen kommt es auf die Planungen jedes einzelnen Privatisierungsvorhabens an. Soll dabei die Organisationsein-

---

[385] Siehe oben S. 28 (ff.).

heit, die die privatisierten Tätigkeiten bisher ausführte, tatsächlich beseitigt werden, ist die Personalvertretung an der Privatisierungsentscheidung gem. § 78 Abs. 1 Nr. 2 BPersVG und den entsprechenden Vorschriften der Gesetze der Länder zu beteiligen. In diesen Fällen steht der Personalvertretung in Hamburg,[386] Mecklenburg-Vorpommern,[387] Rheinland-Pfalz[388] und Sachsen-Anhalt[389] ein eingeschränktes *Mitbestimmungs*recht bei Entscheidungen zu materiellen oder funktionellen Privatisierungen zu.

4. Mitbestimmung bei der Privatisierung von Sozialeinrichtungen?

Der Personalrat hat gem. § 75 Abs. 3 Nr. 5 BPersVG und entsprechender Vorschriften der Landespersonalvertretungsgesetze[390] ein uneingeschränktes Mitbestimmungsrecht bei der Errichtung, Verwaltung und Auflösung von Sozialeinrichtungen ohne Rücksicht auf deren Rechtsform. Sozialeinrichtungen sind alle auf Dauer berechneten, von der Dienststelle geschaffenen Einrichtungen, die dazu dienen, den Beschäftigten Vorteile zukommen zu lassen.[391] Es muss sich um verwaltbare Einrichtungen mit eigener Organisation handeln, auf deren Verwaltung der Dienststelle ein rechtlicher Einfluss zusteht.[392] Sozialeinrichtungen können beispielsweise Erholungsheime, Betriebskantinen, Büchereien und Wohnheime sein.[393] Abzugrenzen sind sie von *sozialen Einrichtungen*. Letztere dienen der Sozial- und Gesundheitspflege der Bevölkerung in einem lokalen Umkreis. Es handelt sich dabei etwa um Krankenhäuser oder Jugendeinrichtungen.[394] *Sozialeinrichtungen* sind hingegen dem Nutzen für die Beschäftigten der öffentlichen Hand gewidmet. Sie sind aus diesem Grunde verwaltungsinterne Einrichtungen.

Die *Errichtung* einer Sozialeinrichtung i.S.v. § 75 Abs. 3 Nr. 5 BPersVG erfasst nicht nur deren Schaffung, sondern erstreckt sich auch auf für den Benutzer we-

---

386 § 89 Abs. 1 Nr. 2 HmbPersVG.

387 § 70 Abs. 1 Nr. 11 PersVG MV.

388 § 80 Abs. 2 Nr. 12 LPersVG RP.

389 § 69 Nr. 8 PersVG LSA.

390 § 79 Abs. 1 Nr. 6 LPVG BW, Art. 75 Abs. 4 Satz 1 Nr. 5 BayPVG;§ 85 Abs. 1 Nr. 8 PersVG Bln, § 64 Nr. 4 PersVG Bra, § 63 Abs. 1 lit. l BremPersVG,§ 74 Abs. 1 Nr. 12 HPVG, § 86 Abs. 1 Nr. 14 HmbPersVG, § 69 Nr. 4 PersVG MV, § 66 Abs. 1 Nr. 4 NPersVG, § 72 Abs. 2 Nr. 4 LPVG NRW, § 80 Abs. 1 Nr. 1 LPersVG RP, § 78 Abs. 1 Nr. 5 SPersVG, § 80 Abs. 3 Nr. 5 SächsPersVG, § 65 Abs. 1 Satz 1 Nr. 6 PersVG LSA, § 74 Abs. 2 Nr. 4 ThürPersVG.

391 *BVerwG*, 16.9.1977, PersV 1979, 63; *BVerwG*, 24.4.1992, PersR 1992, 308 (310); *Altvater/Bacher/Hörter u.a.*, BPersVG, § 75, Rn. 52.

392 Vgl. *BVerwG*, 7.11.1969, PersV 1970, 187.

393 *Grabendorff/Ilbertz/Widmaier*, BPersVG, § 75, Rn. 118.

394 Vgl. *Püttner*, Die öffentlichen Unternehmen, S. 37.

sentliche Änderungen. Hier kommen Veränderungen, die das Benutzungsverhältnis betreffen, ebenso in Betracht, wie bestimmte organisatorische Maßnahmen.[395] Die *Verwaltung* einer Sozialeinrichtung umfasst alle Maßnahmen, die die Unterhaltung dieser Einrichtung und deren laufenden Betrieb betreffen.[396] *Auflösung* meint auch in diesem Zusammenhang jede Form der tatsächlichen Aufgabe.[397] Hat der Personalrat nach dieser Vorschrift ein umfassendes Mitbestimmungsrecht, so fragt sich, ob es sich auch auf die Privatisierung von Sozialeinrichtungen erstreckt.

Die überwiegende Ansicht bejaht dies. Jede Form der Privatisierung einer Sozialeinrichtung sei der Mitbestimmung durch den Personalrat zu unterstellen.[398] Das Beteiligungsrecht erstrecke sich sowohl auf die Privatisierungsentscheidung als auch auf deren rechtliche Umsetzungsschritte.[399] Uneinigkeit besteht bei den Vertretern dieser Auffassung allerdings darüber, welches Tatbestandsmerkmal die *Privatisierung* erfasst. Teilweise wird die Privatisierung der *Errichtung* der Sozialeinrichtung,[400] teilweise auch der *Auflösung*[401] oder deren *Verwaltung*[402] zugerechnet.

Nach vereinzelter anderer Ansicht kommt eine uneingeschränkte Mitbestimmung des Personalrats bei der Privatisierung von Sozialeinrichtungen nicht in Betracht.[403] Man begäbe sich andernfalls in einen Widerspruch zu den durch das *BVerfG* aufgezeigten demokratie-staatlich begründeten Grenzen der personalvertretungsrechtlichen Mitbestimmung. Der Personalrat dürfe bei der Privatisierungsentscheidung nur eingeschränkt mitbestimmen.

Teilweise wird auch die Auffassung vertreten, ein Beteiligungsrecht der Personalvertretung bei der Privatisierung einer Sozialeinrichtung sei den einschlägigen Gesetzesbestimmungen überhaupt nicht zu entnehmen. Dafür könne nur, soweit landesrechtlich vorhanden, der Beteiligungstatbestand der Privatisierung herangezogen werden.[404]

---

[395] *BVerwG*, 24.4.1992, PersR 1992, 308 (311).

[396] *Grabendorff/Ilbertz/Widmaier*, BPersVG, § 75, Rn. 125.

[397] *Lorenzen/Etzel/Gerhold u.a.*, BPersVG, § 75, Rn. 151.

[398] *BVerwG*, 28.6.2000, BVerwGE 111, 259 (ff.); *BVerwG*, 9.11.1998, PersR 1999, 125; *VG Stuttgart*, 27.10.1993, PersR 1994, 234; *Blanke*, PersR 2000, 43 (47); *Lorenzen/Etzel/Gerhold u.a.*, BPersVG, § 75, Rn. 151; *Welkoborsky*, LPVG NRW, § 72, Rn. 51; *Widmaier*, ZfPR 2001, 119 (121).

[399] *VG Frankfurt a.M.*, 3.12.1999, NZA 2000, 270 (272); *Widmaier*, ZfPR 2001, 119 (121).

[400] *BVerwG*, 28.6.2000, NZA 2000, 1123 (1124); *Widmaier*, ZfPR 2001, 119 (121).

[401] *VG Frankfurt*, 3.12.1999, NZA 2000, 270 (272).

[402] *VG Stuttgart*, 27.10.1993, PersR 1994, 234.

[403] *Hecker*, DÖV 2001, 119 (120 f.); *Vogelsang*, PersV 2005, 4 (8 f.).

[404] *Orth/Welkoborsky*, LPVG NRW, § 72, Rn. 96.

a) Privatisierung als Errichtung, Verwaltung oder Auflösung

Zunächst ist danach zu fragen, ob *Privatisierungen* überhaupt von den einschlägigen Tatbeständen erfasst sind. Das Personalvertretungsrecht strebt ein lückenloses Beteiligungsrecht der Personalvertretung bei der Neuerrichtung, aber auch bei allen Veränderungen von Sozialeinrichtungen an. Das umfasst jede rechtliche Umgestaltung.[405] Die Mitbestimmung erfasst zudem Maßnahmen der inneren Organisation der Verwaltung.[406] Sie reicht wesentlich weiter als das Mitbestimmungsrecht des Betriebsrats nach § 87 Abs. 1 Nr. 8 BetrVG.[407] Dieser kann nur bei „Form, Ausgestaltung und Verwaltung von Sozialeinrichtungen" mitbestimmen.

Das spricht zunächst dafür, jede Form von Privatisierungen diesem Mitbestimmungstatbestand zuzurechnen. Während formelle Privatisierungen, bei welchen die betreffenden Sozialeinrichtungen weiter im rechtlichen Einflussbereich der Verwaltung verbleiben, dem Tatbestandsmerkmal der *Verwaltung* unterfallen, gehören materielle Privatisierungen, bei denen die Einrichtungen aus dem Einflussbereich der öffentlichen Hand herausfallen, zur *Auflösung*. Zwar kann auch im Fall einer materiellen Privatisierung die Einrichtung weiter zum Nutzen der Beschäftigten betrieben werden, jedoch fehlt es dann an der erforderlichen rechtlich gesicherten Einflussnahmemöglichkeit der Dienststelle. Der weit gefasste Wortlaut dieser Vorschrift umfasst – anders als derjenige des § 75 Abs. 3 Nr. 16 BPersVG – auch die Privatisierung von Sozialeinrichtungen.

Dass einige Landesgesetzgeber für die Privatisierung öffentlicher Einrichtungen und Aufgaben eigene Beteiligungstatbestände vorgesehen haben, steht dem nicht entgegen.[408] Der Personalrat kann sich bei der Privatisierung von Sozialeinrichtungen auch nicht parallel auf beide Beteiligungstatbestände berufen.[409] Öffentliche Einrichtungen sind von den Sozialeinrichtungen zu unterscheiden. Letztere sind verwaltungsinterne Einrichtungen, die dem Nutzen der Beschäftigten des öffentlichen Dienstes gewidmet sind.[410] Öffentliche Einrichtungen stehen hingegen der Öffentlichkeit durch Widmung zur allgemeinen Benutzung zur

---

[405] *BVerwG*, 28.6.2000, NZA 2000, 1123 (1124); *BVerwG*, 9.11.1998, PersR 1999, 125 (128); *BVerwG*, 24.4.1992, PersR 1992, 308 (311).

[406] *BVerwG*, 9.11.1998, ZfPR 1999, 45 (49).

[407] Vgl. dazu *Bachmann*, NZA 2002, 1130 (ff.); *Estelmann*, Rechtlich selbständige Sozialeinrichtungen.

[408] A.A. *Orth/Welkoborsky*, LPVG NRW, § 72, Rn. 96.

[409] So aber *Welkoborsky*, LPVG NRW, § 72, Rn. 51.

[410] *BVerwG*, 16.9.1977, PersV 1979, 63; *BVerwG*, 24.4.1992, PersR 1992, 308 (310); *Altvater/Bacher/Hörter u.a.*, BPersVG, § 75, Rn. 52.

Verfügung.[411] Die Personalvertretung kann sich alternativ, je nachdem, ob eine Sozialeinrichtung oder eine öffentliche Einrichtung privatisiert werden soll, nur auf einen der beiden Beteiligungstatbestände berufen. Die Beteiligung der Personalvertretung an organisatorischen Maßnahmen, die Sozialeinrichtungen betreffen, reicht dabei weiter als bei öffentlichen Einrichtungen.

b) Uneingeschränkte Mitbestimmung?

Die entsprechenden Beteiligungstatbestände der Personalvertretungsgesetze sehen folglich die uneingeschränkte Mitbestimmung der Personalvertretung bei der Privatisierung von Sozialeinrichtungen vor. Im Folgenden ist zu prüfen, ob diese Mitbestimmung bei Organisationsentscheidungen wie Privatisierungen mit der dafür erforderlichen demokratischen Legitimation vereinbar ist.

aa) Grundtypus: Rein verwaltungsinterne Sozialeinrichtungen

Um eine Antwort auf diese Frage zu finden, soll zunächst der Grundtypus von Sozialeinrichtungen betrachtet werden. Damit sind solche Sozialeinrichtungen gemeint, die tatsächlich ausschließlich den Beschäftigten des öffentlichen Dienstes dienen. Zu denken ist hier an Kantinen, Erholungseinrichtungen oder Wohnkomplexe,[412] die lediglich den Verwaltungsbeschäftigten zur Verfügung stehen. Die ausschließlich verwaltungsinterne Nutzbarkeit unterscheidet die Sozialeinrichtungen denn auch von den öffentlichen Einrichtungen. Die Privatisierung öffentlicher Einrichtungen ist der uneingeschränkten Mitbestimmung der Personalvertretung entzogen, weil derart wesentliche organisatorische Entscheidungen mit erheblichen Auswirkungen auf das Allgemeinwohl verbunden sind und daher der Entscheidungsbefugnis einer parlamentarisch verantwortlichen Stelle nicht entzogen werden dürfen. Eine vergleichbare Sachlage ist bei Sozialeinrichtungen innerhalb der öffentlichen Verwaltung nicht gegeben.[413]

Nach der Rechtsprechung des *BVerfG* erfordert jede Ausübung von Staatsgewalt eine lückenlose demokratische Legitimation.[414] Ausübung von Staatsgewalt umfasst alle amtlichen Maßnahmen mit Entscheidungscharakter. Die Zulässigkeit der uneingeschränkten Mitbestimmung macht das *BVerfG* davon abhängig, dass diese Mitbestimmungstatbestände ausschließlich den Bereich innerdienstlicher Angelegenheiten betreffen und dabei nicht oder nur ganz unerheblich die Wahr-

---

[411] *Fischer/Zwetkow*, NVwZ 2003, 281 (283); *Schäfer*, Benutzungsregelungen gemeindlicher öffentlicher Einrichtungen, S. 33.

[412] *Lorenzen/Etzel/Gerhold u.a.*, BPersVG, § 75, Rn. 141 (mit weiteren Beispielen).

[413] *Widmaier*, ZfPR 2001, 119 (121).

[414] *BVerfG*, 24.5.1995, PersR 1995, 483 (484); siehe dazu oben S. 45 (ff.).

nehmung der Amtsaufgaben selbst berühren. Die Möglichkeit einer uneingeschränkten Mitbestimmung setzt demnach voraus, dass der Mitbestimmungsgegenstand ausschließlich den verwaltungsinternen Bereich betrifft.

Das *BVerfG* hatte diese reine verwaltungsinterne Nutzbarkeit von Sozialeinrichtungen wohl vor Augen, als es den Mitbestimmungstatbestand des § 75 Abs. 3 Nr. 5 BPersVG beispielhaft der ersten Stufe seines Drei-Stufen-Modells zugeordnet hat.[415] Die Privatisierung rein verwaltungsintern genutzter Sozialeinrichtungen zählt zu solchen Maßnahmen, die ausschließlich die Belange der Beschäftigten betreffen und dabei nicht oder nur ganz unerheblich die Wahrnehmung der Amtsaufgaben selbst berühren und damit Außenwirkungen entfalten. Solange diese Einrichtungen nur von den Verwaltungsbeschäftigten nutzbar sind, entfalten diese – abgesehen von deren Einstellung in den Haushalt – keine Außenwirkung. Die haushaltsrechtliche Erfassung von Sozialeinrichtungen überschreitet die Grenze der unerheblichen Außenwirkung indes nicht. Die Mitbestimmung mit Letztentscheidungsbefugnis einer unabhängigen Einigungsstelle ist hier also zulässig.

bb) Sondertypus: „Mischnutzung“

Sozialeinrichtungen werden in der Praxis aber nicht immer ausschließlich von Beschäftigten des öffentlichen Dienstes genutzt. Teilweise stehen diese Einrichtungen auch der allgemeinen Nutzung offen, ohne deshalb ihren speziellen Charakter als Sozialeinrichtung i.S.d. Personalvertretungsrechts zu verlieren.[416] Man spricht in diesen Fällen von einer *Mischnutzung* von Sozialeinrichtungen.[417] Entscheidendes Kriterium für die Abgrenzung von öffentlichen Einrichtungen ist, dass die soziale Lage der Beschäftigten mit Hilfe der Einrichtung verbessert wird. Beispielhaft für eine gemischt genutzte Sozialeinrichtung sei hier eine Verwaltungskantine genannt, die auch der Öffentlichkeit ihre Dienstleistungen und Produkte anbietet.

(1) Verfassungsrechtliche Bedenken

Legt man die Rechtsprechung des *BVerfG* zur Reichweite personalvertretungsrechtlicher Beteiligung zugrunde,[418] so regen sich unter dem Stichwort *demokra-*

[415] Ausdrücklich ausgenommen von der ersten Stufe hat es nur die Nummern 10, 14 und 17 des § 75 Abs. 3 BPersVG.

[416] Vgl. *BVerwG*, 9.11.1998, ZfPR 1999, 45 (47); *VGH Hessen*, 24.6.1993, PersR 1994, 87 (f.); vgl. zu dem parallelen Problem im Betriebsverfassungsrecht: *Bachmann*, NZA 2002, 1130 (1135); *Estelmann*, Rechtlich selbständige Sozialeinrichtungen, S. 33 (ff.).

[417] *Lorenzen/Etzel/Gerhold u.a.*, BPersVG, § 75, Rn. 139.

[418] Sie oben S. 42 (ff.).

tische Legitimation der Personalratsbeteiligung im Falle der Privatisierung gemischt genutzter Sozialeinrichtungen Bedenken. In diesem Fall berühren organisatorische Maßnahmen, die diese Einrichtungen betreffen, nicht nur die sozialen Belange der Beschäftigten, sondern greifen zudem in die Erledigung von – wenn auch freiwillig übernommenen – Aufgaben gegenüber der Öffentlichkeit ein. Dadurch ist der Personalrat an der Ausübung von Staatsgewalt beteiligt, ohne die dafür gem. Art. 20 Abs. 2 GG erforderliche hinreichende demokratische Legitimation aufzuweisen.

Man könnte diesen Bedenken freilich mit dem Hinweis begegnen, der Gesetzgeber habe in § 75 Abs. 3 Nr. 5 BPersVG die uneingeschränkte Mitbestimmung vorgesehen. Dies sei unter Berücksichtigung der Regelungen in §§ 104 Satz 3 und 69 Abs. 4 Satz 3 BPersVG zulässig gewesen. § 104 BPersVG diene ausschließlich als Rahmenvorschrift für die Landesgesetzgebung, womit die Länder bei der Gestaltung ihrer Personalvertretungsgesetze an die Einhaltung der verfassungsrechtlichen Grenzen gebunden werden sollten.[419] Der Bundesgesetzgeber selbst habe diese Grenzen dadurch ausreichend berücksichtigt, dass er bestimmte Tatbestände gem. § 69 Abs. 4 Satz 3 und 4 BPersVG einer nur eingeschränkten Mitbestimmung unterworfen habe. Die Landesgesetzgeber hätten von diesem Instrument ebenfalls Gebrauch gemacht.[420] Andere Maßnahmen, wozu die Mitbestimmung bei Sozialeinrichtungen gehörte, fielen nicht unter diese Beschränkung.[421]

Der bloße Hinweis auf den Willen des Gesetzgebers, die Personalvertretung solle ein *umfassendes* Mitbestimmungsrecht bei der Errichtung, Verwaltung und Auflösung einer Sozialeinrichtung haben, sowie auf den Wortlaut der Vorschrift, verfangen aber nicht. Der eindeutige Wortlaut des § 75 Abs. 3 BPersVG hat das *BVerfG* nicht davon abgehalten, auch bei einzelnen anderen dieser Beteiligungstatbestände die Reichweite der Mitbestimmung unter Hinweis auf ein Defizit an demokratischer Legitimation des Personalrats und der Einigungsstelle zu beschränken. Es hat die Mitbestimmungstatbestände des § 75 Abs. 3 Nr. 10, 14 und 17 BPersVG von der Stufe der Angelegenheiten, die nur den Binnenbereich der Verwaltung betreffen, ausgenommen.[422] Diese Fälle sind nach Auffassung des Gerichts einer uneingeschränkten Mitbestimmung – entgegen der gesetzgeberischen Entscheidung – entzogen.

Dass *das BVerfG* seinerseits selbst die *Errichtung, Verwaltung und Auflösung von Sozialeinrichtungen* der ersten Stufe zurechnet, bei welcher nach seiner Ansicht eine uneingeschränkte Mitbestimmung möglich ist, reicht als Begründung

---

[419] *BVerwG*, 9.11.1998, ZfPR 1999, 45 (49).

[420] Siehe dazu *Altvater/Bacher/Hörter u.a.*, BPersVG, § 69, Rn. 67 (f.).

[421] *BVerwG*, 9.11.1998, ZfPR 1999, 45 (49).

[422] *BVerfG*, 24.5.1995, PersR 1995, 483 (485).

für die verfassungsrechtliche Zulässigkeit dieses Mitbestimmungsniveaus in den hier problematisierten Fällen nicht aus. Diese Zuordnung des *BVerfG* hält einer genauen Prüfung nicht stand, wenn es sich um die Privatisierung von Sozialeinrichtungen handelt, die einer Mischnutzung unterliegen. Die Voraussetzungen, die das *BVerfG* für die Zuordnung zu der ersten Stufe selbst aufgestellt hat, sind in diesen Fällen nicht erfüllt. Organisatorische Maßnahmen, die gemischt genutzte Sozialeinrichtungen betreffen, berühren nämlich nicht nur im Schwerpunkt die Angelegenheiten der Beschäftigten.[423] Es handelt sich dabei um Maßnahmen, die zwar zum Binnenbereich der Beschäftigungsverhältnisse gehören, durch die Öffnung der Sozialeinrichtung gegenüber der Öffentlichkeit jedoch bereits erhebliche Außenwirkung haben. Damit erfüllen diese Maßnahmen die Voraussetzungen der zweiten vom *BVerfG* entwickelten Stufe.[424] Diese dürfen nach der bisherigen Zusammensetzung und den Beschlussfassungsregeln der Einigungsstellen der Letztentscheidungsbefugnis der Dienststellenleitung nicht entzogen werden.

Man könnte erwägen, diejenigen Fälle, bei denen die gemischte Nutzung der Sozialeinrichtung nur eine Art Reflex ist, der von der Verwaltung zwar gebilligt, aber mit deren Errichtung nicht bezweckt wurde, von denen der beabsichtigten Mischnutzung zu unterscheiden. In den ersteren Fällen könnte man von einer nur geduldeten „Nebenwirkung" der Sozialeinrichtung sprechen. Solange es bei dieser unbeabsichtigten „Nebenwirkung" bleibt, d.h. solange die Sozialeinrichtung hauptsächlich von den Beschäftigten des öffentlichen Dienstes genutzt wird, könnte man sie genauso behandeln wie rein verwaltungsinterne Sozialeinrichtungen.[425] Es ist z.B. durchaus denkbar, dass eine Verwaltungskantine nur *reflexartig* für Nicht-Verwaltungsangehörigen geöffnet ist. Das ist in allen Fallgestaltungen, in denen eine Sozialeinrichtung nur zu einem kleinen Teil von der Öffentlichkeit genutzt wird, anzunehmen. Ob eine Sozialeinrichtung allerdings auch in Zukunft hauptsächlich von Verwaltungsangehörigen genutzt wird oder ob sich das Verhältnis zugunsten der Öffentlichkeit verschiebt, müsste regelmäßig überprüft werden. Außerdem gibt es in der Praxis ebenso Sozialeinrichtungen, die gerade nicht von der Mehrheit der öffentlichen Beschäftigten genutzt wird. Dort werden die Leistungen der Sozialeinrichtung vielmehr gezielt der Bevölkerung – möglicherweise in zeitlich limitierter Form – angeboten.[426] Es lässt sich meistens praktisch überhaupt nicht feststellen, in welchem Verhältnis

[423] So der vom *BVerfG* für die erste Stufe aufgestellte Maßstab, *BVerfG*, 24.5.1995, PersR 1995, 483 (485).

[424] *BVerfG*, 24.5.1995, PersR 1995, 483 (485).

[425] Siehe oben S. 94.

[426] Vgl. *VGH Hessen*, 24.6.1993, PersR 1994, 87 (f.): Ein städtisches Parkhaus durfte am Vormittag von Beschäftigten der Stadtverwaltung genutzt werden, während es am Nachmittag für die Öffentlichkeit geöffnet war.

eine Einrichtung von Verwaltungsangehörigen und anderen Personen genutzt wird. Es kann folglich nur darauf ankommen, ob eine Sozialeinrichtung überhaupt der Öffentlichkeit zugänglich ist. Das ist bei vielen dieser Einrichtungen der Fall. Steht eine Sozialeinrichtung neben den Beschäftigten des öffentlichen Dienstes auch der Öffentlichkeit zur Nutzung zur Verfügung, so kann bei organisatorischen Maßnahmen nicht mehr von einer rein innerdienstlichen Angelegenheit gesprochen werden, welche die Wahrnehmung des Amtsauftrages gegenüber den Bürgern nur unerheblich berührt. Die Reichweite der Mitbestimmung unterfällt daher der vom *BVerfG* dargestellten *zweiten Stufe*, bei der nur eine eingeschränkte Mitbestimmung möglich ist.

(2) Verfassungskonforme Auslegung von § 75 Abs. 3 Nr. 5 BPersVG und der entsprechenden landesrechtlichen Vorschriften

Die aufgeworfenen verfassungsrechtlichen Bedenken könnten zu dem Schluss führen, eine Beteiligung des Personalrats komme bei der Privatisierung von Sozialeinrichtungen gem. § 75 Abs. 3 Nr. 5 BPersVG und den entsprechenden Bestimmungen der Landesgesetze jedenfalls in den Fällen der Mischnutzung überhaupt nicht mehr in Betracht.

Das hatte das *BVerwG* in der Tat vor der Entscheidung des *BVerfG* vom 24.5.1995 für die Fälle entschieden, in denen das jeweilige Personalvertretungsgesetz die uneingeschränkte Mitbestimmung vorsah, obgleich sich diese Fälle auf das Gemeinwesen auswirkten und dadurch Bestandteil der Regierungsgewalt waren. Es ist davon ausgegangen, die Mitbestimmungsrecht des Personalrats entfalle dann ganz, wenn der Landesgesetzgeber die Vorgaben des § 104 Satz 3 BPersVG nicht beachtet und die verfassungsrechtlich gebotene Einschränkung der Mitbestimmung nicht normiert habe.[427] Wendete man diese Rechtsprechung auf die hier vorliegenden Fälle an, käme in der Tat eine Beteiligung des Personalrats bei der Privatisierung von Sozialeinrichtungen mit Mischnutzung nicht in Betracht.

In der Folge der Entscheidung des *BVerfG* vom 24.5.1995 hat das *BVerwG* seine bisherige Rechtsprechung zu § 104 Satz 3 BPersVG aber aufgegeben.[428] Das Gericht hält es nunmehr im Wege einer verfassungskonformen Auslegung für geboten, in derartigen Fällen die Beteiligung des Personalrats dadurch sicher zu stellen, dass die Entscheidung der Einigungsstelle lediglich den Charakter einer Empfehlung hat. Dadurch werde das verfassungsrechtlich geforderte Letztent-

---

[427] *BVerwG*, 2.10.1995, BVerwGE 99, 295 (298 ff.); *BVerwG*, 28.3.2001, BVerwGE 114, 103 (113 f.).

[428] *BVerwG*, 24.4.2002, BVerwGE 116, 216 (ff.); *BVerwG*, 18.6.2002, AP Nr. 24 zu § 72 LPVG NW.

scheidungsrecht der Dienststellenleitung gesichert.[429] Es sei nicht verständlich, die Beteiligung des Personalrats nur deshalb ganz auszuschließen, weil der Gesetzgeber bislang auf die Rechtsprechung des *BVerfG* nicht reagiert habe. Die Ausnahmen innerhalb der vom *BVerfG* gebildeten Stufe eins von jeder Beteiligung auszunehmen sei nicht sachgerecht, da in den den Ausnahmefällen vergleichbaren Konstellationen der Stufen zwei oder drei eine eingeschränkte Mitbestimmung vorgesehen sei. Es liege nahe, die unter dem Erfordernis demokratischer Legitimation vergleichbaren Fallgestaltungen auch gleich zu behandeln.[430]

Methodologisch bedenklich ist, dass sich das *BVerwG* in seiner Argumentation mit der verfassungskonformen Auslegung nicht mehr auf den Wortlaut der jeweiligen Vorschriften berufen kann.[431] In den vom *BVerwG* entschiedenen Fällen hat der Landesgesetzgeber jeweils eindeutig die uneingeschränkte Mitbestimmung der Personalvertretung vorgesehen. So liegt es auch in den hier problematisierten Fällen. § 75 Abs. 3 BPersVG sieht vor, dass der Personalrat in den dort genannten Angelegenheiten „mitzubestimmen" hat, wenn „eine gesetzliche oder tarifliche Regelung nicht besteht (...)". Isoliert betrachtet, bietet diese Regelung scheinbar den Raum, die Rechtsfolge auch als *eingeschränkte* Mitbestimmung auszulegen. Im Zusammenhang mit § 69 BPersVG scheidet diese Möglichkeit aber aus. § 69 Abs. 3 Satz 3 BPersVG bestimmt abschließend die Fälle, die einer nur eingeschränkten Mitbestimmung unterfallen sollen. § 75 Abs. 3 BPersVG ist dort nicht genannt. Eine Auslegung dieser Vorschriften dahingehend, dass auch § 75 Abs. 3 Nr. 5 BPersVG in den Fällen gemischt genutzter Sozialeinrichtungen dieser Einschränkung unterfallen, kollidiert mit deren grundsätzlich als Auslegungsgrenze dienenden Wortlaut.[432] Indem sich die Rechtsprechung über diese Grenze hinwegsetzt, übernimmt sie die Aufgaben des Gesetzgebers.[433]

Das *BVerwG* stellt dem die Überlegung entgegen, die verfassungswidrigen Ergebnisse seien erst als Folge der Entwicklung der Rechtsprechung des *BVerfG* aufgetreten.[434] Das habe zu *nachträglich* planwidrigen Lücken im Gesetzeswerk geführt, welche in richterlicher Rechtsfortbildung verfassungskonform mit der

---

[429] *BVerwG*, 24.4.2002, BVerwGE 116, 216 (223); ebenso *BVerwG*, 18.6.2002, AP Nr. 24 zu § 72 LPVG NW; *BVerwG*, 24.4.2002, AP Nr. 8 zu § 86 LPVG Hamburg.

[430] *BVerwG*, 24.4.2002, BVerwGE 116, 216 (225 f.).

[431] Vgl. *Blanke*, ZfPR 2003, 239 (ff.).

[432] Vgl. *BVerfG*, 22.10.1985, BVerfGE 71, 81 (115); *BVerfG*, 10.1.1995, BVerfGE 92, 1 (12); *Larenz*, Methodenlehre der Rechtswissenschaft, S. 322, 343; *Looschelders/Roth*, Juristische Methodik im Prozess der Rechtsanwendung, S. 66 (ff.); *Roth*, NVwZ 1998, 563 (566).

[433] Vgl. *Blanke*, ZfPR 2003, 239.

[434] *BVerwG*, 24.4.2002, BVerwGE 116, 216 (224).

analogen Anwendung der Vorschriften über die nur eingeschränkte Mitbestimmung zu schließen seien.

Die geänderte Rechtsprechung des *BVerwG* überzeugt. Sie entzieht der Personalratsbeteiligung in den Fällen nicht vollständig die Grundlage, in denen der Gesetzgeber ursprünglich sogar die uneingeschränkte Mitbestimmung vorgesehen, in der Folge der neuen Rechtsprechung des *BVerfG* aber keine Korrektur des Beteiligungsniveaus vorgenommen hat. Die Untätigkeit der jeweiligen Gesetzgeber trotz der mittlerweile mehr als 10 Jahre alten Rechtsprechung des *BVerfG* darf nicht zu Lasten der Beteiligung überhaupt gehen.[435] Es ist dann in verfassungskonformer Auslegung vielmehr das zulässige Beteiligungsverfahren zu wählen. Dies entspricht auch dem mutmaßlichen Willen der Beteiligungspartner. Auf diese Weise ist eine Beteiligung der Personalvertretung in den zulässigen Grenzen gesichert[436] und die Rechtspositionen der Beschäftigten und der Dienststellen werden soweit wie möglich gewahrt. Das trägt zudem zur Rechtssicherheit bis zu dem Zeitpunkt bei, in welchem die jeweiligen Gesetzgeber die Personalvertretungsgesetze den Vorgaben des *BVerfG* gemäß ändern. Insofern handelt es sich nur um eine bis zum Tätigwerden der jeweiligen Gesetzgeber befristete Lösung.[437]

Diese Überlegungen werden durch eine Entscheidung des *BVerfG* vom 20.7.2001[438] gestützt: Es hat einen Vorlagebeschluss des *LAG Brandenburg* vom 29.9.1999 im konkreten Normenkontrollverfahren zur Verfassungsmäßigkeit der §§ 63 Abs. 1 Nr. 17, 61 Abs. 1 und 8, 72 Abs. 3 und 4 Satz 2 PersVG Bra mit der Begründung für unzulässig erklärt, das Landesarbeitsgericht hätte die Möglichkeit der verfassungskonformen Auslegung der brandenburgischen Vorschriften zur Lösung dieser Rechtsfrage prüfen müssen. Das hätte im konkreten Fall bedeutet, die vom Landesgesetzgeber vorgesehene uneingeschränkte Mitbestimmung im Falle einer Änderungskündigung in verfassungskonformer Auslegung des § 73 PersVG nur der eingeschränkten Mitbestimmung zu unterwerfen. Es sei der mutmaßliche Wille des Gesetzgebers den nachträglich vom *BVerfG* festgestellten Grenzen der Befugnisse der Einigungsstelle Rechnung tragen zu wollen.

Legt man die novellierte Rechtsprechung des *BVerwG* den hier problematisierten Fällen zugrunde, so tritt an die Stelle der unzulässigen uneingeschränkten Mitbestimmung bei der Privatisierung von Sozialeinrichtungen mit Mischnutzung die zulässige Beteiligungsform der eingeschränkten Mitbestimmung. Das heißt, der Entscheidung der Einigungsstelle kommt der Charakter einer Empfeh-

---

435 Vgl. *Lorenzen/ Etzel/Gerhold u.a.*, BPersVG, § 104, Rn. 18.

436 Vgl. *OVG Sachsen-Anhalt*, 30.8.2000, PersV 2001, 318 (319 f.).

437 *Lorenzen/ Etzel/Gerhold u.a.*, BPersVG, § 104, Rn. 18.

438 *BVerfG*, 20.7.2001, AP Nr. 1 zu § 72 LPVG Brandenburg.

lung zu. Auf diese Weise wird man dem Willen des jeweiligen Gesetzgebers, Personalvertretungen bei der Errichtung, Verwaltung und Auflösung von Sozialeinrichtungen ohne Rücksicht auf deren Rechtsform umfassend zu beteiligen innerhalb der vom *BVerfG* vorgezeichneten Grenzen auch in den Fällen der Privatisierung von gemischt genutzten Sozialeinrichtungen gerecht.

c) Ergebnis

Die Intensität der personalvertretungsrechtlichen Beteiligung bei der Entscheidung zur Privatisierung einer Sozialeinrichtung hängt von deren Widmung und tatsächlicher Nutzung ab. Sollen Sozialeinrichtungen privatisiert werden, die ausschließlich von Beschäftigten des öffentlichen Dienstes genutzt werden, hat der Personalrat ein uneingeschränktes Mitbestimmungsrecht. Bei der Privatisierung von Sozialeinrichtungen, die teilweise von der Öffentlichkeit mitgenutzt werden, hat der Personalrat nur ein eingeschränktes Mitbestimmungsrecht. Erst wenn der Gesetzgeber die Konzeption der Einigungsstelle dahin verändert, dass deren Entscheidungen nach dem Prinzip der doppelten Mehrheit eine hinreichende demokratische Legitimation aufweisen, kommt auch in diesen Fällen eine uneingeschränkte Mitbestimmung in Betracht.

III. Beteiligungsrechte unterhalb der Schwelle von Mitbestimmung

Die nur lückenhafte Möglichkeit der Mitbestimmung des Personalrats an Privatisierungsentscheidungen macht einen Blick auf die Beteiligungsmöglichkeiten an diesen Entscheidungen unterhalb der Schwelle der Mitbestimmung erforderlich.

1. Mitwirkung

Privatisierungsentscheidungen unterfallen in den Fällen, in denen eine Mitbestimmung nicht möglich ist, teilweise der Mitwirkung[439] des Personalrats. Das BPersVG sieht die Mitwirkung der Personalvertretung an Privatisierungsentscheidungen – anders als einige Landesvorschriften – jedoch nicht vor.

Die Mitwirkung der Personalvertretung an Privatisierungen ist in den Landespersonalvertretungsgesetzen von Brandenburg,[440] Hessen,[441] Niedersachsen,[442]

[439] Zum Begriff siehe oben S. 38 (f.).

[440] § 68 Abs. 2 Nr. 2 PersVG Bra.

[441] § 81 Abs. 1 Satz 1 HPVG.

[442] § 75 Abs. 1 Nr. 12 NPersVG.

Sachsen[443] und Thüringen[444] vorgesehen. In diesen Ländern ist vor der Entscheidung zur Privatisierung öffentlicher Aufgaben oder Einrichtungen das Mitwirkungsverfahren durchzuführen. Dagegen bestehen auch keine verfassungsrechtlichen Bedenken, weil die Letztentscheidung über die Maßnahme hierbei der Dienststelle verbleibt.

2. Anhörung und Information

Um ihre personalvertretungsrechtlichen Aufgaben erfüllen zu können, benötigt die Personalvertretung Informationen über bevorstehende Maßnahmen der Dienststellenleitung. Zu diesen Maßnahmen gehören auch Privatisierungen.[445] Die Vorschrift des § 68 Abs. 2 Satz 1 BPersVG sieht daher einen umfassenden und rechtzeitigen Informationsaustausch zwischen der Dienststellenleitung und der Personalvertretung vor. Die Dienststellenleitung hat dem Personalrat gem. § 68 Abs. 2 Satz 2 BPersVG die zur Durchführung seiner Aufgaben erforderlichen Unterlagen auszuhändigen. Das setzt voraus, dass der Personalrat wenigstens eine Aufgabe zu erfüllen hat, zu deren Erfüllung er Informationen und ggf. Unterlagen benötigt.[446]

Das Informationsrecht wird durch ein Anhörungsrecht des Personalrats ergänzt. Dieses gibt ihm Gelegenheit, zu geplanten Maßnahmen Stellung zu nehmen. Lediglich die Landespersonalvertretungsgesetze Baden-Württem- bergs[447] und Rheinland-Pfalz'[448] sehen die Anhörung des Personalrats bzw. eine Erörterung bei Privatisierungsentscheidungen vor.

Hessen hat in § 60 Abs. 4 Satz 3 HPVG geregelt, dass Privatisierungsentscheidungen zu dem Themenkreis der Monatsgespräche gehören. Das gilt aber nicht nur für Hessen. Diese Monatsbesprechungen sind eine weitere Form der Anhörung. Sie konkretisieren die allgemeinen Grundsätze der Zusammenarbeit zwischen Personalvertretung und Dienststellenleitung gem. § 66 Abs. 1 BPersVG. Danach sollen einmal im Monat Besprechungen des Personalrats und des Dienststellenleiters stattfinden, bei denen gem. § 66 Abs. 1 Satz 2 BPersVG alle für die Beschäftigten und die Dienststelle wesentlichen Vorgänge erörtert werden. Dazu zählen zunächst alle Maßnahmen, die ein förmliches Beteiligungsrecht des Personalrats auslösen.[449] Der Themenkreis ist indes nicht auf diese

---

[443] § 77 Nr. 3 SächsPersVG.

[444] § 75 Abs. 2 Nr. 4 ThürPersVG.

[445] Vgl. *Vogelsang*, PersV 2005, 4 (9).

[446] *BVerwG*, 22.4.1998, ZfPR 1999, 10.

[447] § 80 Abs. 3 Nr. 6 LPVG BW.

[448] § 84 Satz 1 Nr. 7 LPersVG RP.

[449] *BVerwG*, 10.8.1987, PersV 1988, 357; *Lorenzen/Etzel/Gerhold u.a.*, BPersVG, § 66, Rn. 12.

Gegenstände begrenzt.[450] § 66 Abs. 1 Satz 2 BPersVG erweitert die Informationspflicht allgemein auf Maßnahmen, die „die Gestaltung des Dienstbetriebes (betreffen,) insbesondere alle Vorgänge, die die Beschäftigten wesentlich berühren." Eine bevorstehende Privatisierung hat erheblichen Einfluss auf die Gestaltung des Dienstbetriebes und gehört zu den wesentlichen Vorgängen i.S.d. § 66 Abs. 1 Satz 2 BPersVG.[451]

Die Personalvertretung muss so rechtzeitig unterrichtet werden, dass ihre Anregungen und Bedenken im Interesse der betroffenen Arbeitnehmer noch im Entscheidungsprozess berücksichtigt werden können.[452] Die Informationspflicht beginnt bereits mit der Aufnahme von Privatisierungsplanungen,[453] etwa sobald die Planungsgruppe ihre Arbeit aufgenommen hat.[454] Die Informationen sind dabei so rechtzeitig an die Personalvertretung weiterzuleiten, dass dieser nach dem genauen Studium der Unterlagen ausreichend Zeit bleibt, das eigene Vorgehen zu planen.[455] Die Regelungen der Landespersonalvertretungsgesetze entsprechen denen des BPersVG[456] mit der Ausnahme, dass einige Personalvertretungsgesetze eine vierteljährliche Zusammenkunft vorsehen.[457]

Die Vorschriften über Informations- und Anhörungsrechte regeln nicht, welche konkreten Informationen die Dienststellenleitung der Personalvertretung im Falle einer bevorstehenden Privatisierung zu geben hat. Die Gesetze sehen lediglich eine *umfassende* Information der Personalvertretung vor. Diese generalklauselartige Regelung hat zu Kritik geführt. Diese Kritik wurde mit Überlegungen verbunden, die Informations- und Anhörungsrechte der Personalvertretung mit Hilfe des Europarechts zu konkretisieren.[458]

---

[450] *Fischer/Goeres*, GKÖD, Bd. 5, § 66, Rn. 9; *Grabendorff/Ilbertz/Widmaier*, BPersVG, § 66, Rn. 7; *Lorenzen/Etzel/Gerhold u.a.*, BPersVG, § 66, Rn. 12.

[451] *Blanke*, PersR 2000, 43; *Grabendorff/Ilbertz/Widmaier*, BPersVG, § 66, Rn. 7; *Schipp/Schipp*, Arbeitsrecht und Privatisierung, Rn. 261; *Vogelsang*, PersV 2005, 4 (9).

[452] *Kunze*, PersV 1998, 339 (342); *Thannheiser*, PersR 1996, 349 (f.).

[453] *Schipp/Schipp*, Arbeitsrecht und Privatisierung, Rn. 262.

[454] Siehe dazu oben S. 30 (f.).

[455] *Altvater/Bacher/Hörter u.a.*, BPersVG, § 68, Rn. 14; *Hammer*, PersR 1997, 54 (63).

[456] Art. 67 Abs. 1, 69 Abs. 2 BayPVG, §§ 70 Abs. 1, 73 Abs. 1 PersVG Bln, §§ 57 Abs. 1, 60 Abs. 1 PersVG Bra, §§ 52 Abs. 3, 54 Abs. 3 BremPersVG, §§ 76 Abs. 2, 78 Abs. 2 HmbPersVG, §§ 60 Abs. 4, 62 Abs. 2 HPVG, §§ 58 Abs. 1, 60 Abs. 1 PersVG MV, §§ 47 Abs. 1, 49 Abs. 1 MBG Schl.-H., §§ 66 Abs. 1 68 Abs. 2 ThürPersVG.

[457] §§ 66 Abs. 1, 68 Abs. 2 LPVG BW, §§ 60 Abs. 1, 62 NPersVG, §§ 63, 65 Abs. 1 LPVG NRW, §§ 67 Abs. 1, 69 Abs. 2 LPersVG RP, §§ 69 Abs. 1 und Abs. 3 SPersVG, §§ 71 Abs. 1, 73 Abs. 2 SächsPersVG, §§ 56 Abs. 1, 57 Abs. 2 PersVG LSA.

[458] *Blanke*, PersR 2000, 43.

a) Betriebsübergangsrichtlinie 2001/23/EG

Zur Konkretisierung der Vorschriften über die Informations- und Anhörungsrechte des Personalrats bei einer bevorstehenden Privatisierung kommt die Betriebsübergangsrichtlinie 2001/23/EG vom 12.3.2001 in Betracht, die an die Stelle der alten Betriebsübergangsrichtlinie 77/187/EWG vom 14.2.1977 in der von der RL 98/50/EG vom 29.6.1998 geänderten Form getreten ist.[459] Sie ist deshalb im Zusammenhang mit diesem Fragenkomplex in das Zentrum des Interesses gerückt.[460]

aa) Rechtsfolge: Informations- und Konsultationsrechte

Art. 7 Abs. 1 der Richtlinie konkretisiert die Informationspflichten der am Betriebsübergang Beteiligten, d.h. des Veräußerers und des Erwerbers, gegenüber der Arbeitnehmervertretung bzw. gegenüber den Arbeitnehmern selbst. Veräußerer und Erwerber haben auf die Arbeitnehmervertretung von sich aus zuzugehen und alle erforderlichen Informationen der Beschäftigtenvertretung zur Verfügung zu stellen.[461] In Unternehmen, in denen eine Arbeitnehmervertretung wegen des Schwellenwertes in § 1 Abs. 1 Satz 1 BetrVG nicht besteht, sind gem. Art. 7 Abs. 5 und Abs. 6 die Beschäftigten selbst zu informieren.

Die Information muss zunächst den Zeitpunkt oder den voraussichtlichen Zeitpunkt des Übergangs erkennen lassen. Nach Art. 7 Abs. 1 der Richtlinie sind die am Privatisierungsprozess beteiligten Veräußerer und Erwerber auch verpflichtet, die Arbeitnehmervertreter über den Grund des Übergangs zu informieren. Damit ist zunächst der Rechtsgrund gemeint, aufgrund dessen das Unternehmen auf den Erwerber übergeht.[462] Dazu zählen außerdem die Motive und Ziele dieser unternehmerischen Entscheidung, da erst deren Kenntnis die Arbeitnehmervertretung in die Lage versetzt, die möglichen Auswirkungen der Privatisierung für die Beschäftigten abzusehen.[463] Weiter sind die Arbeitnehmervertreter über die rechtlichen Folgen des Betriebsübergangs zu informieren. Dazu gehören alle rechtlichen Auswirkungen des Übergangs, sei es auf individualrechtlicher, sei es auf kollektivrechtlicher Ebene.[464] Die Arbeitnehmerver-

---

[459] Vgl. Art. 12 RL 2001/23/EG.

[460] Vgl. nur *Blanke*, PersR 2000, 43; *Blanke/Trümner*, Handbuch Privatisierung, Rn. 476 (ff.); *Friedrich*, Europäisches Arbeitsrecht und Privatisierungen; *von Roetteken*, NZA-RR 2001, 505 (521); *Vogelsang*, PersV 2005, 4 (10).

[461] Vgl. dazu *Franzen*, RdA 2002, 258 (264 ff.); *von Roetteken*, NZA 2001, 414 (423).

[462] *Gaul/Otto*, DB 2002, 634 (635).

[463] *EuG*, 27.4.1995, EuZW 1995, 677 (682 f.).

[464] *Friedrich*, Europäisches Arbeitsrecht und Privatisierungen, S. 230.

tretung ist letztlich über die wirtschaftlichen und sozialen Folgen für die Arbeitnehmer und die diesbezüglich geplanten Ausgleichsmaßnahmen zu informieren.

Die Informationen sind der Arbeitnehmervertretung rechtzeitig vor dem Vollzug des Übergangs zur Verfügung zu stellen. Um dieser Informationsverpflichtung zu genügen, sind alle einschlägigen Informationen weiterzuleiten, die dem Veräußerer und dem Erwerber vorliegen. Gegebenenfalls müssen sie fortlaufend ergänzt werden.[465]

Art. 7 Abs. 2 der Richtlinie verpflichtet Veräußerer und Erwerber im Falle geplanter Maßnahmen hinsichtlich der Arbeitnehmer außerdem, die Arbeitnehmervertretung zu *konsultieren*. Konsultationen sind auf eine Übereinkunft gerichtete Gespräche zwischen Arbeitnehmervertreter sowie Veräußerer und Erwerber. Die Konsultationsgespräche haben die Arbeitgeber ebenfalls von sich aus zu suchen.[466] Diese Verpflichtung ist nicht mit unverbindlichen Gesprächen mit den Arbeitnehmervertretern erfüllt, sondern verlangt konkrete Verhandlungen der Parteien über die Gestaltung des Übergangsprozesses und setzt den ernsthaften Einigungswillen beider Verhandlungspartner voraus.[467] Konsultation bedeutet nicht nur, Maßnahmen im Zuge des Betriebsübergangsvorgangs zu erörtern, sondern erfordert auch die Diskussion über praktische Alternativen zu dem Vorhaben insgesamt.[468] Eine solche konkrete Auslegung des Konsultationsrechts ist aus den Regelungen der Richtlinie über Massenentlassungen 75/129/EWG vom 17.2.1975 in der geänderten Fassung der Richtlinie 98/59/EG vom 20.7.1998 zu folgern.[469] Diese enthält eine Konsultationspflicht bei bevorstehenden Massenentlassungen. Dort ist sie inhaltlich nicht auf soziale Ausgleichsmaßnahmen begrenzt, sondern schließt die Möglichkeit ein, über andere Lösungswege in einer Unternehmenskrise zu beraten. Der weite Anwendungsbereich ist wegen der vergleichbaren Schutzrichtung auf die Betriebsübergangsrichtlinie zu übertragen.[470] Die Konsultationspflicht begründet letztlich jedoch keinen Rechtsanspruch auf den Abschluss einer Vereinbarung zwischen Beschäftigtenvertretung und den an der Veräußerung beteiligten Parteien.[471] Eine Konsultationspflicht der Arbeitnehmer in vertretungslosen Unternehmen sieht die Richtlinie nicht vor.

Die Mitgliedstaaten haben gem. Art. 9 der Richtlinie Regelungen zu schaffen, die der nicht informierten oder konsultierten Arbeitnehmervertretung das Recht

---

465 *Blanke*, PersR 2000, 43 (45).

466 *Von Roetteken*, NZA 2001, 414 (423).

467 *Widmaier*, ZfPR 2001, 119 (122 f.).

468 *Blanke*, PersR 2000, 43 (46); *von Roetteken*, PersR 1999, 109 (117).

469 *Blanke*, in: Thannheiser, Handbuch der Personalrechtspraxis, Teil 5, Rn. 76.

470 *Von Roetteken*, PersR 1999, 109 (117).

471 *Blanke*, PersR 2000, 43 (47); *Widmaier*, ZfPR 2001, 119 (123).

einräumen, die Informations- und Konsultationsrechte aus der Richtlinie bei einem Gericht einzuklagen. Diese Vorschriften können vorsehen, dass einem Gerichtsverfahren die Beteiligung anderer Stellen vorgeschaltet ist. Hier ist an die im Betriebsverfassungs- und Personalvertretungsrecht vorgesehenen Einigungsstellen zu denken. Der europäische Richtliniengeber hat damit die Vorschriften der RL 2001/23/EG gerichtlich erzwingbar ausgestaltet, womit ihnen in der praktischen Anwendung ein hohes Gewicht zukommt.[472]

bb) Entstehungsgeschichte der RL 2001/23/EG

Die Entstehung der Betriebsübergangsrichtlinie war eng verknüpft mit der sozialpolitischen Ausrichtung der Europäischen Wirtschaftsgemeinschaft nach 1970.[473] Bereits 1972 hat ein erster Entwurf einer Richtlinie über die Verschmelzung von Aktiengesellschaften vorgelegen, in dem der Übergang von Arbeitsverhältnissen in einem Art. 30 besondere Beachtung gefunden hat.[474] Wegen Meinungsverschiedenheiten der Mitgliedstaaten über die Reichweite der Mitbestimmung ist es nicht zu einer Verabschiedung dieses Entwurfs gekommen. Am 31.5.1974 hat die Kommission dann den Entwurf einer Richtlinie über die Wahrung von Ansprüchen und Vergünstigungen der Arbeitnehmer bei Gesellschaftsfusionen, Betriebsübergängen sowie Unternehmenszusammenschlüssen vorgelegt, die nach den Stellungnahmen des Europäischen Parlaments und des Wirtschafts- und Sozialausschusses vom Rat am 14.2.1977 als RL 77/187/EWG verabschiedet worden ist. Entgegen dem Entwurf der Kommission war die Richtlinie nun aber nicht mehr auf Fusionen von Gesellschaften anwendbar. Außerdem ist die nach dem Entwurf noch weit reichende Mitbestimmung der Arbeitnehmer wieder stark reduziert worden.[475]

In der Folgezeit ist die RL 77/187/EWG durch die RL 98/50/EG vom 29.6.1998 geändert und schließlich durch die RL 2001/23/EG vom 12.3.2001 ersetzt worden, wobei man zwar die wichtigsten Bestimmungen wörtlich beibehalten, zugleich aber auch die aktuelle Rechtsprechung des *EuGH* zu der Richtlinie eingearbeitet hat.

Die RL 2001/23/EG verfolgt ausweislich Ziffer 3 der amtlichen Begründung das Ziel, die Arbeitnehmer bei einem Inhaberwechsel zu schützen und deren Ansprüche zu wahren. Dadurch sollten ein Mindestschutz der Arbeitnehmerinteressen im Falle eines Arbeitgeberwechsels durch einen Betriebsübergang sichergestellt sowie die Fortsetzung der bestehenden Beschäftigungsverhältnisse in un-

---

[472] Vgl. dazu *von Roetteken*, NZA 2001, 414 (423).

[473] Vgl. *Vogt*, Betriebsübergang bei Fremdvergabe, S. 137.

[474] Vgl. *Vogt*, Betriebsübergang bei Fremdvergabe, S. 132.

[475] Vgl. *von Alvensleben*, Die Rechte der Arbeitnehmer beim Betriebsübergang, S. 119.

veränderter Form mit dem neuen Arbeitgeber gewährleistet werden.[476] Besonderes Gewicht legt der Richtliniengeber darauf, die Arbeitnehmeransprüche aus dem Beschäftigungsverhältnis zu wahren.[477]

Über den Arbeitnehmerschutz hinaus dient die Richtlinie wettbewerbspolitischen Zielsetzungen.[478] Es sollte der Gefahr entgegengetreten werden, dass Investitionsentscheidungen im europäischen Wirtschaftsraum von den unterschiedlichen Schutzniveaus des jeweiligen Arbeitsrechts abhängig gemacht werden, was eine Senkung dieses Niveaus durch die Mitgliedstaaten hätte provozieren können.[479]

cc) Sachlicher Anwendungsbereich

Die Richtlinie ist auf jede vertragliche Übertragung oder Verschmelzung von Unternehmen, Betrieben oder Betriebsteilen anwendbar. Darunter fallen gem. Art. 1 Abs. 1 c) auch öffentliche Unternehmen, die eine wirtschaftliche Tätigkeit ausüben, unabhängig davon, ob sie Erwerbszwecke verfolgen. Das Kriterium der Wirtschaftlichkeit ist auf das gesamte Unternehmen als Einheit von Personen und Sachen zu erstrecken. Es kommt nicht darauf an, ob die Tätigkeit jedes einzelnen Beschäftigten an einer wirtschaftlichen Zielsetzung gemessen werden kann.[480] Zu diesen öffentlichen Unternehmen gehören alle öffentlichrechtlichen Einrichtungen, die keine hoheitlichen Tätigkeiten ausführen.[481] Öffentliche Unternehmen mit einem ausschließlich hoheitlichen Tätigkeitsbereich sind vom Geltungsbereich der Richtlinie ausgeschlossen. Hoheitliche Aufgaben können nur von der öffentlichen Verwaltung wahrgenommen werden.[482] In diesen Fällen kann man nicht hauptsächlich von einem wirtschaftlichen Interesse sprechen, dessen Vorliegen die Richtlinie tatbestandlich voraussetzt.[483] Taugliches Abgrenzungskriterium zwischen einer wirtschaftlichen und einer hoheitlichen Tätigkeit ist, ob öffentliche Aufgaben auf private Dritte übertragbar sind.[484] Nur im Falle der Übertragbarkeit handelt es sich um wirtschaftliche Tätigkeitsfelder.

---

[476] *Krimphove*, Europäisches Arbeitsrecht, Rn. 556.

[477] *Von Roetteken*, PersR 1999, 109 (111).

[478] Vgl. dazu *Vogt*, Betriebsübergang bei Fremdvergabe, S. 130 (ff.).

[479] *Von Alvensleben*, Die Rechte der Arbeitnehmer beim Betriebsübergang, S. 128 (f.).

[480] *Friedrich*, Europäisches Arbeitsrecht und Privatisierungen, S. 90.

[481] *EuGH*, 14.9.2000, EzA Nr. 191 zu § 613 a BGB; *EuGH*, 26.9.2000, AP Nr. 30 zu EWG-Richtlinie Nr. 77/187.

[482] Vgl. zu einer ähnlichen Problematik: *EuGH*, 23.4.1991, NJW 1991, 2891 (f.).

[483] *Von Roetteken*, PersR 1999, 109 (112).

[484] *Vogt*, Betriebsübergang bei Fremdvergabe, S. 156.

Das bedeutet im Umkehrschluss: Privatisierungen unterfallen immer dem sachlichen Anwendungsbereich der RL 2001/23/EG.[485]

Die öffentliche Hand setzt sich bei einer formellen Privatisierung bereits dem wirtschaftlich ausgerichteten Markt aus und schließt dadurch hoheitliches Handeln in diesem Aufgabenbereich aus.[486] Ausgenommen von dem Anwendungsbereich der Richtlinie sind damit die Tätigkeitsfelder, die in den Kernbereich staatlichen Handelns fallen, da die Erfüllung dieser Aufgaben gerade nicht den Gesetzen des freien Marktes unterliegt.[487] Der sachliche Anwendungsbereich der RL 2001/23/EG umfasst folglich alle Bereiche der Daseinsvorsorge.[488] Zu den von der Richtlinie umfassten öffentlichen Einrichtungen gehören nicht nur Eigenbetriebe und vergleichbare wirtschaftliche Zusammenschlüsse der öffentlichen Hand, sondern alle Dienststellen, die einer formellen Privatisierung offen stehen. Über ihren Wortlaut hinaus wendet der *EuGH* die Richtlinie nicht nur an, wenn es sich um eine „vertragliche Übertragung"[489] eines Unternehmens oder Unternehmensteils handelt, sondern auch, wenn das Unternehmen aufgrund einer Entscheidung eines Hoheitsträgers auf ein anderes Unternehmen übergeht.[490]

Zu zahlreichen Stellungnahmen des *EuGH* hat in der Vergangenheit die Fragestellung Anlass geboten, wann die Übertragung eines Unternehmens bzw. eines Unternehmensteils zu einem *Betriebsübergang* im Sinne der Richtlinie führt. Der *EuGH* verfolgt bei der Begriffsbestimmung der Begriffe Unternehmen, Betrieb und Betriebsteil eine einheitliche Betrachtungsweise.[491] Ein Betrieb oder Betriebsteil geht grundsätzlich immer dann auf einen Erwerber über, wenn die betroffene betriebliche Einheit ihre Identität beibehält.[492] Davon ist dann auszugehen, wenn sie tatsächlich weitergeführt wird und die dort ausgeführten Tätigkeiten mit den zuvor ausgeübten Aufgaben eine hinreichende Ähnlichkeit auf-

---

[485] *Hammer*, PersR 1997, 54 (60).

[486] Vgl. *Friedrich*, Europäisches Arbeitsrecht und Privatisierungen, S. 92, der deshalb die „Hoheitlichkeit" als Abgrenzungskriterium für wirtschaftliches Handeln für ungeeignet hält; *ders.*, ZEuS 2002, 427 (432 f.).

[487] *Vogt*, Betriebsübergang bei Fremdvergabe, S. 157.

[488] *Krimphove*, Europäisches Arbeitsrecht, Rn. 556; *von Roetteken*, PersR 1999, 109 (111 f.).

[489] Art. 1 Abs. 1 a) RL 2001/23/EG.

[490] *EuGH*, 19.5.1992, AP Nr. 107 zu § 613 a BGB; *EuGH*, 15.9.2000, AP Nr. 29 zu EWG-Richtlinie 77/187.

[491] Vgl. dazu *Friedrich*, ZEuS 2002, 427 (429).

[492] *EuGH*, 19.5.1992 (Rs. C-29/91, S. Redmond Stichting / H. Bartol u.a.), Slg. I 1992, 3189; *EuGH*, 19.9.1995 (Rs. C-48/94, Ledernes Hovedorganisation als Mandatar für Ole Rygaard / Dansk Arbejdsgiverforening als Mandatar für Strø Mølle Akustik A/S), Slg. I 1995, 2745, Rn. 15 (f.).

weisen.[493] Abzustellen ist auf die Identität des Personals, der Führungskräfte, der Arbeitsorganisation, der Betriebsmethoden und der Betriebsmittel.[494]

dd) Personeller Anwendungsbereich

Grundsätzlich zählen zu dem geschützten Personenkreis alle in dem übertragenen oder zu übertragenden Unternehmensteil beschäftigten Arbeitnehmer. Die Richtlinie selbst bestimmt den Arbeitnehmerbegriff in Art. 2 Abs. 1 d). Danach ist „jede Person, die in dem betreffenden Mitgliedstaat aufgrund des einzelstaatlichen Arbeitsrechts geschützt ist“, Arbeitnehmer. Damit knüpft die Richtlinie diese Begriffsbestimmung an die Gegebenheiten des jeweiligen Rechts der Mitgliedstaaten; eine europäische Vereinheitlichung dieses Begriffs ist nicht angestrebt worden.[495] Die Vorgaben der Richtlinie bezwecken lediglich eine Teilharmonisierung der nationalen Vorschriften.[496]

Nach herrschender deutscher Auffassung sind Arbeitnehmer alle Personen, die aufgrund eines privatrechtlichen Vertrages zur Leistung von Diensten für einen anderen in persönlicher Abhängigkeit gegen Entgelt verpflichtet sind.[497] Diese fallen unstreitig in den Schutzbereich des nationalen Arbeitsrechts i.S.v. Art. 2 Abs. 1 c) der RL 2001/23/EG.

Die Arbeitnehmervertreter dieser Unternehmen sind gem. Art. 2 Abs. 1 c) der RL 2001/23/EG die „Vertreter der Arbeitnehmer nach den Rechtsvorschriften oder der Praxis der Mitgliedstaaten.“ Auch hier nimmt die Richtlinie Bezug auf die Rechtslage in den nationalen Rechtskreisen. Im deutschen Arbeitsrecht sind die Arbeitnehmervertreter grundsätzlich die Arbeitnehmer, die nach dem nationalen Recht Aufgaben und Befugnisse einer Arbeitnehmervertretung wahrnehmen.[498] Dazu gehören der Betriebsrat, der Sprecherausschuss und der Personalrat.[499]

Neben den soeben skizzierten allgemein anerkannten Grundsätzen ergeben sich für den personellen Anwendungsbereich der RL 2001/23/EG besondere Probleme, die sowohl den Begriff der *Arbeitnehmervertreter* als auch den des *Arbeitnehmers* betreffen.

---

[493] *EuGH*, 14.4.1994, NZA 1994, 545 (546).

[494] *EuGH*, 11.3.1997, PersR 1997, 267 (269).

[495] Vgl. *Löw*, Die Betriebsveräußerung im europäischen Arbeitsrecht, S. 55.

[496] *EuGH*, 12.11.1992, AP Nr. 5 zu EWG-Richtlinie 77/187.

[497] Vgl. *BAG*, 19.5.1960, AP Nr. 7 zu § 5 ArbGG 1953, *BAG*, 7.5.1980, AP Nr. 36 zu § 611 BGB (Abhängigkeit); *Dütz*, Arbeitsrecht, Rn. 29; *Gitter*, Arbeitsrecht, S. 25; *Schmid/Trenk-Hinterberger*, Grundzüge des Arbeitsrechts, S. 14.

[498] *Friedrich*, Europäisches Arbeitsrecht und Privatisierungen, S. 206.

[499] Vgl. *Dütz*, Arbeitsrecht, Rn. 4.

(1) Gewerkschaften als Arbeitnehmervertreter i.S.d. Richtlinie?

Fraglich ist zunächst, ob Gewerkschaften als Vertreter der Arbeitnehmer i.S.d. RL 2001/23/EG betrachtet werden müssen.

Teilweise wird der Richtlinie ein unmittelbarer Anspruch der Gewerkschaften gegenüber den kommunalen Arbeitgebern auf Information und Konsultation bis hin zu einem Verhandlungsanspruch auf Abschluss von Haustarifverträgen bei Privatisierungen entnommen.[500] Arbeitnehmervertreter i.S.d. des Art. 6 Abs. 2 der Richtlinie seien nicht nur Betriebs- und Personalräte, sondern auch die gewerkschaftlichen Vertretungen, die einen unmittelbaren Anspruch auf Konsultation im Vorwege einer Privatisierung geltend machen könnten. Das deutsche Recht kenne ein Nebeneinander von Interessenvertretung durch die betrieblichen und die gewerkschaftlichen Vertreter der Beschäftigten. Gewerkschaften dürften gleichermaßen ihre in der Verfassung verankerten Rechte bei einem bevorstehenden Betriebsübergang geltend machen.[501]

Dem ist entgegengehalten worden, eine Einbeziehung der Gewerkschaften in den Kreis der Richtlinienbegünstigten sei systemfremd und verstoße gegen den Wortlaut der Richtlinie.[502] Art. 6 Abs. 5 der Richtlinie stelle es den Mitgliedstaaten frei, die Anwendung der Richtlinie auf solche Unternehmen und Betriebe zu begrenzen, die im Hinblick auf ihre Beschäftigtenzahl die Voraussetzung für die Wahl einer Arbeitnehmervertretung erfüllen. Damit sei eindeutig Bezug auf die Kleinbetriebsklausel im Betriebsverfassungsrecht genommen worden. Diese Regel mache keinen Sinn, unterstellte man auch die Gewerkschaften dem persönlichen Anwendungsbereich der Richtlinie, da deren Bildung nicht an derartige Voraussetzungen oder Schranken geknüpft sei. Anderenfalls käme es zu einer sachlich nicht gerechtfertigten Ungleichbehandlung zwischen tarifgebundenen und nicht tarifgebundenen Arbeitnehmern. Letztere würden von den Rechten der Gewerkschaft gegenüber dem kommunalen Arbeitgeber gerade nicht profitieren.

Der zuletzt dargestellten Auffassung ist zuzustimmen. Nach Art. 2 Abs. 1 c) der Richtlinie wird der Begriff der Arbeitnehmervertreter den Rechtsvorschriften oder der Praxis der jeweiligen Mitgliedstaaten entnommen. Damit ist der Bedeutung des Begriffs *Arbeitnehmervertreter* i.S.d. Richtlinie das deutsche Verständnis dieses Begriffs zugrunde zu legen. Um die Interessen der Beschäftigten zu vertreten, werden, dem Demokratieprinzip folgend, von den Beschäftigten Repräsentanten der Arbeitnehmer in bestimmte Institutionen gewählt. Es muss sich dabei um die Vertretung der betroffenen Belegschaft insgesamt handeln. Das sind ausschließlich Betriebsrat und Personalvertretung,[503] nicht die Gewerk-

500 *Blanke*, ZTR 2000, 211 (212 f.); *Wurm*, ZfPR 2000, 307 (308).

501 *Von Roetteken*, NZA 2001, 414 (422).

502 *Kleinke/Kley/Walter*, ZTR 2000, 499 (500).

503 Vgl. *v. Hoyningen-Huene*, in: MünchArbR, § 297, Rn. 1, 8 (f.).

schaften. Diese vertreten die Interessen nur eines Teils der jeweils Beschäftigten, nämlich der Gewerkschaftsmitglieder. Allein die Betriebs- oder Personalräte können auf die demokratische Legitimation durch alle betroffenen Arbeitnehmer verweisen. Gewerkschaften sind demnach nicht Arbeitnehmervertreter i.S.d. Richtlinie 2001/23/EG und damit auch nicht konsultationsberechtigt.

(2) Beamte im personellen Anwendungsbereich der Richtlinie?

Ein weiteres Sonderproblem des personellen Anwendungsbereichs ist, ob der Arbeitnehmerbegriff der RL 2001/23/EG auch die von einer Privatisierung betroffenen Beamten erfasst.

Der Rechtsprechung des *EuGH* ist zu entnehmen, dass Beamte vom Schutzbereich der Richtlinie ausgenommen sind.[504] Das Beamtenverhältnis sei ein besonderes öffentlichrechtliches Dienstverhältnis und unterfalle somit nicht dem Arbeitnehmerstatus nach nationalem Recht. Auf den Schutz der Richtlinie könnten sich nur Personen berufen, die nach nationalem Recht als Arbeitnehmer geschützt seien.[505]

Diese Rechtsprechung hat in der Literatur Zustimmung gefunden.[506] Die Richtlinie verweise eindeutig auf den im innerstaatlichen Recht herrschenden Arbeitnehmerbegriff.[507] Dieses innerstaatliche Recht werde vom Betriebsverfassungsrecht repräsentiert. Beamte seien keine Arbeitnehmer i.S.d. BetrVG. Unter den Anwendungsbereich der Richtlinie falle „jede Person, die in dem betreffenden Mitgliedstaat aufgrund des einzelstaatlichen Arbeitsrechts geschützt" sei. Beamte seien gerade nicht durch Bestimmungen des Arbeitsrechts, sondern durch das davon zu unterscheidende Beamtenrecht geschützt. Zwar könne den Beamten ein vergleichbarer Schutzbedarf nicht abgesprochen werden; eine persönliche Anwendung der Richtlinie auf diese Beschäftigtengruppe komme aber nicht in Betracht.

Diese Auffassung stößt zunehmend auf Kritik.[508]

---

504 *EuGH*, 14.9.2000, EzA Nr. 191 zu § 613 a BGB.

505 So auch *EuGH*, 11.7.1985, RS. 105/84, Foreningen af Arbejdsledere i Danmark / A/S Danmols Inventar i.L., EuGHE Slg. 1985, I-2639; zu einer vergleichbaren Problematik *Plander*, Kurzkommentar zu EuGH (14.9.2000), EWiR 2000, 1121 (1122).

506 *Bultmann*, ZfPR 2002, 22 (24 f.); *Franzen*, RdA 1999, 361 (365); *Trümner*, in: Blanke/Trümner, Handbuch Privatisierung, S. 463 (in Fn. 87); *Vogt*, Betriebsübergang und Fremdvergabe, S. 158.

507 *Franzen*, RdA 1999, 361 (365).

508 *Friedrich*, Europäisches Arbeitsrecht und Privatisierungen, S. 64; *von Roetteken*, PersR 1999, 109 (113 f.); *derselbe*, in: Blanke/Trümner, Handbuch Privatisierung, Rn. 485; ebenso für die gleich gelagerte Problematik in Österreich *Marhold*, in: Achatz/Isak/Marhold, Privatisierung, S. 61 (66 f.).

Zu dem geschützten Personenkreis zählten alle in dem zu übertragenen Teil tatsächlich beschäftigten Arbeitnehmer. Das schließe die dort beschäftigten Beamten ein. Der Rechtsprechung des *EuGH* ist insbesondere *Friedrich* ausdrücklich entgegengetreten.[509] Er verweist auf die Möglichkeit der Mitgliedstaaten, durch die Modifikation des Beamtenrechts diese Gruppe jeglichen Schutzes bei Privatisierungen zu berauben. Das sei mit dem Ziel der Richtlinie, Schutzlücken gerade zu vermeiden, nicht in Einklang zu bringen. Folglich müsse die verfehlte Rechtsprechung des *EuGH* im Hinblick auf die betroffenen Beamtenverhältnisse korrigiert werden.[510]

Die Bewertung dieser Frage hängt maßgeblich davon ab, ob der Arbeitnehmerbegriff der Richtlinie ein eigener europarechtlicher Begriff ist, der lediglich am Rande an die Modalitäten der Terminologie der Mitgliedstaaten anknüpft, oder ob er vollständig dem Begriffsverständnis des jeweils nationalen Rechts zu entnehmen ist.[511]

Es ist entgegen der Auffassung *Friedrichs* davon auszugehen, dass es sich bei dem Arbeitnehmerbegriff in der Betriebsübergangsrichtlinie zwar um einen gemeinschaftsrechtlichen Begriff handelt, der aber erst mit dem in Deutschland zugrunde liegenden Verständnis dieses Begriffes an Kontur gewinnt.[512] Der bloße Verweis auf die Schutzbedürftigkeit der Beamten reicht nicht aus, um sie dem Schutzbereich der Richtlinie zu unterstellen.

Arbeitnehmer sind nach der gebräuchlichen Begriffsdefinition des deutschen Arbeitsrechts solche Beschäftigte, die aufgrund eines privatrechtlichen Vertrages zur Arbeit im Dienste eines anderen verpflichtet sind.[513] Auf diese Begriffsbestimmung kommt es hier allein an. Der europäische Richtliniengeber gibt für den Anwendungsbereich der Richtlinie zwar eine Art eigene Legaldefinition des Arbeitnehmerbegriffs.[514] Er nimmt darin aber auf die Rechtslage in den Mitgliedstaaten Bezug.

Zuzugeben ist, dass der Richtliniengeber in Art. 2 Abs. 1 d) gerade nicht, wie es der *EuGH* behauptet, den Schutz „als Arbeitnehmer" im nationalen Arbeitsrecht voraussetzt, sondern einen generellen Schutz durch das einzelstaatliche Arbeitsrecht der betroffenen „Person". Arbeitnehmer sind nach dem Wortlaut der Richtlinie alle Personen, für die das mitgliedstaatliche Arbeitsrecht Schutzvor-

---

[509] *Friedrich*, Europäisches Arbeitsrecht und Privatisierungen, S. 53 (ff.).

[510] Vgl. *Friedrich*, Europäisches Arbeitsrecht und Privatisierungen, S. 63 (ff.).

[511] Im letzteren Sinne *Wenking*, Der Betriebsübergang im europäischen und deutschen Arbeitsrecht, S. 17 (f.).

[512] A.A. *Friedrich*, ZEuS 2002, 427 (445).

[513] *BAG*, 19.5.1960, AP Nr. 7 zu § 5 ArbGG 1953; *BAG*, 27.10.1964, AP Nr. 4 zu § 611 BGB (Abhängigkeit); *BAG*, 7.5.1980, AP Nr. 36 zu § 611 BGB (Abhängigkeit).

[514] So auch *Willemsen/Annuß*, NJW 1999, 2073 (2075).

schriften enthält. Es kommt gem. Art. 2 Abs. 1 d) der RL 2001/23/EG demnach wesentlich darauf an, ob das deutsche Arbeitsrecht Schutznormen auch für die Gruppe der Beamten enthält.

Dies ist zu verneinen. Das Arbeitsrecht ist ausschließlich das Recht der privatrechtlichen Arbeitsverhältnisse.[515] Dass in ihm privatrechtliche und öffentlichrechtliche Elemente verbunden sind – wie etwa in den Personalvertretungsgesetzen –,[516] spielt dafür keine Rolle. Auf Beamte sind wegen der von ihnen wahrgenommenen hoheitlichen Aufgaben besondere Grundsätze anzuwenden.[517] Das wird gerade bei solchen Beamten deutlich, die im Bereich der hoheitlichen Kernaufgaben des Staates dienstverpflichtet sind, etwa bei der Polizei. Zwar sind diese Bereiche einer Privatisierung ohnehin entzogen,[518] so dass eine Anwendung der Richtlinie hier praktisch nicht in Betracht kommt. Aber auch in anderen Bereichen können Beamtenverhältnisse den Arbeitsverhältnissen nicht gleichgestellt werden. Sie stehen in jedem Fall in einem öffentlich-rechtlichen Dienstverhältnis, welches durch Gesetze und Rechtsverordnungen geregelt ist.[519] Dadurch unterscheiden sie sich von den privatrechtlichen Dienstverhältnissen der Angestellten und Arbeiter der öffentlichen Verwaltung.[520] Das Beamtenverhältnis Verhältnis beruht gerade nicht auf einem privatrechtlichen Vertrag.

Für die Einbeziehung von Beamten in den persönlichen Anwendungsbereich der RL 2001/23/EG könnte allein sprechen, dass der deutsche Gesetzgeber den europäischen Arbeitnehmerbegriff in anderen Zusammenhängen durchaus umfassend versteht. Bei der Umsetzung der Richtlinie 89/391/EWG des Rates vom 12. Juni 1989 über die Durchführung von Maßnahmen zur Verbesserung der Sicherheit und des Gesundheitsschutzes der Arbeitnehmer, welche in Art. 3 a) *Arbeitnehmer* als jede von einem Arbeitgeber beschäftigte Person definiert, sind gem. § 2 Abs. 2 Nr. 4 ArbSchG[521] Beamte in den Schutzbereich des Gesetzes ausdrücklich mit aufgenommen worden.

Das ArbSchG verwendet jedoch den Begriff des *Beschäftigten* als Oberbegriff und unterscheidet sodann in § 2 zwischen Arbeitnehmern, Beamten und weiteren Beschäftigtengruppen. Die Zuordnung der Beamten zum Arbeitnehmerbegriff nimmt diese gesetzliche Regelung folglich nicht vor. Die einzelgesetzliche Einbeziehung der Beamten bei der Transformation der RL 89/391/EWG kann

---

[515] *Franzen*, RdA 1999, 361 (365); *Richardi*, in: MünchArbR, § 24, Rn. 15.

[516] Darauf verweisen etwa *Nikisch*, Arbeitsrecht, Bd. I, S. 50; *Schmid/Trenk-Hinterberger*, Arbeitsrecht, S. 2 (f.).

[517] *Müller, B.*, Arbeitsrecht im öffentlichen Dienst, Rn. 8.

[518] Siehe oben S. 25 (f.).

[519] *Richardi*, in: MünchArbR, § 24, Rn. 15

[520] *Wind/Schimana/Wichmann/Langer*, Öffentliches Dienstrecht, Rn. 58.

[521] Arbeitsschutzgesetz i.d.F. vom 7.8.1996, BGBl. I 1996, S. 1246

noch nicht als allgemeine Tendenz aufgefasst werden, den nationalen Arbeitnehmerbegriff im europarechtlichen Kontext umfassender auszulegen als bisher üblich.

Beamte unterfallen nach allem nicht dem personellen Anwendungsbereich der RL 2001/23/EG.

b) Auswirkungen der RL 2001/23/EG auf die Beteiligung bei Privatisierungen?

Europäische Richtlinien können sich auf das Recht der Mitgliedstaaten unterschiedlich auswirken. Gem. Art. 249 Abs. 3 EGV sind sie hinsichtlich des Ziels zwar verbindlich, müssen aber grundsätzlich in das nationale Recht umgesetzt werden. Erst dann entfalten sie innerhalb des nationalen Rechtskreises Wirkung.[522] Die Mitgliedstaaten genießen Wahlfreiheit bezüglich der Mittel, mit denen sie das Richtlinienziel erreichen wollen.

Eine die Richtlinienvorgaben in das nationale Recht transformierende Vorschrift muss die tatsächliche vollständige Anwendung der Richtlinie durch die Verwaltung des Mitgliedstaates sicherstellen.[523] Die als Transformationsakt erlassenen Vorschriften müssen daher ausreichend klar und bestimmt sein.[524] Hier ist der Rechtssicherheitsgrundsatz von erheblicher Bedeutung.[525] Der durch die Richtlinie Begünstigte muss seine Rechte klar und deutlich erkennen können.[526] Teilweise wird sogar gefordert, dass nicht einmal die „theoretische Gefahr“ bestehen darf, dass von den konkreten Vorgaben der Richtlinie abgewichen werden kann.[527] Der umsetzende Gesetzgeber ist jedenfalls gehalten, unbestimmte Rechtsbegriffe soweit wie möglich zu vermeiden.[528] Ein allgemeiner nationaler rechtlicher Rahmen, der die konkreten inhaltlichen Ausführungen einer Richtlinie nur irgendwie fassen kann, genügt dem Umsetzungserfordernis nicht.[529]

---

[522] Dazu *Ruffert*, in: Calliess/Ruffert, Kommentar zu EU-Vertrag und EG-Vertrag, Art. 249 EG-Vertrag, Rn. 43.

[523] *EuGH*, 17.10.1991, Rs. C-58/89, Kommission / Deutschland, EuGHE Slg. 1991, I-4983, Rn. 13; *EuGH*, 20.3.1997, Rs. C-96/95, Kommission / Deutschland, Slg. 1997, I-1653, Rn. 35.

[524] *Hetmeier*, in: Lenz/Borchardt, EU- und EG-Vertrag, Art. 249, Rn. 9.

[525] *Ruffert*, in: Calliess/Ruffert, Kommentar zu EU-Vertrag und EG-Vertrag, Art. 249 EG-Vertrag, Rn. 53.

[526] *EuGH*, 20.3.1997, Rs. C-96/95, Kommission / Deutschland, Slg. 1997, I-1653, Rn. 35.

[527] *Von Danwitz*, VerwArch 84 (1993), 73 (77).

[528] *Ruffert*, in: Calliess/Ruffert, Kommentar zu EU-Vertrag und EG-Vertrag, Art. 249 EG-Vertrag, Rn. 53.

[529] *Von Danwitz*, VerwArch 84 (1993), 73 (78).

Es fragt sich zunächst, ob die inhaltlichen Vorgaben der Richtlinie über Information und Konsultation der Arbeitnehmervertreter ausreichend konkret in das nationale Recht transformiert worden sind.

aa) Umsetzung im Betriebsverfassungsrecht

In Unternehmen, die bereits formell privatisiert wurden, sich aber noch im Einflussbereich der Verwaltung befinden, kommt Betriebsverfassungsrecht zur Anwendung. Die Beteiligung des Betriebsrats bei nachfolgenden materiellen Privatisierungen richtet sich nach den Vorgaben des BetrVG. Das BetrVG enthält eine Reihe von Mitbestimmungstatbeständen, die im Falle einer materiellen Privatisierung ausgelöst werden können.[530] Diese Beteiligungsrechte entsprechen in ihrer Gesamtkonzeption den Vorgaben des Art. 7 Abs. 1 und 2 der Betriebsübergangsrichtlinie. Hier ist besonders an die Beteiligungsmöglichkeiten des Betriebsrats über den Wirtschaftsausschuss nach § 106 BetrVG sowie bei Betriebsänderungen und den dafür erforderlichen Interessenausgleich gem. §§ 111 und 112 BetrVG zu denken. Ob diese Vorschriften den Bestimmtheitsvoraussetzungen für die Transformation der Richtlinienvorgaben vollends genügen, ist nicht Gegenstand dieser Untersuchung. *Löw* kommt in seiner Untersuchung zu dieser Frage zu dem Ergebnis, die Vorgaben seien im Betriebsverfassungsrecht ausreichend umgesetzt worden.[531]

bb) § 613 a Abs. 5 BGB

Der Gesetzgeber hat mit Gesetz vom 23.3.2002 dem § 613 a BGB die Absätze 5 und 6 angefügt.[532] Damit beabsichtigte er, Art. 7 der RL 2001/23/EG in das nationale Recht vollständig umzusetzen.[533] Mit der Formulierung des § 613 a Abs. 5 BGB hat der Gesetzgeber die Vorgaben des Art. 7 Abs. 1 der Richtlinie nahezu wörtlich übernommen. Im Unterschied zu dem Text der Richtlinie haben der bisherige Arbeitgeber und der Erwerber ausschließlich die einzelnen Arbeitnehmer und nicht, wie es die Richtlinie vorsieht, deren Vertreter zu unterrichten. Außerdem hat die in Art. 7 Abs. 2 der Richtlinie geforderte Konsultationspflicht keinen Einzug in den § 613 a BGB gefunden. Ergänzend zu den Vorschriften des § 613 a BGB ist im privatrechtlichen Bereich allerdings auf die Mitbestim-

[530] Vgl. §§ 99, 102, 111, 112 BetrVG; allgemein zur Beteiligung des Betriebsrats bei Umstrukturierungsmaßnahmen *Plander*, NZA 2000, 393 (ff.).

[531] Eingehende Untersuchung dazu *Löw*, Die Betriebsveräußerung im europäischen Arbeitsrecht, S. 177 (ff.), 185 (f.).

[532] BGBl. I 2002, S. 1163.

[533] BR-Drs. 831/01, S. 21 (f.).

mungstatbestände des BetrVG zu verweisen. Dieser Befund ist im Hinblick auf materielle Privatisierungen bereits formell privatisierter öffentlicher Einrichtungen von Bedeutung.

cc) Die Wirkung der RL 2001/23/EG im Personalvertretungsrecht

Fraglich ist, ob im Bereich des Personalvertretungsrechts die Richtlinienvorgaben vollständig umgesetzt worden sind oder ob diese auf andere Weise Wirkung entfalten können. Das ist gerade bei der formellen Privatisierung öffentlicher Einrichtungen von Bedeutung, da dabei das BetrVG keine Anwendung findet.

(1) RL 2001/23/EG im Personalvertretungsrecht vollständig umgesetzt?

Einige Autoren gehen davon aus, dass die Vorgaben der Richtlinie durch das arbeitsrechtliche EG-Anpassungsgesetz[534] vom 13. August 1980 vollständig in nationales Recht transformiert worden seien.[535] Die später folgenden Neuerungen und Ergänzungen der RL 77/187/EWG seien teilweise bereits vor ihrem Erlass nationales Recht gewesen oder in das deutsche Recht integriert worden. Auch im Bereich des Personalvertretungsrechts seien die Anforderungen der Richtlinie bereits in die nationalen Gesetze der Länder aufgenommen worden.[536]

Dieser Auffassung begegnet bei genauer Lektüre des BPersVG indessen Zweifel. Zwar verpflichtet § 66 Abs. 1 BPersVG die Dienststellenleitung dazu, mindestens einmal im Monat eine Besprechung mit dem Personalrat durchzuführen, in der alle für die Beschäftigten wesentlichen Angelegenheiten zu erörtern sind. Der konkrete Inhalt des Informationsaustausches ist aber nicht näher festgelegt. Darüber hinaus hat auch die Konsultationspflicht mit dem Ziel einer Übereinkunft über strittige Fragen bisher keinen Einzug in das BPersVG gehalten. Die Untersuchung der Landespersonalvertretungsgesetze ergibt kein anderes Ergebnis. Neben den in allen LPersVG geregelten allgemeinen Grundsätzen der Zusammenarbeit, die den Vorschriften des BPersVG entsprechen,[537] kennen nur das LPersVG RP eine Erörterungsverpflichtung bei einer anstehenden Privatisierung öffentlicher Aufgaben[538] und das LPVG BW eine Pflicht zur Anhörung des

---

[534] Gesetz über die Gleichbehandlung von Männern und Frauen am Arbeitsplatz und über die Erhaltung von Ansprüchen bei Betriebsübergang, BGBl. I 1980, S. 1308.

[535] *Engels*, RdA 1978, 52 (55); *Kleinke/Kley/Walter*, ZTR 2000, 499 (500); *Krimphove*, Europäisches Arbeitsrecht, Rn. 558; *Oetker*, NZA 1998, 1193 (1197).

[536] So etwa *Kleinke/Kley/Walter*, ZTR 2000, 499 (500) – unter Hinweis auf Vorschriften des HPVG.

[537] Siehe oben S. 102.

[538] § 84 Satz 1 Nr. 7 LPersVG RP, § 84 Satz 1 Nr. 7 LPersVG RP.

Personalrats bei Privatisierungen. In Brandenburg,[539] Hessen,[540] Niedersachsen,[541] Sachsen[542] und Thüringen[543] wirkt der Personalrat bei der Durchführung eines Privatisierungsvorhabens mit. Eine eingeschränkte Mitbestimmung ist in Nordrhein-Westfalen[544] und im Saarland[545] sowie generalklauselartig in Bremen[546] und Schleswig-Holstein[547] vorgesehen. In den übrigen Bundesländern bestehen über die allgemeine Informationspflicht hinaus keine Beteiligungsrechte bei Privatisierungen. Ein konkreter Informationsumfang, wie ihn die RL 2001/23/EG in Art. 7 Abs. 1 vorsieht, ist keiner dieser Vorschriften zu entnehmen. Teilweise fehlt die erforderliche Konsultationspflicht. Die Personalvertretung als Adressat der Richtlinie ist bei der Ermittlung ihrer konkreten Informationsrechte bei bevorstehenden Privatisierungsentscheidungen auf die zusätzlichen Informationen der Richtlinie angewiesen. Die RL 2001/23/EG ist folglich inhaltlich nicht ausreichend im Personalvertretungsrecht umgesetzt worden. Die vorhandenen Vorschriften sind sehr allgemein gefasst und bedürfen der Konkretisierung, um die Vorgaben der Richtlinie zu erfüllen.

Diese Konkretisierung kann auf verschiedene Art und Weise vorgenommen werden. Unter bestimmten Voraussetzungen ist an eine richtlinienkonforme Auslegung der nationalen Vorschriften oder sogar eine direkte Anwendung der Richtlinienvorgaben zu denken. Man mag freilich auch den Standpunkt vertreten können, die Richtlinienvorgaben hätten keine Auswirkungen auf nationales Recht.

(2) Keine Auswirkungen der Richtlinienvorgaben?

Nach Ansicht *Franzens* haben die in der Richtlinie vorgesehenen Informations- und Konsultationspflichten keine Auswirkungen für das nationale Personalvertretungsrecht.[548] Die Richtlinie sei vom nationalen Gesetzgeber in das deutsche Recht transformiert worden. Deutschland habe die Vorgaben der Richtlinie zwar nicht ausreichend umgesetzt; diese inhaltliche Diskrepanz könne aber ausschließlich der Gesetzgeber ausgleichen.

---

539 § 68 Abs. 2 Nr. 2 PersVG Bra.

540 § 81 Abs. 1 Satz 1 HPVG.

541 § 75 Abs. 1 Nr. 12 NPersVG.

542 § 77 Nr. 3 SächsPersVG.

543 § 75 Abs. 2 Nr. 4 ThürPersVG.

544 § 72 Abs. 3 Nr. 7 LPVG NRW.

545 § 84 Nr. 7 SPersVG.

546 § 52 Abs. 1 Satz 1 i.V.m. § 66 Abs. 1 und 3 BremPersVG.

547 § 51 MBG Schl.-H.

548 *Franzen*, RdA 1999, 361 (371 ff.).

Diese Forderung nach dem Tätigwerden des Gesetzgebers ist zu begrüßen. Die unzureichende Umsetzung der Richtlinie muss in der Tat durch einen gesetzgeberischen Akt des Bundes- und der Landesgesetzgeber korrigiert werden. Der Bund hat in diesem Bereich gem. Art. 75 Abs. 1 Satz 1 Nr. 1 GG die Rahmengesetzgebungskompetenz.

Die Gesetzgeber müssen dabei die inhaltlichen Vorgaben der Richtlinie genau übernehmen. Allgemeine Vorschriften reichen schon wegen des Bestimmtheitsgrundsatzes nicht aus. Aber auch wegen der erforderlichen sachlichen Legitimation für jede Tätigkeit des Personalrats im Bereich der öffentlichen Verwaltung[549] bedarf es einer genauen gesetzlichen Grundlage für die Beteiligungsrechte des Personalrats in organisatorischen Angelegenheiten wie der Privatisierung öffentlicher Einrichtungen oder Aufgaben. Die Beteiligungsrechte haben folglich die rechtzeitige Information der Personalvertretung vor dem Vollzug der Privatisierung durch die Dienststelle und den Erwerber über den genauen Zeitpunkt, den Grund und die rechtlichen, wirtschaftlichen und sozialen Folgen der Privatisierungsmaßnahme vorzusehen. Sieht der Privatisierungsplan Maßnahmen hinsichtlich der Beschäftigten vor, so muss die Dienststellenleitung zur rechtzeitigen Konsultation der Personalvertretung mit dem Ziel, eine Übereinkunft in strittigen Fragen zu erzielen, verpflichtet werden.

Die bisher unzureichende Umsetzung darf entgegen der Ansicht *Franzens* aber nicht dazu führen, dass die Vorgaben der Richtlinie bis zu deren vollständiger Transformation in das nationale Recht ignoriert werden.

Die im EGV vorgesehen Klagemöglichkeiten geben nur der Kommission oder einem Mitgliedstaat nach Art. 226 und Art. 227 EGV das Recht, die mangelnde Umsetzung einer Richtlinie zu rügen. Ein von einer Richtlinie in einem Mitgliedstaat Betroffener kann nach der Rechtsprechung des *EuGH* die ungenügende Transformation ausschließlich auf der Sekundärebene, d.h. in Form einer Schadensersatzklage geltend machen.[550] Voraussetzungen dafür sind, dass die Richtlinie hinreichend deutlich ein Recht begründet und aufgrund der mangelnden Umsetzung ein Schaden verursacht wurde. Abgesehen von der praktisch schwierigen Bezifferung des eingetretenen Schadens aufgrund der im nationalen Recht ungenügenden Informations- und Konsultationsrechte wäre die vollzogene Privatisierung auch nicht mehr umkehrbar und bliebe in der durchgeführten Form bestehen. Der Personalvertretung geht es aber gerade darum, auf die Maßnahme gestaltend einzuwirken, um zukunftsgerichtet die Interessen der Beschäftigten zu vertreten. Es ist folglich zu fragen, ob sie sich die Vorgaben der RL 2001/23/EG gegenwärtig auf das Beteiligungsniveau bei Privatisierungen auswirken.

---

[549] Siehe oben S. 42 (f.).

[550] *EuGH*, 19.11.1991, NJW 1992, 165 ff.

(a) Richtlinienkonforme Auslegung nationaler Vorschriften

Das Umsetzungsdefizit und die Untätigkeit des Gesetzgebers haben zu Überlegungen geführt, die Vorgaben der Richtlinie direkt anzuwenden.[551] Der Ruf nach einer direkten Geltung der Richtlinienvorgaben könnte freilich übereilt sein, da zunächst auf das Mittel einer richtlinienkonformen Auslegung der vorhandenen nationalen Regeln einzugehen ist.[552] Die direkte Geltung einer Richtlinie ist grundsätzlich die Ausnahme und kann nur subsidiären Charakter im Verhältnis zu anderen rechtlichen Instrumenten wie etwa der richtlinienkonformen Auslegung haben. Richtlinien sind Regelungsinstrumente, durch die der europäische Normgeber lediglich mittelbar auf das Recht der Mitgliedstaaten Einfluss nimmt.[553] Für die direkte Einwirkung auf die nationalen Rechtskreise sieht das Europarecht andere Rechtsinstitute – für die allgemeine unmittelbare Wirkung die *Verordnung* gem. Art. 249 Abs. 2 EGV und für die individuelle unmittelbare Wirkung die *Entscheidung* gem. Art. 249 Abs. 4 EGV – vor.

Bevor eine Richtlinie direkt zur Geltung kommt und damit das nationale Recht ergänzt oder gegebenenfalls sogar ersetzt, ist somit zu prüfen, ob nicht eine richtlinienkonforme Auslegung der vorhandenen Regelungen als schonendere Einwirkung auf die Souveränität des Mitgliedstaates möglich ist.[554] Zwar sind keine Normen, die als ausreichender Umsetzungsakt der RL 2001/23/EG oder der früheren RL 77/187/EWG in das BPersVG und die LPersVG eingeflossen sind, ersichtlich, jedoch spricht auch für das bereits vorhandene nationale Recht die Vermutung der Gemeinschaftsrechtsmäßigkeit.[555] Folglich sind in den Kontext der richtlinienkonformen Auslegung alle nationalen Normen einzubeziehen. Das umfasst auch diejenigen Vorschriften, die nicht der Umsetzung der entsprechenden Richtlinie dienen.[556] Sind die vorhandenen nationalen Vorschriften im

---

[551] So *Blanke*, PersR 2000, 43 (44); *Blanke/Gebhardt/Heuermann*, Leitfaden Privatisierungsrecht, Teil 2, Rn. 67; *Blanke/Sterzel*, Privatisierungsrecht für Beamte, Rn. 223; *Bultmann*, ZfPR 2002, 22 (23, 26 f.); *Düwell*, AuR 1994, 357 (359); *Friedrich*, Europäisches Arbeitsrecht und Privatisierungen, S. 236; *von Roetteken*, NZA 2001, 414 (419); *derselbe*, PersR 1999, 109 (111 f.); *Wurm*, ZfPR 2000, 307 (308).

[552] Allgemein zur richtlinienkonformen Auslegung des deutschen Arbeitsrechts *Birk*, FS Tomandl, S. 33 (ff.).

[553] *EuGH*, 29.6.1993, Rs. C-298/89, Regierung von Gibraltar / Rat, EuGHE Slg. 1993, I-3605, Rn. 16; *Biervert*, in: Schwarze, EU-Kommentar, Art. 249 EGV, Rn. 23.

[554] In diesem Sinne auch *Klamert*, Die richtlinienkonforme Auslegung nationalen Rechts, S. 196.

[555] *Brechmann*, Die richtlinienkonforme Auslegung, S. 261.

[556] *Klamert*, Die richtlinienkonforme Auslegung nationalen Rechts, S. 195.

Sinne der Richtlinie auslegbar, ist ein direkter Rückgriff auf die Richtlinie nicht nur entbehrlich, sondern sogar ausgeschlossen.[557]

(b) Richtlinienkonforme Auslegung des § 613 a Abs. 5 BGB

Möglicherweise kann § 613 a Abs. 5 BGB richtlinienkonform ausgelegt werden. Soll eine nationale Vorschrift richtlinienkonform ausgelegt werden, sind zunächst deren Auslegungsbedürftigkeit und sodann ihre Auslegungsfähigkeit festzustellen.[558]

Auslegungsbedürftig ist eine Norm, wenn deren Wortlaut unklar ist oder von einer Richtlinienvorgabe abweicht.[559] Da § 613 a Abs. 5 BGB ausschließlich den Arbeitnehmern und nicht deren Vertretern ein Informationsrecht einräumt und keine Konsultationspflicht vorsieht, weicht diese Vorschrift von den Vorgaben des Art. 7 der RL 2001/23/EG ab.

Eine nationale Regelung ist auslegungsfähig, wenn sie hinreichend offen für eine Interpretation im Sinne der Richtlinie ist.[560] In diesem Zusammenhang muss eine wörtliche, historische und teleologische Auslegung vorgenommen werden.[561]

Bei der Auslegung des § 613 a Abs. 5 BGB spricht bereits dessen Wortlaut gegen eine richtlinienkonforme Auslegungsfähigkeit. Der Begriff des Arbeitnehmers unterscheidet sich deutlich von dem der Arbeitnehmervertreter. Das Fehlen der Vorgaben des Art. 7 Abs. 2 der Richtlinie kann auch nicht dadurch überbrückt werden, dass der Wortlaut des § 613 a Abs. 5 BGB um diese Vorgaben ergänzt wird. Das überschritte die Wortlautgrenze. Diese Vorgaben sind vielmehr eindeutig weggelassen worden. Dieses Auslegungsergebnis wird durch die Betrachtung des Zwecks von § 613 a Abs. 5 BGB verstärkt. Zwar strebt der Gesetzgeber eine Umsetzung der Richtlinienvorgaben an, jedoch bringt er die Regelungen über die Informationspflicht in einen engen Zusammenhang mit dem Widerspruchsrecht der betroffenen Arbeitnehmer.[562] Die Informationen sollen den Arbeitnehmern eine ausreichende Entscheidungsgrundlage geben, um ihr

---

[557] Vgl. *Reichold*, ZMV 1999, 264 (268) zu den Auswirkungen der Betriebsübergangsrichtlinie 77/187/EWG auf das Mitarbeitervertretungsrecht der Kirchen; zum Teil wird die richtlinienkonforme Auslegung nationaler Vorschriften auch als eine „Ausprägung der Direktwirkung" der Richtlinie bezeichnet, vgl. *Wöhlermann*, Die richtlinienkonforme Auslegung im Europäischen Arbeitsrecht, S. 102 (f.).

[558] *Klamert*, Die richtlinienkonforme Auslegung nationalen Rechts, S. 185 (f.).

[559] *Klamert*, Die richtlinienkonforme Auslegung nationalen Rechts, S. 185.

[560] *Klamert*, Die richtlinienkonforme Auslegung nationalen Rechts, S. 186.

[561] Die systematische Auslegung hat im Rahmen der richtlinienkonformen Auslegung keine Bedeutung, vgl. *Brechmann*, Die richtlinienkonforme Auslegung, S. 260 (f.).

[562] BR-Drs. 831/01, S. 22.

Widerspruchsrecht sachgerecht ausüben zu können.[563] Der deutsche Gesetzgeber hat beide Rechte folglich als individuelle Rechte ausgestalten wollen. Für eine Interpretation als kollektivrechtliches Informationsrecht des Betriebs- oder Personalrats bleibt kein Raum.

§ 613 a Abs. 5 BGB kann nicht richtlinienkonform dahin ausgelegt werden, dass den Personalvertretungen bei einer bevorstehenden Privatisierung die in der Betriebsübergangsrichtlinie enthaltenen konkreten Informations- und Konsultationsrechte zustehen.

(c) Richtlinienkonforme Auslegung der Personalvertretungsgesetze

Zu fragen ist, ob die Personalvertretungsgesetze des Bundes und der Länder bezüglich der Mitbestimmung bei Privatisierungen richtlinienkonform ausgelegt werden können.

Alle Personalvertretungsgesetze sehen Regelungen über die Grundsätze der vertrauensvollen Zusammenarbeit, vergleichbar der in § 66 BPersVG vor. Da sie die in der Richtlinie enthaltenen Vorgaben nicht ausdrücklich enthalten, sind sie hinsichtlich der Vorgaben des Art. 7 der Richtlinie auslegungsbedürftig.

Der Wortlaut dieser Vorschriften könnte einen ausreichenden Spielraum zur Auslegung i.S.d. Art. 7 Abs. 1 der RL 2001/23/EG, d.h. hinsichtlich des konkreten Informationsanspruchs der Personalvertretung bei Privatisierungen bieten. Neben den in § 66 Abs. 1 Satz 1 BPersVG ausdrücklich vorgeschriebenen monatlichen ordentlichen Besprechungen können, auf diese Vorschrift gestützt, im Bedarfsfall zusätzliche außerordentliche Zusammenkünfte durchgeführt werden.[564] Dadurch kann einer rechtzeitigen Information des Personalrats i.S.d. des Art. 7 Abs. 2 Satz 2 der Richtlinie Rechnung getragen werden. Diese flexible Handhabung der zeitlichen Komponente hat gerade in den Landespersonalvertretungsgesetzen besondere Bedeutung, in denen eine wesentlich größere Zeitspanne zwischen den ordentlichen Besprechungsterminen vorgesehen ist.[565] Die einsetzenden Planungen einer Privatisierung stellen zudem einen ausreichenden Anlass für solche zusätzlichen Besprechungen dar.

In diesen Besprechungen sollen die wesentlichen Vorgänge, die die Dienststelle und die Beschäftigten betreffen, mit der Personalvertretung behandelt werden.

---

[563] *Putzo*, in: Palandt, BGB, § 613 a, Rn. 38.

[564] *Altvater/Bacher/Hörter u.a.*, BPersVG, § 66, Rn. 1; so auch vorgesehen in Art. 67 Abs. 1 Satz 1 BayPVG.

[565] Vgl. § 66 Abs. 1 Satz 1 LPVG BW, § 62 Abs. 1 Satz 1 NPersVG, § 63 Abs. 1 Satz 1 LPVG NRW, § 67 Abs. Satz 1 LPersVG RP, § 69 Abs. 1 Satz 1 SPersVG, § 71 Abs. 1 Satz 1 SächsPersVG, § 56 Abs. 1 Satz 1 PersVG LSA, die jeweils einen Besprechungstermin einmal im Vierteljahr vorsehen.

Die Dienststellenleitung hat damit den Personalrat zunächst über eine bevorstehende Privatisierung zu informieren.[566] Der Begriff „wesentlich“ gibt Interpretationsraum, dass nicht nur die Privatisierungsentscheidung an sich, sondern – in richtlinienkonformer Auslegung – ebenso der voraussichtliche Zeitpunkt des Übergangs, der Grund und die rechtlichen, wirtschaftlichen und sozialen Folgen der Privatisierung für die Beschäftigten sowie die diesbezüglich in Aussicht genommenen Maßnahmen Gegenstände der Informationspflicht sind.[567]

Schwieriger erscheint eine richtlinienkonforme Auslegung des § 66 BPersVG hinsichtlich der in der Richtlinie statuierten Konsultationsverpflichtung bei Maßnahmen, die die Beschäftigten betreffen. In § 66 Abs. 1 Satz 3 BPersVG ist ausdrücklich vorgesehen, dass über strittige Fragen mit dem ernsten Willen zur Einigung verhandelt werden soll. Das erfordert einen Meinungsaustausch, bei welchem die Dienststellenleitung verpflichtet ist, den Äußerungen der Personalvertretung bei der weiteren Planung und Durchführung der Maßnahme Rechnung zu tragen.[568] Berücksichtigt man das konkrete Ziel der Richtlinie, so muss die Dienststellenleitung bei den Besprechungsterminen auch die in Aussicht genommenen Maßnahmen dem Personalrat erläutern, und sie hat zu diesen Themenbereichen eine Stellungnahme der Personalvertretung abzuwarten. Der ernste Wille zu einer Einigung i.S.d. § 66 Abs. 1 Satz 3 BPersVG zielt in richtlinienkonformer Auslegung auf das Herbeiführen einer Übereinkunft zu diesen Maßnahmen. Folglich können die vorhandenen Regelungen über die Grundsätze der Zusammenarbeit zwischen der Personalvertretung und der Dienststellenleitung im Sinne des Art. 7 Abs. 1 und 2 der RL 2001/23/EG ausgelegt werden. Ein unmittelbarer Rückgriff auf die Bestimmungen der Richtlinie muss demnach unterbleiben.

(d) Richtlinienkonforme Auslegung als Umsetzungsersatz?

Die richtlinienkonforme Auslegung der vorhandenen Vorschriften des Personalvertretungsrechts könnte zu dem Schluss verleiten, ein Transformationsakt seitens des Gesetzgebers sei nicht mehr erforderlich. So wird denn auch die Auffassung vertreten, die Möglichkeit der richtlinienkonformen Auslegung nationaler Vorschriften sei als Umsetzungsakt völlig ausreichend.[569] Nach anderer An-

---

[566] So ausdrücklich § 60 Abs. 4 Satz 3 HPVG; vgl. auch *Goez*, ZTR 2004, 75 (f.)..

[567] Vgl. die Vorgaben des Art. 7 Abs. 1 Richtlinie2001/23/EG.

[568] *Altvater/Bacher/Hörter u.a.*, BPersVG, § 66, Rn. 6.

[569] *Beyerlin*, EuR 1987, 126 (132 ff.); *Bleckmann*, DB 1984, 1574; *Jarass*, EuR 1991, 211 (217 ff.).

sicht bleibt der Umsetzungsauftrag an den nationalen Gesetzgeber unbeschadet der Möglichkeit richtlinienkonformer Auslegung erhalten.[570]

Der letztgenannten Auffassung ist zuzustimmen. Das macht ein Vergleich mit dem Rechtsinstitut der verfassungskonformen Auslegung deutlich. Lässt der Wortlaut einer nationalen Vorschrift sowohl ein verfassungswidriges als auch ein verfassungskonformes Auslegungsergebnis zu, so ist diese Norm im Sinne der Verfassung auszulegen.[571] Die Vorschrift ist damit insgesamt verfassungsgemäß. Die verfassungskonforme Auslegung entfaltet eine die Norm erhaltende Funktion, die jede korrigierende Tätigkeit des Gesetzgebers entbehrlich macht.

Die richtlinienkonforme Auslegung ist von der verfassungskonformen Auslegung aber ihrer Wirkung nach zu unterscheiden.[572] Während bei der verfassungskonformen Auslegung lediglich eine Rechtmäßigkeitskontrolle einfachgesetzlicher Normen im Lichte der Verfassung stattfindet, die Verfassungsnormen selbst aber keinen Umsetzungsauftrag enthalten, sollen die Vorgaben einer europäischen Richtlinie gerade in nationales Recht transformiert werden. Die Möglichkeit der richtlinienkonformen Auslegung der Personalvertretungsgesetze ersetzt aber gerade nicht den unzureichenden Umsetzungsakt.[573] Der Umsetzungsauftrag bleibt unbeschadet einer möglichen richtlinienkonformen Auslegung bestehen. Nur dann, wenn das nationale Recht den Richtlinienvorgaben entspricht, ist eine Umsetzung entbehrlich. Es handelt sich dann aber nicht um die richtlinienkonforme Auslegung nationaler Normen, sondern um die Gemeinschaftsrechtskonfirmität dieser Vorschriften.[574] Die Vorschriften des Personalvertretungsrechts des Bundes und der Länder bedürfen aber der richtlinienkonformen Auslegung, um die Vorgaben des Art. 7 der Richtlinie zu erfüllen, da sie insoweit unvollständig sind.

Das Institut der richtlinienkonformen Auslegung führt nicht zum bloßen Erhalt vorhandener Vorschriften, die inhaltlich hinter den Vorgaben der Richtlinie zurückbleiben. Vielmehr bleibt das korrigierende Eingreifen des Gesetzgebers auch weiterhin erforderlich. Das gebietet der Grundsatz der Bestimmtheit von Umsetzungsnormen. Dieses Erfordernis erfüllt indes keine der personalvertretungsrechtlichen Normen. Der Personalrat muss vielmehr den Inhalt der Richtlinie zu Hilfe nehmen, um seine konkreten Rechte zur Kenntnis nehmen zu kön-

---

[570] *Von Danwitz*, NWVBl. 1997, 7 (9 f.); *ders.*, VerwArch 84 (1993), S. 73 (76 ff.); *Everling*, ZGR 1992, 376 (383); *Ruffert*, in: Calliess/Ruffert, Kommentar zum EU-Vertrag und EG-Vertrag, § 249, Rn. 112.

[571] *BVerwG*, 29.4.1964, BVerwGE 18, 247 (249 f.).

[572] *Von Danwitz*, NWVBl. 1997, 7 (9).

[573] *Ruffert*, in: Calliess/Ruffert, Kommentar zum EU-Vertrag und EG-Vertrag, § 249, Rn. 112.

[574] *Everling*, ZGR 1992, 376 (383); *Ruffert*, in: Calliess/Ruffert, Kommentar zum EU-Vertrag und EG-Vertrag, § 249, Rn. 112.

nen. Dem vom *EuGH* aufgestellten Erfordernis einer Umsetzung wird im Personalvertretungsrecht nicht Rechnung getragen. Ein Umsetzungsakt bleibt wegen der fehlenden Normklarheit folglich vonnöten.

Die richtlinienkonforme Auslegung einer nationalen Vorschrift führt darüber hinaus auch nur punktuell dazu, den europäischen Vorgaben im nationalen Recht Geltung zu verschaffen. Diesem Rechtsinstitut kommt nur eine einzelfallbezogene – keine generelle – Wirkung hinsichtlich der nationalen Rechtslage zu.[575] Die mitgliedschaftlichen Gerichte sind nach der Rechtsprechung des *EuGH* dazu verpflichtet, innerstaatliches Recht nach Wortlaut und Zweck der jeweiligen europäischen Richtlinie auszulegen.[576] Auf diese Weise erstreckt sich die Wirkung richtlinienkonformer Auslegung jedoch nur auf die den nationalen Gerichten vorgelegten einzelnen Rechtsstreitigkeiten. Ziel der Richtlinie ist es aber gerade, eine generelle Rechtseinwirkung in den Mitgliedstaaten herbeizuführen. Fehlt es im nationalen Recht an Normen, die die Inhalte der Richtlinie ausreichend umsetzen, so kann allein die Transformation der Richtlinienvorgaben zu dieser generellen Wirkung führen.[577]

Gegen eine geltungserhaltende Funktion der richtlinienkonformen Auslegung spricht zudem, dass es dem *EuGH* selbst an einer entsprechenden Kompetenz ermangelt. Gem. Art. 234 EGV hat der *EuGH* das Gemeinschaftsrecht auszulegen. Es ist nicht seine Aufgabe, innerstaatliches Recht auszulegen. Das ist allein die Aufgabe der nationalen Gerichte. Eine richtlinienkonforme Auslegung ist ihm gar nicht möglich, sondern ausschließlich den nationalen Gerichten vorbehalten.[578]

Trotz der möglichen richtlinienkonformen Auslegung der Personalvertretungsgesetze von Bund und Ländern bleibt der Gesetzgebungsauftrag, die Vorgaben der RL 2001/23/EG klar und eindeutig in das Personalvertretungsrecht des Bundes und der Länder zu integrieren, erhalten.

---

[575] Vgl. *von Danwitz*, NWVBl. 1997, 7 (10).

[576] *EuGH*, 8.10.1987, Rs. C-80/86, Kolpinghuis / Nijmegen, Slg. 1987, 3969 (3986); *EuGH*, 10.4.1984, Rs. C-14/83, von Colson und Kamann / Land Nordrhein-Westfalen, Slg. 1984, 1891; *EuGH*, 10.4.1984, Rs. C-79/83, Harz / Deutsche Tradax, Slg. 1984, 1921; *Haedrich*, in: Oetker/Preis, EAS, Teil B 1000, Rn. 147.

[577] *Ruffert*, in: Calliess/Ruffert, Kommentar zum EU-Vertrag und EG-Vertrag, § 249, Rn. 112.

[578] *Borchardt*, in: Lenz/Borchardt, EU- und EG-Vertrag, Art. 234, Rn. 19; *Haedrich*, in: Oetker/Preis, EAS, Teil B 1000, Rn. 147; *Ruffert*, in: Calliess/Ruffert, Kommentar zum EU-Vertrag und EG-Vertrag, § 249, Rn. 112..

c) Ergebnis

Die RL 2001/23/EG regelt in Art. 7 Abs. 1 und 2 sehr konkret die Informations- und Konsultationsrechte der Arbeitnehmervertreter bei einem Unternehmensübergang. Sie ist grundsätzlich auf Privatisierungen öffentlicher Einrichtungen anzuwenden. Beamte sind keine Arbeitnehmer i.S.v. Art. 2 Abs. 1 d) der Richtlinie. Gewerkschaften sind keine Arbeitnehmervertreter i.S.d. Richtlinie.

Die Vorgaben der RL 2001/23/EG sind bisher nicht ausreichend in nationales Personalvertretungsrecht umgesetzt worden. Da die Bestimmungen des Art. 7 Abs. 1 und 2 der Richtlinie im Wege einer richtlinienkonformen Auslegung nationalen Personalvertretungsrechts in der Praxis zur Anwendung gebracht werden können, kommt eine unmittelbare Wirkung dieser Bestimmungen aber nicht in Betracht. Dennoch bleibt die Umsetzungsverpflichtung für den deutschen Gesetzgeber bestehen, da jedenfalls der *EuGH* eine richtlinienkonforme Auslegung deutschen Rechts nicht durchführen kann. Er ist vielmehr darauf beschränkt, die mangelhafte Umsetzung der Richtlinie sanktionsbegleitet zu rügen.

Es empfiehlt sich, die Vorgaben der Richtlinie weitgehend wörtlich in die Personalvertretungsgesetze zu übernehmen.

3. Kapitel
Beteiligung der Personalvertretung an den rechtlich notwendigen Schritten zur Umsetzung der Privatisierungsentscheidung

Die bisher in den Blick genommenen Beteiligungstatbestände knüpfen an die Privatisierungsentscheidung, also an das *Ob* einer Privatisierung an. Im weiteren Verlauf eines Privatisierungsprozesses muss diese Entscheidung rechtlich umgesetzt werden, wozu der öffentlichen Hand verschiedene Möglichkeiten offen stehen.[579] Im Folgenden wird untersucht, ob und inwieweit Vorschriften die Beteiligung der Personalvertretung im Hinblick auf die rechtlich notwendigen Umsetzungsschritte, d.h. auf das *Wie* einer Privatisierung regeln.

I. Privatisierung durch Gesetz oder aufgrund eines Gesetzes

Die Grundsätze, die in Bezug auf die Privatisierungsentscheidung durch Gesetz oder aufgrund gesetzlicher Regelungen gelten,[580] gelten auch für die gesetzliche Umsetzung einer Privatisierungsentscheidung: Eine Beteiligung der Personalvertretung bei der gesetzlich geregelten Umsetzung einer Privatisierungsentscheidung kommt nicht in Betracht. Regelt der Gesetzgeber das Privatisierungsvorhaben normativ abschließend, ist es der Dienststelle nicht möglich, den Privatisierungsprozess zu beeinflussen und gestaltend einzugreifen. Damit entfällt ein Beteiligungsrecht des Personalrats.[581] Anders ist dies lediglich dann, wenn der Gesetzgeber die Beteiligung der Personalvertretung an der Umsetzung der Privatisierungsentscheidung in dem Privatisierungsgesetz selbst regelt. Diese gesetzlich vorgesehenen Beteiligungsrechte müssen sich aber innerhalb der verfassungsrechtlichen Grenzen, die das *BVerfG* in seinem Beschluss vom 24.5.1995 aufgestellt hat,[582] bewegen.

---

579 Siehe oben S. 32 (ff.).

580 Siehe oben S. 53.

581 *VGH Hessen*, 26.1.1995, PersR 1995, 253 (f.); *Fischer/Goeres*, GKÖD, Bd. 5, § 78, Rn. 14; *Grabendorff/Windscheid/Ilbertz/Widmaier*, BPersVG, § 78, Rn. 10; *Hanau/Becker*, Arbeitsrechtliche Probleme der Privatisierung, S. 58; *Kunze*, PersV 1998, 339 (340); *Schaub*, PersV 1998, 100 (104).

582 *BVerfG*, 24.5.1995, PersR 1995, 483 (ff.).

II. Folgt die Beteiligung an den Umsetzungsmaßnahmen den Beteiligungstatbeständen bei Privatisierungsentscheidungen?

Ist die Beteiligung der Personalvertretung an der Privatisierungsentscheidung in den Personalvertretungsgesetzen des Bundes und der Länder – wie dargelegt – nur lückenhaft geregelt, so fehlen Bestimmungen zur Beteiligung an den rechtlichen Umsetzungsmaßnahmen vollständig.

Beteiligungsrechte der Personalvertretung bei rechtlich notwendigen Schritten zur Umsetzung der Privatisierungsentscheidung könnten aber aus den Vorschriften über die Beteiligung des Personalrats an der Privatisierungsentscheidung[583] folgen. Diese Vorschriften umfassten dann nicht nur die Grundentscheidung, ob eine Privatisierung durchgeführt wird, sondern auch deren Durchführung. Die Auffassungen zu dieser Frage sind erwartungsgemäß geteilt.[584]

Geht man vom Wortlaut der gesetzlichen Privatisierungstatbestände aus, so ist von einem weiten Anwendungsbereich der Vorschriften auszugehen. Sie sehen – mit einer Ausnahme[585] – die Beteiligung der Personalvertretung „bei" Privatisierungen vor.[586] Das begrenzt die Beteiligung nicht auf die Grundentscheidung, sondern umfasst den gesamten Privatisierungsprozess. Dazu gehören ebenso die rechtlichen Umsetzungsschritte.[587] Dies entspricht dem Zweck dieser Vorschriften. Privatisierungsmaßnahmen sollen unter Berücksichtigung der Interessen der betroffenen Beschäftigten getroffen werden.[588] Dieses Ziel kann die Personalvertretung nur erreichen, wenn sie auf die rechtliche Umsetzung dieser Maßnahme Einfluss erhält.

Das *OVG Nordrhein-Westfalen* kritisiert eine solche Auslegung der Beteiligungstatbestände bei Privatisierungen. Es sei dann problematisch, wenn die Grundentscheidung und die rechtliche Umsetzung zeitlich auseinander fielen.[589] Aus diesem Grund lehnt es die Ausweitung der Beteiligung auf die Umsetzungsmaßnahmen ab.

---

[583] Vgl. dazu oben 2. Kapitel, S. 53 (ff.).

[584] Für eine Beteiligung des Personalrats auch an der Durchführung der Privatisierung *VGH Hessen*, 26.1.1995, PersR 1995, 253 (f.); dagegen *OVG Nordrhein-Westfalen*, 25.3.1999, PersR 2000, 81 (82 f.). Die Literatur hat sich mit dieser Frage, soweit ersichtlich, noch nicht auseinandergesetzt.

[585] Das Erörterungsrecht nach § 84 Satz 1 Nr. 7 LPersVG RP.

[586] § 68 Abs. 2 Nr. 2 PersVG Bra, § 81 Abs. 1 Satz 1 HPVG, § 75 Abs. 1 Nr. 12 NPersVG, § 72 Abs. 3 Nr. 7 LPVG NRW, § 84 Nr. 7 SPersVG, § 77 Nr. 3 SächsPersVG, § 75 a Abs. 2 Nr. 4 ThürPersVG.

[587] Siehe oben S. 30 (ff.).

[588] Vgl. für die Regelung im HPVG: *VGH Hessen*, 26.1.1995, PersR 1995, 253 (f.); für die Regelung im LPVG NRW: *Welkoborsky*, LPVG NRW, § 72, Rn. 80.

[589] *OVG Nordrhein-Westfalen*, 25.3.1999, PersR 2000, 81 (82 f.).

Es spricht aber nichts dagegen, dem Beteiligungsverfahren zur Grundentscheidung ein solches zu deren rechtlicher Umsetzung folgen zu lassen. Fallen Grundentscheidung und Umsetzung zeitlich soweit auseinander, dass sie nicht in einem Verfahren behandelt werden können, so muss die rechtliche Umsetzung einem späteren Beteiligungsverfahren vorbehalten bleiben. Die Intensität der Beteiligung an der rechtlichen Umsetzung der Privatisierungsentscheidung richtet sich nach derjenigen der Beteiligung an der Grundentscheidung.[590]

III. Beteiligung der Personalvertretung bei privatisierenden Umwandlungen

Das Umwandlungsgesetz enthält mit den §§ 5 Abs. 1 Nr. 9, Abs. 3, 126 Abs. 1 Nr. 11, Abs. 3 sowie § 194 Abs. 1 Nr. 7, Abs. 2 UmwG Vorschriften, die eine Beteiligung der Arbeitnehmer bei der Umwandlung selbst, also bei der rechtlichen Durchführung einer organisatorischen Entscheidung vorsehen. Mit Ausnahme des § 5 UmwG kommen diese Vorschriften auch bei den Formen der privatisierenden Umwandlung zur Anwendung.

Auf privatisierende Umwandlungen in der Form der Ausgliederung nach den §§ 168 ff. UmwG finden die für Spaltungen geltenden allgemeinen Vorschriften der §§ 123 ff. UmwG Anwendung.[591] Für privatisierende Ausgliederungen zur Aufnahme in eine bestehende Gesellschaft sieht § 126 Abs. 1 Nr. 11 UmwG vor, dass der Spaltungs- und Übernahmevertrag oder dessen Entwurf die Folgen der Spaltung für die Arbeitnehmer und ihre Vertretungen sowie die insoweit vorgesehenen Maßnahmen angeben müssen. Gem. § 126 Abs. 3 UmwG ist der Vertrag oder dessen Entwurf sodann spätestens einen Monat vor dem Tag der Beschlussfassung durch die jeweiligen Anteilseigner dem zuständigen Betriebsrat zuzuleiten. Bei privatisierenden Ausgliederungen zur Neugründung tritt an die Stelle des Spaltungs- oder Übernahmevertrages gem. § 136 UmwG ein Spaltungsplan.

Für privatisierende Umwandlungen in Form eines Formwechsels gem. §§ 190 ff. UmwG sind in § 194 Abs. 1 Nr. 7, Abs. 2 UmwG fast wortgleiche Bestimmungen vorgesehen. Bei einem Formwechsel ist wie bei der Ausgliederung zur Neugründung ebenfalls kein Umwandlungsvertrag vorgesehen. Die erforderlichen Angaben hat bei einem Formwechsel der insoweit erforderliche Umwandlungsbeschluss zu enthalten, dessen Entwurf der zuständigen Arbeitnehmervertretung – das Gesetz nennt insoweit freilich nur den Betriebsrat – gem. § 194 Abs. 2 UmwG spätestens einen Monat vor der beschlussfassenden Versammlung der Anteilsinhaber zuzuleiten ist. Bei der Anmeldung der Umwandlung zur

---

[590] Siehe dazu oben, 2. Kapitel, S. 53 (ff.).

[591] Siehe oben S. 33 (f.).

Eintragung in das Handelsregister ist gem. §§ 125 Satz 1 i.V.m. 17 Abs. 1 UmwG als Anlage des Umwandlungsvertrages, -planes oder -beschlusses ein Nachweis über die rechtzeitige Zuleitung an den zuständigen Betriebsrat beizufügen.

1. Personalvertretungen im Anwendungsbereich der §§ 126, 194 und 17 UmwG?

Den §§ 126, 194 und 17 UmwG entsprechende Regelungen sehen die Personalvertretungsgesetze des Bundes und der Länder nicht vor. Bei einer formellen Privatisierung im Wege der privatisierenden Umwandlung nach den §§ 168 ff. und 190 ff. UmwG wechselt die öffentliche Einrichtung aus dem Anwendungsbereich des Personalvertretungsrechts in den des Betriebsverfassungsrechts. Für die Interessenvertretung der Beschäftigten ist bis zur Eintragung der Umwandlung der Personalrat zuständig. Das wirft die Frage auf, ob auch die Personalvertretungen vom Anwendungsbereich der §§ 126, 194 bzw. 17 UmwG erfasst werden.

Dies wird teilweise abgelehnt.[592] Das Gesetz sehe die Information von Personalvertretungen nicht vor. Es sei systemwidrig, die zivilrechtlichen Vorschriften des Umwandlungsgesetzes auf das dem öffentlichrechtlichen Regelungsbereich zugehörige Personalvertretungsrecht anzuwenden. Nach anderer Ansicht sind die Beteiligungsnormen des Umwandlungsgesetzes auf Personalvertretungen anwendbar.[593]

a) Wortlaut

Der Wortlaut der Regelungen spricht eher gegen deren Anwendbarkeit auf Personalvertretungen. Die §§ 126 Abs. 1 Nr. 11 bzw. 194 Abs. 1 Nr. 7 UmwG wenden sich an die „Arbeitnehmer und ihre Vertretungen." Personalräte vertreten jedoch Arbeitnehmer und Beamte. Dem Verständnis des Begriffes *Arbeitnehmer* im Umwandlungsgesetz liegt ausschließlich ein nationales Verständnis zugrunde. Das schließt Beamte aus.

Bestehen bereits Zweifel, Personalvertretungen unter den Begriff der *Arbeitnehmervertretung* zu fassen, so werden diese Bedenken durch einen Blick auf die §§ 126 Abs. 3, 194 Abs. 2, 125 Satz 1 i.V.m. 17 Abs. 1 UmwG noch verstärkt. Die Spaltungs- und Übernahmeverträge bzw. Umwandlungsbeschlüsse

---

[592] *Schmidt*, in: Lutter, UmwG, Vor § 168, Rn. 10 (f.); *Suppliet*, NotBZ 1997, 141 (144 f.).

[593] *Schaub*, in: Schaub, Arbeitsrechts-Handbuch, § 117, Rn. 91; *derselbe*, PersV 1998, 100 (101); *derselbe*, WiB 1996, 97 (98); *Steuck*, NJW 1995, 2887 (2890); *Willemsen*, FS 50 Jahre BAG, S. 287 (288 f.).

sind dem „Betriebsrat" zuzuleiten. Die rechtzeitige Zuleitung an den „Betriebsrat" ist dem Registergericht nachzuweisen. Personalvertretungen finden in diesen Vorschriften wiederum keine Erwähnung.

b) Gesetzessystematische Erwägungen

Man könnte nun folgende Erwägungen anstellen: Indem der Gesetzgeber einmal den Begriff *Arbeitnehmervertreter*, ein anderes mal den der *Betriebsräte* verwendet, könnte er jedenfalls im ersten Fall auch die Personalvertretungen gemeint haben.

Das überzeugt aber nicht. Die Verpflichtung zur Angabe von Folgen für die Arbeitnehmervertreter und diejenige zur Zuleitung an den zuständigen Betriebsrat sind als einheitlicher Regelungskomplex anzusehen.[594] Zwar dient die Vorschrift über die Angabeverpflichtung auch der Selbstkontrolle der Verantwortlichen, die sich auf diese Weise mit den Folgen der Umwandlungspläne für die betroffenen Arbeitnehmer und deren Vertretungen auseinander zu setzen haben.[595] Der Gesetzgeber wollte auf diese Weise außerdem die Information der Beschäftigtenvertretung sicherstellen, um eine sozialverträgliche Durchführung der Maßnahme zu erleichtern.[596] Das gelingt aber nur, wenn man beide Regelungsstufen – Angabe- und Zuleitungspflicht – als Gesamtregelungskomplex begreift. Die Angabe der Folgen für die Arbeitnehmervertretungen machte keinen Sinn, erhielten diese davon keine Kenntnis. Der Gesetzgeber gebraucht die unterschiedlichen Begriffe ersichtlich nur, weil er in §§ 126 Abs. Nr. 11, 194 Abs. 1 Nr. 7 UmwG an den Begriff der *Arbeitnehmer* unmittelbar anknüpfen wollte, ohne einen neuen Terminus verwenden zu müssen. Eine weitergehende Bedeutung hat diese terminologische Differenzierung nicht.

c) Analoge Anwendung der §§ 126, 194, 17 UmwG?

Es bleibt darüber nachzudenken, ob man die §§ 126, 194, 17 UmwG im Wege der Analogie auf Personalvertretungen anwenden kann. Die analoge Anwendung einer oder mehrerer Normen auf einen nicht geregelten Sachverhalt ist an bestimmte Voraussetzungen und Grenzen gebunden. Bei diesem Rechtsinstitut wird die für einen Sachverhalt im Tatbestand eines Gesetzes aufgestellte Regel auf einen vom Gesetz nicht geregelten aber vergleichbaren Sachverhalt übertragen.[597] Der Normgeber muss diese Regelungslücke übersehen haben, weshalb

---

[594] *Joost*, ZIP 1995, 976 (985).

[595] *Drygala*, ZIP 1996, 1365 (1367).

[596] BT-Drs. 12/6699, S. 82 (f.).

[597] *Larenz*, Methodenlehre, S. 381.

man in diesem Zusammenhang von einer *planwidrigen* Gesetzeslücke spricht.[598] Hat der Gesetzgeber einen Sachverhalt hingegen bewusst nicht geregelt, so ist eine Analogiebildung unzulässig.[599]

Darüber hinaus müssen sich die beiden Sachverhalte derart ähnlich sein, dass eine einheitliche rechtliche Bewertung des geregelten und des ungeregelten Sachverhalts zwingend geboten ist.[600] Es ist zwischen der *Einzel-* bzw. *Gesetzesanalogie* und der *Gesamt-* bzw. *Rechtsanalogie* zu unterscheiden. Bei der Gesetzesanalogie wird ein einzelner Rechtssatz über seinen Wortlaut hinaus auf einen vergleichbaren Sachverhalt angewandt. Die Rechtsanalogie erhebt einen in mehreren Vorschriften deutlich zum Ausdruck gebrachten gemeinsamen Rechtsgrundsatz zum allgemeinen Prinzip mit der Folge, dass hier eine Erweiterung auf gleich zu bewertende Sachverhalte gegen den Wortlaut der Normen möglich wird.[601]

In Betracht kommt vorliegend eine Gesetzesanalogie der in Rede stehenden Vorschriften des Umwandlungsgesetzes. Diese Normen regeln die Beteiligung des Betriebsrates bei der Spaltung und dem Formwechsel. Das Umwandlungsgesetz gebraucht für die Regelungen der Betriebsratsbeteiligung für alle Umwandlungsarten in den §§ 5 Abs. 1 Nr. 9, Abs. 3, 126 Abs. 1 Nr. 11, Abs. 3 sowie § 194 Abs. 1 Nr. 7, Abs. 2 UmwG fast den gleichen Wortlaut. Regelmäßig spricht es bei der Angabeverpflichtung von den *Arbeitnehmervertretern* und bei der Zuleitungsverpflichtung vom *Betriebsrat.* Für den Anwendungsbereich der §§ 126, 194 UmwG kommen als Beschäftigtenvertreter daneben auch Personalvertretungen in Betracht. In den §§ 168 ff. und 190 ff. UmwG finden sich keine Vorschriften, welche die Unanwendbarkeit der Angabe- und Zuleitungsverpflichtung bei privatisierenden Umwandlungen anordnen. In der Gesetzesbegründung sucht man ebenfalls vergeblich nach Hinweisen auf Personalvertretungen.[602] Der Gesetzgeber hat sich ersichtlich allein mit der Beteiligungsmöglichkeit im Rahmen des Betriebsverfassungsrechts befasst. Dass auch Personalvertretungen in den Anwendungsbereich der §§ 126, 194, 17 UmwG fallen können, hat er nicht bedacht. In den Begründungen zu §§ 126 und 194 UmwG verweist der Gesetzgeber jeweils auf diejenige zu § 5 UmwG, ohne auf die Besonderheiten der privatisierenden Umwandlung einzugehen.[603]

---

598 *Engisch*, Einführung in das juristische Denken, S. 141 (f.).

599 *Müller, F.*, Juristische Methodik, Rn. 371.

600 *Larenz*; Methodenlehre, S. 381 (f.).

601 *Bydlinski*, Juristische Methodenlehre und Rechtsbegriff, S. 477 (f.); *Schiffauer*, Wortbedeutung und Rechtserkenntnis, S. 46 (f.).

602 Vgl. BT-Drs. 12/6699, insbesondere S. 78, 132 und 137.

603 BT-Drs. 12/6699, S. 119 und S. 140.

Die analoge Anwendung der in Rede stehenden Vorschriften auf Personalvertretungen kommt freilich nur dann in Betracht, wenn deren Situation mit derjenigen von Betriebsräten vergleichbar ist. Ausgehend vom Sinn und Zweck der Normen, die frühzeitige Information der Arbeitnehmervertreter sicher zu stellen, um eine „möglichst sozialverträgliche Durchführung (der Umwandlung) zu erleichtern", stellt sich die Situation von Personalvertretungen und Betriebsräten vor Umwandlungen nahezu identisch dar: Die Beschäftigtenvertretungen haben jeweils die Interessen der Beschäftigten im Zusammenhang mit den organisatorischen Veränderungen einer Umwandlung zu wahren. Um dieser Aufgabe gerecht zu werden, benötigen sie konkrete Informationen über die bevorstehenden Maßnahmen. Auf diese Weise können sie alle in Betracht kommenden Beteiligungsrechte ausüben und das eigene Vorgehen bestmöglich koordinieren. Darin unterscheiden sich Betriebsräte nicht von Personalräten.

Das Argument, es sei systemwidrig, Beteiligungsrechte des Personalrats einem zivilrechtlich gehaltenen Normenkomplex wie dem Umwandlungsrecht zu entnehmen,[604] überzeugt nicht. Konsequenterweise müsste man mit diesem Argument die Regelung der privatisierenden Umwandlung im UmwG insgesamt als systemwidrig ablehnen. Dazu besteht indes kein Anlass. Diese Systematik ist – soweit ersichtlich – nicht auf Kritik gestoßen. Der Gesetzgeber wollte mit dem UmwG die Möglichkeiten der Umstrukturierung zusammenfassen und systematisieren.[605] Dazu zählen auch die Umstrukturierungsmöglichkeiten der privatisierenden Umwandlung. Da der Gesetzgeber die Beteiligung der Beschäftigtenvertretungen bei der rechtlichen Durchführung der organisatorischen Entscheidung anstrebte, hat er die entsprechenden Informationsrechte der Beschäftigtenvertretung direkt im UmwG geregelt.

Gegen eine analoge Regelung personalrechtlicher Beteiligung bei privatisierenden Umwandlungen könnte das Fehlen einer Gesetzgebungskompetenz des Bundesgesetzgebers für das Personalvertretungsrecht der Länder sprechen. Ihm steht für diesen Bereich gem. Art. 75 Abs. 1 Satz 1 Nr. 1 GG nur eine Rahmengesetzgebungskompetenz zu. Man könnte daraus schließen, der Bundesgesetzgeber hätte, selbst wenn ihm die Regelungslücke aufgefallen wäre, eine Regelung lediglich für privatisierende Umwandlungen des Bundes treffen können. Mit dieser Überlegung könnte man eine Analogie nur im Anwendungsbereich des BPersVG, nicht der Landespersonalvertretungsgesetze für möglich halten. Damit übersähe man aber, dass die Regelungslücke nicht nur im Anwendungsbereich des BPersVG besteht, sondern gleichermaßen in dem der Landespersonalvertretungsgesetze. Die Landesgesetzgeber haben eine Regelung der Lücke bisher ebenfalls nicht vorgenommen. Diese Lücken sind auf Landesebene mit

[604] *Schmidt*, in: Lutter, UmwG, Vor § 168, Rn. 10 (f.).

[605] BT-Drs. 12/6699, S. 1.

denselben Erwägungen wie zum Bundespersonalvertretungsrecht durch eine analoge Anwendung der §§ 126, 194, 17 UmwG zu schließen.

Für diese Lösung sprechen zudem die Regelungen der Betriebsübergangsrichtlinie. Zwar dient das UmwG nicht der Umsetzung der RL 2001/23 bzw. ihrer Vorgängerregelungen. Auffällig sind indes die Gemeinsamkeiten der Vorschriften: Art. 7 Abs. 1 der RL 2001/23 sieht die Information der Beschäftigtenvertreter über die Modalitäten wie Zeitpunkt und Grund sowie die wirtschaftlichen und sozialen Folgen des Übergangs vor. Außerdem ist die Beschäftigtenvertretung über die hinsichtlich der Arbeitnehmer in Aussicht genommenen Maßnahmen zu unterrichten. Diese Vorgaben der Richtlinie finden sich teilweise in den §§ 126, 194 UmwG wieder. Die Informationspflicht erstreckt sich auf die Folgen und die insoweit vorgesehenen Maßnahmen. Die europarechtlichen Vorgaben sind im Personalvertretungsrecht bisher nicht ausreichend umgesetzt.[606] Die analoge Anwendung der §§ 126, 194, 17 UmwG auf Personalvertretungen trüge bis zur vollständigen Transformation der europäischen Vorgaben zur möglichst umfassenden Anwendung europäischer Mindeststandards bei.

Bedenken im Hinblick auf § 1 Abs. 3 UmwG sind ebenfalls unbegründet. Diese Vorschrift sieht in Satz 1 vor, dass vom UmwG abweichende Regelungen nur zulässig sind, „wenn dies ausdrücklich zugelassen ist.“ Die analoge Anwendung der umwandlungsrechtlichen Normen auf Personalräte ist keine Abweichung, sondern eine Ergänzung dieser Vorschriften. Wie § 1 Abs. 2 Satz 2 UmwG zeigt, ist das Gesetz Ergänzungen gegenüber grundsätzlich offen, insbesondere dann, wenn diese Ergänzungen das Mindestschutzniveau nicht unterschreiten.[607] Die Analogiebildung zugunsten von Personalvertretungen erweitert den Schutz der arbeitsrechtlichen Normen des UmwG, ohne abschließende umwandlungsrechtliche Vorschriften zu verletzen.

Die §§ 126, 194, 17 UmwG sind für die Fälle der privatisierenden Umwandlung analog auf Personalvertretungen anwendbar.

2. Inhalt der Informationspflicht

Die Informationspflicht erstreckt sich auf unmittelbar durch die Umwandlung eintretenden Folgen für die Beschäftigten und deren Vertreter. Damit sind nicht nur die rechtlichen, sondern auch die tatsächlichen Auswirkungen wie etwa veränderte Anfahrtswege gemeint.[608] Zu den rechtlichen Auswirkungen die Beschäftigten betreffend gehören insbesondere tarifrechtliche Änderungen, Auswirkungen auf Dienstvereinbarungen und kündigungsrechtliche Gesichtspunkte.

---

606 Siehe oben S. 116 (ff.).

607 *Lutter*, in: Lutter, UmwG, § 1, Rn. 27 (f.).

608 *Joost*, ZIP 1995, 976 (979).

Die Angaben über die Folgen für die Beschäftigtenvertretung werden sich bei privatisierenden Umwandlungen regelmäßig mit dem Fortbestand der Personalvertretung bzw. deren Ende befassen.

Die „insoweit vorgesehenen Maßnahmen" betreffen verschiedene Bereiche: Zum einen sind damit die von den an der Umwandlung Beteiligten geplanten weiteren Maßnahmen gemeint, die mit der Umwandlung zusammenhängen. Darunter fallen beispielsweise ein erst nach der Umwandlung durchzuführender Personalabbau oder bereits vorgesehene Betriebsstillegungen.[609] Zum anderen sind die Ausgleichsmaßnahmen anzugeben, durch welche die nachteiligen Auswirkungen der Umwandlungen aufgefangen werden sollen.

Die Personalvertretung muss anhand dieser Angaben überschauen können, ob ihr hinsichtlich der Umwandlung weitere Beteiligungsrechte zustehen.[610]

3. Rechtsfolgen bei Verstößen

Fehlen die erforderlichen Angaben so hat der zuständige Registerrichter dies zu beanstanden[611] und die Eintragung der Umwandlung in das Register zu unterlassen.[612] Dasselbe gilt für den Nachweis der rechtzeitigen Zuleitung.[613] Da eine Umwandlung gem. §§ 131 Abs. 1, 202 Abs. 1 UmwG erst mit deren Eintragung in das Register wirksam wird, handelt es sich hierbei um ein effektives Sanktionsmittel, das der Durchsetzung der Informationspflichten dient.

4. Verhältnis zu personalvertretungsrechtlichen Beteiligungsrechten

Zu klären ist letztlich das Verhältnis der Informationsrechte der Personalvertretung nach dem UmwG zu den in den Personalvertretungsgesetzen geregelten Beteiligungsrechten bei der rechtlichen Umsetzung der Privatisierungsentscheidung.[614] Für das Betriebsverfassungsrecht wird die Ansicht vertreten, die Unterrichtungspflichten stünden selbständig neben denen des Umwandlungsgesetzes. Dem ist zuzustimmen. Letztere verdrängen diejenigen des BetrVG nicht.[615]

---

[609] *Engelmeyer*, DB 1996, 2542 (2543); *Joost*, ZIP 1995, 976 (979); a.A. *Drygala*, ZIP 1996, 1365 (1368), die sich für eine Information ausschließlich über die unmittelbaren Folgen der Umwandlung ausspricht. Die „insoweit vorgesehenen Maßnahmen" beträfen nur die Ausgleichsmaßnahmen.

[610] *Joost*, ZIP 1995, 976 (984).

[611] *Priester*, in: Lutter, UmwG, § 126, Rn. 62.

[612] *Engelmeyer*, DB 1996, 2542 (2544).

[613] *Engelmeyer*, DB 1996, 2542 (2545); *Wlotzke*, DB 1995, 40 (45).

[614] Siehe oben S. 128 (f.).

[615] *Joost*, ZIP 1995, 976 (977).

Auch für den Bereich des Personalvertretungsrechts gilt: Eine verdrängende Wirkung kommt den Regeln des Umwandlungsgesetzes nicht zu. Vielmehr ergänzen und konkretisieren sie die ohnehin bestehenden allgemeinen Informationsrechte und das Recht der Personalvertretung auf Einsicht in die Unterlagen[616] für die Fälle privatisierender Umwandlungen.

[616] Siehe dazu oben S. 102 (ff.).

4. Kapitel
Beteiligung der Personalvertretung an typischen praktischen Folgemaßnahmen von Privatisierungen

Mit dem Abschluss der rechtlichen Umsetzungsschritte ist der Privatisierungsprozess im engeren Sinne beendet. Die Privatisierungsentscheidung wird in den meisten Fällen aber noch von einer Reihe typischer Folgemaßnahmen ergänzt, welche die Beschäftigungsverhältnisse ebenfalls erheblich berühren. Zu klären ist, ob die Personalvertretungsgesetze des Bundes und der Länder Beteiligungsrechte der Personalvertretungen an diesen Folgemaßnahmen vorsehen.

I. Beteiligung in personellen Angelegenheiten

Privatisierungen können personelle Veränderungen für die Beschäftigten zur Folge haben.[617]

1. Personalangelegenheiten der Angestellten und Arbeiter

Handelt es sich dabei um Versetzungen zu einer anderen Dienststelle oder Umsetzungen innerhalb einer Dienststelle von Arbeitern und Angestellten, so ist der Personalrat gem. § 75 Abs. 1 Nr. 3 BPersVG uneingeschränkt mitbestimmungsberechtigt. Neben dem BPersVG sehen auch die meisten Landesgesetze die uneingeschränkte Mitbestimmung des Personalrats in diesen Angelegenheiten vor.[618]

Die uneingeschränkte Mitbestimmung der Personalvertretung stößt angesichts der Rechtsprechung des *BVerfG*[619] aber auf Bedenken. Die Personalangelegenheiten der Angestellten und Arbeiter nach § 75 Abs. 1 BPersVG hat es ausdrücklich den innerdienstlichen Maßnahmen mit erheblicher Bedeutung für die

---

[617] Siehe oben S. 37.

[618] Vgl. § 76 Abs. 1 Nr. 3 und 4 LPVG BW, Art. 75 Abs. 1 Satz 1 Nr. 6 BayPVG, § 63 Abs. 1 Nr. 11 PersVG Bra, § 65 Abs. 1 d) BremPersVG, § 87 Abs. 1 Nr. 8 und 11 HmbPersVG, § 77 Abs. 1 Nr. 2 c) HPVG, § 68 Abs. 1 Nr. 9 PersVG MV, §§ 64 Abs. 1, 65 Abs. 2 Nr. 5 und 8 NPersVG, § 72 Abs. 1 Satz 1 Nr. 5 LPVG NRW, § 78 Abs. 2 Satz 1 Nr. 6 LPersVG RP, § 80 Abs. 1 b) Nr. 4 und 5 SPersVG, § 80 Abs. 1 Satz 1 Nr. 3 SächsPersVG, § 67 Abs. 1 Nr. 4 und 5 PersVG LSA. Die nur eingeschränkte Mitbestimmung sehen dagegen die §§ 86 Abs. 3 Satz 1 Nr. 1 und 2, 81 Abs. 2 PersVG Bln und § 75 Abs. 1 Satz 1 Nr. 4 ThürPersVG vor. In Schleswig-Holstein ergibt sich die nur eingeschränkte Mitbestimmung aus der Generalklausel gem. § 51 MBG Schl.-H. i.V.m. der Vorschrift des § 54 Abs. 4 MBG Schl.-H.

[619] *BVerfG*, 24.5.1995, PersR 1995, 483 (ff.), siehe dazu oben S. 45.

Erfüllung des Amtsauftrages und damit der Stufe drei zugeordnet.[620] In diesen Bereichen ist nach Auffassung des *BVerfG* lediglich die sog. eingeschränkte Mitbestimmung zulässig.

Entgegen der gesetzgeberischen Konzeption, nach welcher die uneingeschränkte Mitbestimmung bei Personalangelegenheiten der Angestellten und Arbeiter vorgesehen ist, kann dem Personalrat unter Berücksichtigung dieser Rechtsprechung also kein solches Mitbestimmungsrecht zustehen. Die Vorschrift des § 75 Abs. 1 BPersVG und die entsprechenden Normen der Landesgesetze sind daher verfassungskonform dahingehend auszulegen, dass die Entscheidung der Einigungsstelle lediglich den Charakter einer Empfehlung hat.[621] Sie sind nicht anders zu beurteilen als die bereits untersuchten Fälle der Mitbestimmung des Personalrats bei der Privatisierung von Sozialeinrichtungen.[622]

2. Personalangelegenheiten der Beamten

Für personelle Maßnahmen, welche die beschäftigten Beamten betreffen, kommt ein eingeschränktes Mitbestimmungsrecht des Personalrats gem. §§ 76 Abs. 1, 69 Abs. 4 Satz 3 BPersVG in Betracht. Die Landesgesetze sehen in den personellen Angelegenheiten der Beamten ebenfalls durchgängig eine nur eingeschränkte Mitbestimmung vor.[623] Hier ist an die eingeschränkte Mitbestimmung bei Versetzungen und Umsetzungen nach § 76 Abs. 1 Nr. 4 BPersVG und bei Abordnungen oder Zuweisungen nach § 76 Abs. 1 Nr. 5 und Nr. 5 a BPersVG zu denken.

II. Beteiligung bei Änderungen des Arbeitsumfeldes und der Arbeitsorganisation

Eine Privatisierung kann sich auch auf das betriebliche Umfeld auswirken.[624] In diesem Zusammenhang ist besonders an das Mitbestimmungsrecht des Personalrats bei der Gestaltung der Arbeitsplätze nach § 75 Abs. 3 Nr. 16 BPersVG zu denken. Dieses Mitbestimmungsrecht nimmt der Personalrat einheitlich für die Beschäftigtengruppen der Arbeiter und Angestellten sowie der Beamten wahr.[625] Jede Veränderung der Beschaffenheit und des Umfangs der Arbeitsmittel sowie

---

[620] *BVerfG*, 24.5.1995, PersR 1995, 483 (486).

[621] Vgl. *BVerwG*, 24.4.2002, BVerwGE 116, 216 (ff.).

[622] Siehe dazu oben S. 98 (ff.).

[623] Vgl. zu den Vorschriften der Landesgesetze die Synopse bei *Altvater/Bacher/Hörter u.a.*, BPersVG, § 76, Rn. 30 (ff.).

[624] Siehe oben S. 37.

[625] *Altvater/Bacher/Hörter u.a.*, BPersVG, § 75, Rn. 38.

der Gestaltung der Räume, in denen die Arbeit zu erledigen ist, löst dieses Beteiligungsrecht aus.[626]

Weitere typische organisatorische Folgemaßnahmen von Privatisierungen sind die Auflösung oder Einschränkung von Dienststellen oder Dienststellenteilen. In bestimmten Fällen löst die insoweit einschlägige Vorschrift des § 78 Abs. 1 Nr. 2 BPersVG bereits die Beteiligung der Personalvertretung an der Privatisierungsentscheidung aus.[627] Das setzt voraus, dass Privatisierungsentscheidung und Auflösungs- oder Einschränkungsentscheidung Teile einer Gesamtentscheidung sind. Das kann in Fällen materieller oder funktioneller Privatisierung der Fall sein.[628]

Es sind auch Fälle denkbar, in denen die Privatisierungsentscheidung die Entscheidungen über die Folgemaßnahmen der Auflösung oder Einschränkung noch nicht enthält, sondern diese zeitlich der Privatisierungsentscheidung folgen. Entscheidet sich die öffentliche Hand beispielsweise, eine bisher von ihr durchgeführte Aufgabe auf einen Privaten zu übertragen und entscheidet sie erst im Anschluss daran, dass die betroffene Dienststelle aufgelöst oder eingeschränkt werden soll, hat die Personalvertretung das Beteiligungsrecht gem. § 78 Abs. 1 Nr. 2 BPersVG. In diesen Fällen verliert der Personalrat sein Beteiligungsrecht an der Folgemaßnahme nicht.

Ein weiteres Beteiligungsrecht im Zusammenhang mit Privatisierungen ist das Anhörungsrecht des Personalrats bei der Weiterleitung von Personalanforderungen zum Haushaltsvorschlag und bei der Personalplanung gem. § 78 Abs. 3 Satz 1 und Satz 3 BPersVG. Diese Anhörungstatbestände sind bei Privatisierungsprozessen häufig einschlägig.[629] Daneben ist der Personalrat gem. § 78 Abs. 5 BPersVG vor grundlegenden Änderungen von Arbeitsverfahren und Arbeitsabläufen zu hören. Anhörungspflichtig sind in diesem Zusammenhang alle organisatorischen, räumlichen und zeitlichen Änderungen des Arbeitsverfahrens.[630]

III. Sozialplanrecht bei Privatisierungen

Die Privatisierung öffentlicher Einrichtungen rückt noch einen weiteren Beteiligungstatbestand des BPersVG in den Blickpunkt: das Mitbestimmungsrecht der Personalvertretung bei der Aufstellung von Sozialplänen. Das BPersVG und die meisten Landespersonalvertretungsgesetze sehen ein uneingeschränktes Mitbestimmungsrecht der Personalvertretung bei der Aufstellung von Sozialplänen

---

[626] *Altvater/Bacher/Hörter u.a.*, BPersVG, § 75, Rn. 76a.

[627] Siehe dazu oben S. 69 (ff.).

[628] Siehe oben S. 89 (f.).

[629] *Zander*, PersR 1991, 322 (323).

[630] *Grabendorff/Ilbertz/Widmaier*, BPersVG, § 78, Rn. 34.

vor.[631] Viele dieser Tatbestände knüpfen die Mitbestimmung daran, dass die aufzustellenden Sozialpläne den wirtschaftlichen Ausgleich von Nachteilen bezwecken, welche die Arbeitnehmer *infolge von Rationalisierungsmaßnahmen* erleiden. Ausnahmen bilden die Vorschriften in Bremen, Hamburg und im Saarland. Sie machen die Sozialplanmitbestimmung nicht von zusätzlichen Voraussetzungen abhängig. Im Anwendungsbereich dieser Personalvertretungsgesetze hat die Personalvertretung immer bei der Aufstellung von Sozialplänen mitzubestimmen.

Nicht so eindeutig ist dies bei den Vorschriften, die an das Vorliegen einer Rationalisierungsmaßnahme anknüpfen. Grundsätzlich gilt: Der Personalrat bestimmt bei der inhaltlichen Gestaltung des Sozialplans mit, nicht hingegen bei der Art und Weise der Durchführung von Rationalisierungsmaßnahmen.[632] Die Beteiligungsrechte für diesen Bereich sind bereits in anderen Normen geregelt.[633] Wirtschaftliche Nachteile braucht es zur Auslösung der Mitbestimmung noch nicht zu geben. Es genügt, wenn der Eintritt wirtschaftlicher Nachteile für einen oder mehrere Beschäftigte zu befürchten ist.[634] Der Sozialplan muss sich inhaltlich mit der Milderung oder dem Ausgleich dieser wirtschaftlichen Nachteile befassen. Es steht im Ermessen von Dienststellenleiter und Personalrat, welche Nachteile der Sozialplan ausgleicht und unter welchen Voraussetzungen dieser Ausgleich stattfindet.[635] Er ist an keine Form gebunden,[636] sollte jedoch – wie es der Einleitungssatz des § 75 Abs. 3 BPersVG formuliert – „gegebenenfalls“ als Dienstvereinbarung abgeschlossen werden.

Im Zusammenhang mit der Privatisierung öffentlicher Aufgaben und Einrichtungen ist das für dieses Mitbestimmungsrecht wesentliche Tatbestandsmerkmal

---

[631] § 75 Abs. 3 Nr. 13 BPersVG, § 79 Abs. 1 Nr. 11 LPVG BW, Art. 75 Abs. 4 Satz 1 Nr. 12 BayPVG, § 85 Abs. 1 Nr. 9 PersVG Bln, § 64 Nr. 5 PersVG Bra, § 63 Abs. 1 m) BremPersVG, § 86 Abs. 1 Nr. 15 HmbPersVG, § 74 Abs. 1 Nr. 15 HPVG, § 69 Nr. 5 PersVG MV, § 66 Abs. 1 Nr. 12 NPersVG, § 72 Abs. 2 Nr. 5 LPVG NRW, § 80 Abs. 1 Satz 1 Nr. 2 LPersVG RP, § 78 Abs. 1 Nr. 19 SPersVG, § 80 Abs. 3 Nr. 13 SächsPersVG, § 74 Abs. 2 Nr. 7 ThürPersVG. – Ausnahmen bilden die Personalvertretungsgesetze Sachsen-Anhalts, das eine Beteiligung des Personalrats bei der Aufstellung von Sozialplänen überhaupt nicht vorsieht, und Schleswig-Holsteins, das die Beteiligung über die Generalklausel gewährleistet.

[632] *Altvater/Bacher/Hörter u.a.*, BPersVG, § 75, Rn. 65a.

[633] *BAG*, 17.9.1991, NZA 1992, 227 (228 f.); im Anwendungsbereich des BPersVG kommen die §§ 75 Abs. 3 Nr. 16 und 17, 76 Abs. 2 Nr. 5 und 7 sowie 78 Abs. 1 Nr. 2 BPersVG in Betracht.

[634] *BAG*, 23.4.1985, NZA 1985, 628 (629); *BAG*, 14.5.1985, NZA 1985, 715 (716); *Richardi*, NZA 1984, 177 (181).

[635] *BAG*, 28.9.1988, NZA 1989, 186; *von Roetteken*, PersR 1994, 552 (556).

[636] *Von Roetteken*, PersR 1994, 552 (558); a.A. *Dietz/Richardi*, BPersVG, § 75, Rn 451, nach deren Auffassung ein Sozialplan stets in der Form einer Dienstvereinbarung abzuschließen sei.

der *Rationalisierungsmaßnahme* von besonderem Interesse.[637] Wenn der Personalrat bei der Aufstellung von Sozialplänen infolge von Privatisierungen in diesen Fällen mitbestimmen soll, müssten Privatisierungen zugleich Rationalisierungsmaßnahmen sein.

1. Meinungsstand

Nach einer in der Literatur vertretenen Auffassung sind Privatisierungen in der Tat immer Rationalisierungsmaßnahmen, da die öffentliche Hand damit regelmäßig eine rationellere Arbeitsweise anstrebe.[638] Auch formelle Privatisierungen bezweckten regelmäßig, die Effizienz der Arbeitsweise einer öffentlichen Einrichtung zu erhöhen. Folglich könne die Personalvertretung bei der Aufstellung von Sozialplänen im Zusammenhang mit Privatisierungen in jedem Fall mitbestimmen.

Nach anderer Ansicht ist mit *Rationalisierungsmaßnahme* i.S. des § 78 Abs. 1 Nr. 2 BPersVG bzw. der entsprechenden Vorschriften des Landesrechts die Auflösung oder Einschränkung einer Dienststelle gemeint.[639] Sieht man mit einer Ansicht in der Literatur die Privatisierung einer öffentlichen Einrichtung immer als Fall der Auflösung oder Einschränkung einer Dienststelle an,[640] ist die Privatisierung folglich auch ihrerseits Unterfall einer Rationalisierungsmaßnahme. Dieser Schluss wird in der Literatur auch teilweise gezogen.[641] Diese Annahme werde dadurch gestützt, dass in einigen Landespersonalvertretungsgesetzen die Auslösung der Mitbestimmung bei der Aufstellung von Sozialplänen nicht nur an das Vorliegen von Rationalisierungsmaßnahmen geknüpft werde, sondern parallel dazu an die Auflösung oder Einschränkung einer Dienststelle.[642] Das Tatbestandsmerkmal der Auflösung oder Einschränkung einer Dienststelle finde dort nur zur Klarstellung Erwähnung. Einen Umkehrschluss in der Weise, dass bei Nichterwähnung dieses Merkmals im Gesetzestext keine Mitbestimmung Platz greifen könne, dürfe man aus Schutzerwägungen zu Gunsten der Arbeitnehmer nicht ziehen.[643]

---

637 *Von Roetteken*, PersR 1994, 552 (555).

638 *Von Roetteken*, PersR 1994, 552 (554).

639 *Aufhauser/Brunhöber/Warga*, BayPVG, Art. 75, Rn. 189 a; *Altvater/Bacher/Hörter u.a.*, BPersVG, § 75, Rn. 65a.

640 Siehe dazu oben S. 69 (ff.).

641 *Trümner*, in: Blanke/Trümner, Handbuch Privatisierung, Rn. 690.

642 *Trümner*, in: Blanke/Trümner, Handbuch Privatisierung, Rn. 690 unter Bezug auf § 64 Nr. 5 PersVG Bra und § 86 Abs. 1 Nr. 15 HmbPersVG.

643 *Trümner*, in: Blanke/Trümner, Handbuch Privatisierung, Rn. 690.

2. Stellungnahme – Legaldefinition in § 9 Abs. 2 Nr. 1 PostPersRG

Formelle Privatisierungen sind kein Fall der Errichtung, Einschränkung oder Auflösung einer Dienststelle.[644] Eine Mitbestimmung des Personalrats bei der Aufstellung von Sozialplänen im Zusammenhang mit einer Privatisierung kommt bei formellen Privatisierungen folglich auch dann nicht in Betracht, wenn man den Umweg wählt und die Auflösung oder Einschränkung einer Dienststelle als Unterfall einer Rationalisierungsmaßnahme auffasst. Materielle und funktionelle Privatisierungen können mit der Auflösung oder Einschränkung einer Dienststelle i.S.d. § 78 Abs. 1 Nr. 2 BPersVG zusammenfallen.[645] Nur in diesen Fällen wäre dann eine Mitbestimmung der Personalvertretung bei der Aufstellung von Sozialplänen möglich.

Bei der Suche nach einer Lösung gilt es zunächst klarzustellen, dass sich die Begriffe *Rationalisierungsmaßnahme* und *Privatisierung* nicht decken.[646] Die öffentliche Hand rationalisiert nicht ausschließlich dadurch, dass sie privatisiert. Umgekehrt könnte jede Privatisierung einer öffentlichen Einrichtung immer zugleich eine Rationalisierungsmaßnahme sein.

Der Gesetzgeber hat den Begriff der Rationalisierungsmaßnahme im BPersVG und in den Personalvertretungsgesetzen der Länder nicht definiert. Die Praxis hat sich daher auf eine vom *BVerwG* entwickelte Definition dieses Begriffes gestützt. Danach sind Rationalisierungsmaßnahmen alle Maßnahmen, die eine veränderte, zweckmäßigere, zeitsparende Arbeitsweise durch die Änderung der Aufbau- und Ablauforganisation bezwecken und auf eine Steigerung der Leistung bei mindestens gleich bleibendem Arbeits-, Zeit-, Energie- oder Materialaufwand gerichtet sind.[647] Eine Rationalisierungsmaßnahme bezweckt danach immer eine effizientere Nutzung der Ressourcen einer Dienststelle.[648] Davon hat das *BVerwG* Ausnahmen gemacht. Nach Ansicht des Gerichts fallen darunter nicht Maßnahmen, die lediglich eine Reaktion auf die Marktentwicklung, d.h. auf eine reduzierte Kundennachfrage darstellen.[649] In diesen Fällen korrigiere die öffentliche Hand lediglich ein überhöhtes Personalaufkommen. Die Anpassung des Personalbedarfs ziele nicht auf eine Leistungssteigerung.

---

644 Siehe oben S. 73 (ff.).

645 Siehe oben S. 89 (ff.).

646 Vgl. schon *Schuster/Beckerle*, NZA 1985, 16 (18).

647 *BVerwG*, 17.6.1992, NVwZ-RR 1993, 563 (564); *VGH Hessen*, 14.7.1976, PersV 1978, 129; *OVG Münster*, 9.8.1989, ZBR 1990, 328; *Grabendorff/Ilbertz/Widmaier*, BPersVG, § 75, Rn. 169.

648 *Schleicher*, PersV 2000, 219 (221); *von Roetteken*, PersR 1994, 552 (553).

649 *BVerwG*, 17.6.1992, NVwZ-RR 1993, 563 (564); zustimmend *Lorenzen/ Etzel/ Gerhold, u.a.*, BPersVG, § 75, Rn. 179d.

Dieses Begriffsverständnis hat in der Vergangenheit eine Beteiligung des Personalrats bei der Aufstellung von Sozialplänen häufig ausgeschlossen, da organisatorische Veränderungen in vielen Fällen ihren Ursprung in einem bestimmten Kundenverhalten fanden oder zumindest mittelbar darauf zurückzuführen waren.

Dieser Rechtsprechung hat der Gesetzgeber mittlerweile eine Absage erteilt, indem er im PostPersRG den Begriff *Rationalisierungsmaßnahme* selbst definiert hat. Gem. § 9 Abs. 2 Nr. 1 PostPersRG sind alle Veränderungen „zur Durchführung von technischen, betrieblichen oder organisatorischen Maßnahmen, die zu einem Personalminderbedarf führen oder eine Personalvermehrung verhindern oder das Verhältnis von Leistungen zu Kosten verbessern“ Rationalisierungsmaßnahmen. Dass diese Maßnahmen unabhängig vom Marktverhalten getroffen sein müssen, setzt der Gesetzgeber nicht voraus. Der Definitionsansatz des Gesetzgebers überzeugt. Es ist kein Grund ersichtlich, die Mitbestimmung der Personalvertretung bei der Aufstellung von Sozialplänen davon abhängig zu machen, ob die den Sozialplan auslösende Maßnahme eine Reaktion auf das Kundenverhalten ist oder nicht. Ein Sozialplan soll die wirtschaftlichen Nachteile, die mit der Maßnahme verbunden sind, ausgleichen. Für die betroffenen Beschäftigten ist es unerheblich, worauf die Maßnahme der Dienststellenleitung zurückzuführen ist. Ausschlaggebend ist, dass sie diese Nachteile mit sich bringt. Außerdem führt jede Anpassung des Personalbedarfs an die Kundennachfrage dann zu einer Leistungssteigerung innerhalb der betroffenen Dienststelle, wenn sich die Beschäftigtenzahl verkleinert. Auch in diesem Fall müssen die verbleibenden Beschäftigten mehr Arbeitsleistungen erbringen.

Die Definition des § 9 Abs. 2 Nr. 1 PostPersRG ist auf die hier untersuchten Fälle zu übertragen. Die Privatisierung einer öffentlichen Einrichtung zählt zunächst zu den organisatorischen Maßnahmen der Verwaltung. Darüber hinaus muss es nach der ersten Variante der Definition infolge dieser Maßnahme zu einem Personalminderbedarf kommen. Das ist eine Frage jeden einzelnen Falles. Plant die Verwaltung die formelle Privatisierung einer öffentlichen Einrichtung, so führt das nicht zwangsläufig zu einem Minderbedarf an Personal. Zwar spielen die flexibleren Möglichkeiten der privatrechtlichen Personalpolitik eine große Rolle bei den Motiven für eine Privatisierung, jedoch muss die Aufgabe unabhängig von der gewählten Rechtsform weiterhin von der öffentlichen Hand erfüllt werden. Dazu benötigt sie dann die entsprechenden sachkundigen Beschäftigten. Eine Organisationsprivatisierung wird also nicht zwangsläufig zu einem Personalminderbedarf führen. Eine materielle Privatisierung führt dagegen durchaus zu einem Minderbedarf an Arbeitskräften bei der Verwaltung, da die Aufgabe nun nicht mehr von der öffentlichen Hand selbst erfüllt wird.

Auf die Verhinderung von Personalmehrbedarf abzustellen, wie es die zweite Variante der Definition möglich macht, erscheint jedenfalls im Falle einer formellen Privatisierung nicht sachgerecht. Der Personalbedarf einer privatisierten

Einrichtung kann nicht von vornherein bestimmt werden. Die Schlussfolgerung, die private Rechtsform bedinge eine besondere Zurückhaltung bei Neueinstellungen, geht fehl. Auch hier kommt man bei einer geplanten materiellen Privatisierung zu einem anderen Ergebnis. Die Verlagerung eines Aufgabenbereiches auf den privaten Sektor schließt weitere Einstellungen der öffentlichen Hand zur Durchführung dieser Aufgabe aus.

Einschlägig ist indes in beiden Fällen die letzte Definitionsvariante, nach welcher bei einer Rationalisierungsmaßnahme das Verhältnis der Leistung zu den Kosten verbessert werden soll. Dabei geht es nicht ausschließlich um die Ersparnis von Kosten, sondern um jede Form effizienteren Arbeitens.[650] Diese Formulierung umfasst einen weiten Kreis von Maßnahmen. Alle organisatorischen Veränderungen – auch Privatisierungen – haben grundsätzlich die Zielrichtung, eine effizientere Arbeitsweise der Verwaltung insgesamt zu erreichen. Bei der Aufstellung der Sozialpläne, die die dadurch drohenden wirtschaftlichen Nachteile für die Beschäftigten ausgleichen, hat der Personalrat folglich ein uneingeschränktes Mitbestimmungsrecht. Es bezieht sich nicht auf die Rationalisierungsmaßnahme selbst; diese ist nur die Voraussetzung für die Auslösung des Beteiligungsrechts.[651]

3. Ergebnis

Der Personalrat hat bei der Aufstellung von Sozialplänen infolge von Privatisierungen ein uneingeschränktes Mitbestimmungsrecht nach § 75 Abs. 3 Nr. 13 BPersVG und den entsprechenden Bestimmungen des Landesrechts.

---

[650] Vgl. auch *OVG Münster*, 9.8.1989, ZBR 1990, 328.

[651] *Altvater/Bacher/Hörter u.a.*, BPersVG, § 75, Rn. 66; *Grabendorff/Ilbertz/Widmaier*, BPersVG, § 75, Rn. 167.

5. Kapitel
Auswirkungen von Privatisierungen auf den (Fort-) Bestand personalvertretungsrechtlicher Gremien und auf deren Rechtsstellung

Verändert sich die Rechtsform einer öffentlichen Einrichtung bei ihrer Privatisierung in eine privatrechtlich verfasste Organisationsform, so stellt sich die Frage nach dem rechtlichen Schicksal der bisher tätigen Personalvertretung. Zur Beantwortung dieser Frage ist an die aus dem Betriebsverfassungsrecht geläufigen Rechtsinstitute des *Rest*- und des *Übergangsmandats* der Beschäftigtenvertretung anzuknüpfen.

I. Zum Restmandat des Betriebs- und des Personalrats

Bei einem *Restmandat* behält die bisherige Beschäftigtenvertretung ihr Mandat über den Zeitpunkt hinaus, in dem es unter normalen Umständen, etwa wegen Wegfalls der Voraussetzungen ihres Bestehens, enden würde. Man spricht dabei von einer Fiktion des Fortbestehens der Beschäftigtenvertretung.[652] Die Beschäftigtenvertretung kann im Rahmen dieses Restmandats nur an Maßnahmen beteiligt werden, die noch vor Beendigung ihrer Amtszeit begründet wurden. Für sich neu entwickelnde Fragestellungen oder Beteiligungsrechte steht ihr kein Mandat zu.

Im Betriebsverfassungsrecht hat ein Restmandat des Betriebsrats insbesondere für die Sozialplanmitbestimmung Bedeutung. Der Gesetzgeber hat das Restmandat für Betriebsräte mit dem BetrVG-ReformG[653] in § 21 b BetrVG gesetzlich geregelt. Nach dieser Vorschrift bleibt ein Betriebsrat solange im Amt, wie dies zur Wahrnehmung der Beteiligungsrechte, die im Zusammenhang mit einer Stilllegung, Spaltung oder Zusammenlegung entstanden sind, erforderlich ist.

Ob auch dem Personalrat im Falle der Privatisierung einer öffentlichen Einrichtung ein Restmandat zusteht, ist noch nicht abschließend geklärt. Das BPersVG und die LPVG treffen dazu keine Regelungen.

Einige Stimmen in Rechtsprechung und Literatur sprechen dem Personalrat ein Restmandat bei Privatisierungen ab. Die Dienststelle verliere mit der Privatisierung ihre Arbeitnehmervertretung vollständig.[654]

---

652 Vgl. *Biebl*, Das Restmandat des Betriebsrats, S. 24.

653 Betriebsverfassungsreformgesetz vom 10.12.2001, BGBl. I 2001, S. 3443.

654 *ArbG Freiburg*, 28.2.2002, AuR 2003, 153 (f.); *Klimpe-Auerbach*, PersR 1993, 482 (483); *Schipp*, NZA 1994, 865 (869); *Schubert*, AuR 2003, 132 (133 f.).

Für diese Auffassung spricht, dass sich eine Einrichtung nach der Privatisierung im Geltungsbereich des Betriebsverfassungsrechts befindet und sich diesem Regelungskomplex zu unterwerfen hat. Zwischen Personalvertretungsrecht und Betriebsverfassungsrecht verläuft eine strikte Trennungslinie.[655] Die Beteiligungsrechte der Beschäftigten in der Privatwirtschaft regelt das BetrVG. Es findet gem. § 130 BetrVG keine Anwendung auf Verwaltungen und Betriebe des Bundes, der Länder, der Gemeinden, Gemeindeverbände und sonstigen Körperschaften, Anstalten und Stiftungen des öffentlichen Rechts. § 130 BetrVG markiert somit die Grenze zum Personalvertretungsrecht.[656] Gem. §§ 1 und 95 BPersVG werden in öffentlichrechtlich verfassten Einrichtungen Personalvertretungen gebildet. Die Abgrenzung des Betriebsverfassungs- vom Personalvertretungsrecht richtet sich ausschließlich nach der Rechtsform des Rechtsträgers.[657] Damit ist Anwendung des einen oder anderen Mitbestimmungssystems unabhängig von der Art und der Entstehung des Beschäftigungsverhältnisses. Es kommt allein auf die privatrechtliche oder öffentlichrechtliche Verfassung des Arbeitgebers an.[658] Das BetrVG sieht ein Restmandat ausschließlich für Betriebsräte vor. Personalräte könnten nach dieser Argumentation im Geltungsbereich des BetrVG kein Restmandat ausüben. Teilweise wird darauf verwiesen, es bestehe für die Annahme eines personalvertretungsrechtlichen Restmandats keine Notwendigkeit, weil die Beteiligungsrechte durch die Stufenvertretungen wahrgenommen werden könnten.[659]

Nach anderer Auffassung muss bei einem Wegfall der Dienststelle der bisherige Personalrat das Mandat für die fortbestehenden personalrechtlichen Aufgaben bis zu deren Erledigung behalten.[660] Diese Aufgaben rührten aus der personalvertretungsrechtlichen Zeit vor dem Wegfall des Personalrats her und müssten folglich von diesem abgewickelt werden.

Diese Auffassung ist vorzugswürdig. Ein Restmandat des Personalrats erscheint trotz des Hinweises auf den Rechtsformwechsel der bisher öffentlichrechtlichen Einrichtung sachgerecht, da dieses Mandat an Beteiligungstatbestände anknüpft, die vor dem Wechsel in das Privatrecht ausgelöst wurden. Diese Beteiligungsrechte kann nur der Personalrat wahrnehmen, da nur er die erforderliche Legiti-

---

[655] Zur Entstehungsgeschichte der sog. *Trennungslösung* vgl. *Edenfeld*, Arbeitnehmerbeteiligung, S. 25 (ff.) und 39 (ff.).

[656] *BAG*, 30.7.1987, AP Nr. 3 zu § 130 BetrVG 1972.

[657] *Richardi/Annuß*, in: Richardi, BetrVG, § 130, Rn. 3.

[658] *Edenfeld*, Arbeitnehmerbeteiligung, S. 26.

[659] *Schubert*, AuA 2003, 132 (f.); *Vogelsang*, PersV 2005, 4 (11) unter Berufung auf *BAG*, 14.12.1994, PersR 1995, 308 (ff.).

[660] *BVerwG*, 3.10.1983, Buchholz 238.3 A, § 83 BPersVG Nr. 22; *Blanke*, PersR 2000, 43 (51); *Trümner*, in: Blanke/Trümner, Handbuch Privatisierung, Rn. 703 (ff.); a.A. *Hamer*, PVG Brandenburg, § 32, Rn. 7 – der jedoch ein Übergangsmandat des alten Personalrats befürwortet.

mation durch die Personalratswahl aufweist. Außerdem handelt es sich bei dem Restmandat ausschließlich um ein Mandat im Hinblick auf Beteiligungsrechte aus der Vergangenheit der ehemaligen Dienststelle. Wegen des direkten Bezugs zur bisherigen Dienststelle hat der bisher tätige Personalrat diese Beteiligungsrechte wahrzunehmen. Einem später gewählten Betriebsrat fehlt es sowohl an demokratischer Legitimation zur Abwicklung der in der Vergangenheit entstandenen Beteiligungstatbestände als auch an der rechtlichen Qualität, Beteiligungstatbestände des Personalvertretungsrechts wahrzunehmen. Spricht das Trennungsprinzip dagegen, dass ein Personalrat im Geltungsbereich des Betriebsverfassungsrechts tätig wird, so spricht es andererseits ebenso dagegen, dass ein Betriebsrat Beteiligungsrechte, die aus dem Personalvertretungsrecht herrühren, wahrnimmt. Diese Konfliktlage darf nicht zu Lasten der Beschäftigtenvertretung und damit der Beschäftigten aufgelöst werden.

Der Verweis auf die Beteiligung durch die Stufenvertretungen überzeugt nur teilweise. Die Stufenvertretung ist nur für diejenigen Beschäftigungsverhältnisse zuständig, die nicht auf die privatisierte Einrichtung übergehen. In diesen Fällen ist sie für die aus der Vergangenheit herrührenden Angelegenheiten der Beschäftigten zu beteiligen. Das gilt aber nicht für diejenigen Beschäftigungsverhältnisse, die nach der Privatisierung arbeitsvertraglich mit der privatisierten Einrichtung verbunden sind. Arbeitgeber dieser Beschäftigten ist nicht mehr eine Dienstbehörde, sondern die privatrechtlich organisierte Gesellschaft. Die Stufenvertretung ist aber nur dann beteiligungsfähig, wenn die nächsthöhere Dienstbehörde die Arbeitgeberfunktionen für die betroffenen Beschäftigten wahrnimmt.[661] Für die von einer Privatisierung durch den Übergang ihrer Beschäftigungsverhältnisse Betroffenen nimmt die öffentliche Hand aber keine Arbeitgeberfunktionen mehr wahr.

Für die Anerkennung eines Restmandates sprechen auch praktische Erwägungen. Der bisherige Personalrat ist mit den in der Vergangenheit begründeten Beteiligungsaufgaben sachlich bereits vertraut und kann diese effizient erledigen. Anderenfalls könnten diese Aufgaben – wenn überhaupt – nur erschwert von einer erst neu zu wählenden Interessenvertretung – einem Betriebrat – unter erheblicher zeitlicher Verzögerung bewältigt werden.

Es handelt sich nicht um eine Kontinuität der Interessenvertretung im eigentlichen Sinne. Die tatsächliche Existenz des Personalrats dauert lediglich fort, ohne dass dieser für die Zukunft die Interessen der Beschäftigten wahrnehmen könnte. Im Hinblick auf die zuvor entstandenen Beteiligungsrechte, etwa bei der Durchführung eines anlässlich der Privatisierung abgeschlossenen Sozialplans, ist der alte Personalrat als dafür legitimiert und sachlich am nächsten stehend für deren Abwicklung mandatiert.

---

[661] So das *BAG*, 14.12.1994, PersR 1995, 308 (310 f.).

Da die „alten" Beteiligungsrechte in die Zeit nach der Privatisierung hineinwirken, hat der Personalrat für die noch fortbestehenden personalvertretungsrechtlichen Aufgaben, die in der Zeit vor der Privatisierung ihren Ursprung haben, ein Restmandat. Dieses Restmandat besteht zeitlich unbefristet bis zur vollständigen Abwicklung dieser Beteiligungstatbestände.[662] Die Personalvertretung bleibt für diese Aufgaben partiell beteiligungsfähig.[663]

II. Übergangsmandat der Personalvertretung?

Vom Restmandat zu unterscheiden ist das sog. *Übergangsmandat*, das es der bisherigen Beschäftigtenvertretung ermöglicht, bis zur Wahl einer neuen Beschäftigtenvertretung die Interessen der Arbeitnehmer zukunftsgerichtet weiter wahrzunehmen. Die Übergangsbeschäftigtenvertretung initiiert und organisiert zudem die Wahl einer neuen Interessenvertretung für die Beschäftigten. Ein derartiges Übergangsmandat dient dem Schutz der Beschäftigten gerade in den schwierigen Zeiten von Organisationsänderungen im Unternehmen und stellt die dauerhafte Interessenvertretung der Arbeitnehmer sicher.[664] Es handelt sich dabei, anders als beim Restmandat, um eine echte Kontinuität der Interessenvertretung. Besteht ein solches Übergangsmandat, ist für die Annahme eines Restmandates kein Raum, da die Übergangsbeschäftigtenvertretung ihre gesamten Tätigkeiten mit Vergangenheits- oder Gegenwartsbezug auf das Übergangsmandat stützen kann.[665] Sind die Voraussetzungen für die Begründung eines Übergangsmandats nicht erfüllt oder fallen sie z.B. durch Zeitablauf weg, lebt das Restmandat wieder auf, wenn dessen Voraussetzungen noch vorliegen.

Während im Anwendungsbereich des BetrVG gem. § 21 a BetrVG ein gesetzliches Übergangsmandat für Betriebsräte besteht, sehen das BPersVG und die landesrechtlichen Vorschriften ein Übergangsmandat für Personalräte bei Privatisierungen ebenso wenig wie ein Restmandat vor. Für den Fall einer privatisierenden Umwandlung nach dem UmwG enthalten die umwandlungsrechtlichen Vorschriften ebenfalls keine Regelungen über die Kontinuität der Interessenvertretung. Lediglich einige Sondervorschriften, mit denen der Gesetzgeber die Privatisierung einzelner öffentlicher Einrichtungen geregelt hat, enthalten das Rechtsinstitut eines Übergangsmandats für die dort tätigen Personalvertretungen.

Die Auffassungen zu einem allgemeinen Übergangsmandat für Personalvertretungen bei Privatisierungen sind weit gefächert. Nach einer Auffassung besteht

---

662 *Däubler*, RdA 1995, 136 (145).

663 *Blanke*, PersR 2000, 43 (51).

664 *Blanke*, PersR 2000, 43 (52); *Widmaier*, ZfPR 2001, 119 (123).

665 *Joost*, in: Lutter, UmwG, § 321, Rn. 40.

auch für Personalräte ein solches Übergangsmandat, das in analoger Anwendung der bereits bestehenden gesetzlich geregelten Übergangsmandate für Betriebs- und Personalräte zu entwickeln sei.[666] Teilweise wird ein allgemeines Übergangsmandat demgegenüber abgelehnt.[667] Man könne die bestehenden Regelungen nicht analog auf Personalräte bei Privatisierungen anwenden. Der Gesetzgeber habe willentlich von einem weitergehenden Schutz der Arbeitnehmer bei der Schaffung der umwandlungsrechtlichen Vorschriften Abstand genommen.[668] Andere Stimmen schlagen vermittelnd vor, das Restmandat als spezielles Übergangsmandat zu betrachten[669] oder jedenfalls überleitende Tätigkeiten des Personalrats – etwa die Vorbereitung und Durchführung einer Betriebsratswahl – bereits vor der Privatisierung zuzulassen.[670]

1. Vorrang der Amtskontinuität?

Einer Auseinandersetzung mit dem Meinungsstand über ein personalvertretungsrechtliches Übergangsmandat bedürfte es indessen dann nicht, wenn man die Überlegungen von *Kreutz* zum Vorrang der Amtskontinuität hier fruchtbar machen könnte.[671] Danach ist im Geltungsbereich des Betriebsverfassungsrechts für alle unternehmensinternen Betriebsumstrukturierungen ein Übergangsmandat des amtierenden Betriebsrats nicht erforderlich. Der Betriebsrat behalte sein Amt auch bei einem Verlust der Betriebsidentität während der gesamten Amtsperiode, wenn der Betrieb gespalten oder mit einem anderen Betrieb oder Betriebsteil des Unternehmens zusammengeschlossen werde. Er sei für die gesamte Wahlperiode von den Beschäftigten legitimiert und verliere deshalb sein Amt nicht.

Dieser Auffassung hat der Gesetzgeber mit dem neuen § 21 a BetrVG bereits für den Bereich des Betriebsverfassungsrechts eine Absage erteilt. In § 21 a Abs. 1

---

666 *Blanke/Gebhardt/Heuermann*, Leitfaden Privatisierungsrecht, Teil 2, Rn. 78.; *Däubler*, RdA 1995, 136 (146); *Friedrich*, Europäisches Arbeitsrecht und Privatisierungen, S. 217; *Frohner*, PersR 1995, 99 (102 f.); *Hammer/Hoffmann*, Arbeitshilfe Outsourcing, S. 58; *Mayer*, Arbeitnehmer im öffentlichen Dienst, IX.3.1., S. 315; *Mengel*, Umwandlungen im Arbeitsrecht, S. 450; *Ratayczak*, WSI-Mitt. 1999, S. 761 (765), *Schneider, R.*, PflR 2001, 188 (189).

667 *Balze/Rebel/Schuck*, Outsourcing und Arbeitsrecht, Rn. 891; *Besgen/Langner*, NZA 2003, 1239 (1240 ff.); *Boecken*, Unternehmensumwandlungen und Arbeitsrecht, Rn. 366; *Kast/Freihube*, DB 2004, 2530 (2531); *Kunze*, PersV 1998, 410 (412); *Schipp*, NZA 1994, 865 (869); *Vogelsang*, PersV 2005, 4 (11); *Wiese/Kreutz*, in: GK-BetrVG, § 21, Rn. 45; *Willemsen*, FS 50 Jahre BAG, S. 287 (306 f.); *Wollenschläger/von Harbou*, NZA 2005, 1081 (1090 f.).

668 *Düwell*, AuR 1994, 357 (358) unter Hinweis auf den Referentenentwurf zum UmwG, S. 25.

669 *Schipp/Schipp*, Arbeitsrecht und Privatisierung, Rn. 408 (ff.).

670 *Hanau/Becker*, Arbeitsrechtliche Probleme der Privatisierung, S. 112 (f.).

671 *Kreutz*, FS Wiese, S. 235 (241 ff.).

und 2 BetrVG ist ein auf maximal sechs Monate befristetes Übergangsmandat des Betriebsrats für die von *Kreutz* in den Blick genommenen Fälle statuiert worden. Eine Unterscheidung von unternehmensübergreifenden und unternehmensinternen Umstrukturierungen nimmt § 21 a BetrVG nicht vor. Ein Vorrang der Amtskontinuität widerspricht dieser Vorschrift. Für das Personalvertretungsrecht werden diese Überlegungen folglich nicht weiter verfolgt.

2. Restmandat als spezielles Übergangsmandat?

Folgte man der Auffassung *Schipp/Schipps*, so ergäbe sich ein Übergangsmandat des Personalrats aus dessen Restmandat.[672] Dieses Restmandat gebe dem Personalrat auch Aufgaben im Sinne eines Übergangsmandates. Der Personalrat habe damit die Möglichkeit, die Wahl eines neuen Betriebsrats vorzubereiten und durchzuführen.

Diese Auffassung vermischt unzulässigerweise die Begriffe des Restmandats und des Übergangsmandats. Während ein Übergangsmandat als Vollmandat das Restmandat mit umfasst, gilt dies umgekehrt nicht. Ein Restmandat ist auf Beteiligungstätigkeiten mit Vergangenheitsbezug beschränkt. Das Übergangsmandat eröffnet einen viel weiteren Tätigkeitsbereich. Es kann daher nicht aus einem bestehenden Restmandat abgeleitet werden.

3. Überleitende Tätigkeiten des Personalrats?

Um eine beteiligungslose Zeit dennoch so kurz wie möglich zu gestalten, wird zum Teil vorgeschlagen, der Personalrat könne bereits vor der Übernahme der öffentlichen Einrichtung durch eine private Stelle die für das Wahlverfahren zum Betriebsrat notwendigen Maßnahmen einleiten und die Wahl durchführen. Es müsse nicht abgewartet werden, bis die Dienststelle ihre Rechtsform ändere.[673] Der dann gewählte Betriebsrat trete erst mit dem Wechsel der Rechtsform in seine Amtsstellung ein und übernehme die Vertretung der Arbeitnehmerinteressen im privaten Unternehmen ohne zeitliche Zäsur.[674]

Zwar ist dieser Lösungsansatz sehr pragmatisch, er lässt aber eine Begründung vermissen. Woher das Recht der Personalvertretung zu überleitenden Tätigkeiten stammen soll, bleibt offen. Das Restmandat kann dafür jedenfalls nicht bemüht werden. Es ist auf Tätigkeitsfelder mit Vergangenheitsbezug beschränkt. Die überleitenden Tätigkeiten der Personalvertretung auf Schutzerwägungen

---

[672] *Schipp/Schipp*, Arbeitsrecht und Privatisierung, Rn. 408 (ff.).

[673] *Hanau/Becker*, Arbeitsrechtliche Probleme der Privatisierung, S. 112 (f.).

[674] *Klimpe-Auerbach*, PersR 1993, 482 (485).

zugunsten der betroffenen Beschäftigten zu gründen, erscheint wenig überzeugend. Derartige Erwägungen allein reichen dafür nicht aus. Als dogmatisch einzig tragbare rechtliche Grundlage zur zukunftgerichteten Tätigkeit der Personalvertretung kommt die analoge Anwendung der gesetzlich geregelten Übergangsmandate in Betracht. Andere rechtlichen Begründungen sind nicht ersichtlich.

4. Gesetzlich geregelte Übergangsmandate

Zunächst sollen die bestehenden Regelungen zum Übergangsmandat von Beschäftigtenvertretungen in den Blick genommen werden, um anschließend die Frage nach deren analoger Anwendung zu untersuchen.

a) Entwicklung im Betriebsverfassungsrecht

Das Betriebsverfassungsrecht enthält in § 21 a BetrVG das Rechtsinstitut des Übergangsmandats für Betriebsräte. Nach Auffassung der Befürworter eines personalvertretungsrechtlichen Übergangsmandats bildet es die Grundlage, auf der auch Überlegungen zum Übergangsmandat für Personalräte anzustellen sind. Das Übergangsmandat ist im Betriebsverfassungsrecht allerdings nicht das Produkt eines einheitlichen oder gar einmaligen Gesetzesakts. Der Gesetzgeber hat vielmehr zunächst in einzelnen Gesetzen Übergangsmandate für Betriebsräte bei Umstrukturierungen vorgesehen.

aa) § 13 SpTrUG, § 6 b VermG

Die ersten Übergangsmandate haben das SpTrUG[675] und das VermG[676] begründet. Diese Gesetze haben der rechtlichen Bewältigung zahlreicher Probleme infolge der deutschen Wiedervereinigung gedient.

§ 13 Abs. 1 SpTrUG hat das bei der Spaltung eines Betriebes entstehende Übergangsmandat des Betriebsrats auf drei Monate nach Wirksamwerden der Spaltung begrenzt, wenn nicht zuvor ein neuer Betriebsrat gewählt und das Wahlergebnis bekannt gemacht worden ist. Der Übergangsbetriebsrat sollte die Geschäfte eines Betriebsrats für diesen Zeitraum weiterführen. Dieses Übergangsmandat ist dann nicht zur Anwendung gekommen, wenn der abgespaltene Be-

---

[675] Gesetz über die Spaltung der von der Treuhandanstalt verwalteten Unternehmen vom 5.4.1991, BGBl. I 1991, S. 854.

[676] Gesetz zur Regelung offener Vermögensfragen i.d.F. des Gesetzes zur Beseitigung von Hemmnissen bei der Privatisierung von Unternehmen und zur Förderung von Investitionen vom 22.3.1991, BGBl. I 1991, S. 766, 722, zur Neufassung vom 2.12.1994, BGBl. I 1994, S. 3610.

trieb oder Betriebsteil in ein Unternehmen eingegliedert worden ist, in welchem ein Betriebsrat bereits bestand.

Mit § 6 b Abs. 9 VermG hat der Gesetzgeber für die von einer Entflechtung im Rahmen von Rückübereignungen betroffenen Betriebsräte ein inhaltsgleiches Übergangsmandat begründet.

bb) § 321 UmwG (a.F.)

Das Gesetz zur Bereinigung des Umwandlungsrechts vom 28.10.1994[677] hat mit dem § 321 UmwG (a.F.) ein Übergangsmandat für Betriebsräte für den Geltungsbereich des UmwG vorgesehen. Diese Vorschrift ist durch das BetrVG-ReformG[678] aufgehoben worden.

In § 321 UmwG (a.F.) hat der Gesetzgeber ein allgemeines Übergangsmandat für Betriebsräte in bestimmten Fällen von Umwandlungen nach dem UmwG geschaffen. Die Vorschrift ist für Spaltungen oder Teilübertragungen betrieblicher Einheiten erlassen worden, da der Gesetzgeber hier eine erhebliche Gefahr gesehen hat, dass in den abgespaltenen Betrieben oder Betriebsteilen wenigstens vorübergehend keine Arbeitnehmervertretung die Interessen der Beschäftigten wahrnehmen könnte.[679] Trotz der Auslassung im Wortlaut ist diese Norm wegen der vergleichbaren Auswirkungen auch auf Verschmelzungen angewendet worden,[680] nicht hingegen auf bloße Formwechsel, da es bei diesen an vergleichbaren Folgewirkungen für die betrieblichen Einheiten fehlt.[681]

Der bisherige Betriebsrat ist nach § 321 (a.F.) ermächtigt gewesen, alle aus dem BetrVG folgenden Beteiligungsrechte für die Arbeitnehmer der betroffenen betrieblichen Einheit weiterhin auszuüben.[682] Diese Vorschrift hat ihm das Vollmandat zur Wahrnehmung aller beteiligungspflichtiger Angelegenheiten der Vergangenheit und der Zukunft eingeräumt.[683] Mit der fortlaufenden Vertretung durch den bisherigen Betriebsrat sollte der gefährdete betriebsverfassungsrecht-

---

[677] Gesetz zur Bereinigung des Umwandlungsrechts vom 28.10.1994, BGBl. I 1994, S. 3210

[678] Gesetz vom 23.7.2001, BGBl. I 2001, S. 1852.

[679] *Hohenstatt*, in: Willemsen/Hohenstatt/Schweibert/Seibt, Umstrukturierung, Teil D, Rn. 55.

[680] *Bachner/Köstler/Trittin/Trümner*, Arbeitsrecht bei Unternehmensumwandlungen, S. 74; *Däubler*, RdA 1995, 136 (141); *Eisemann*, in: ErfKommArbR, (1998, 2. Auflage), § 321 UmwG, Rn. 5; *Joost*, in: Lutter, UmwG (2. Auflage 2000), § 321, Rn. 6.

[681] *Joost*, in: Lutter, UmwG (2. Auflage 2000) § 321, Rn. 6.

[682] *Däubler*, RdA 1995, 136 (141).

[683] Vgl. dazu *Bachner*, in: Bachner/Köstler/Matthießen/Trittin, Arbeitsrecht bei Unternehmensumwandlungen und Betriebsübergang, S. 133; *Mengel*, Umwandlungen im Arbeitsrecht, S. 298.

liche Schutz der Beschäftigten vorläufig sichergestellt werden.[684] Zu den gesetzlich geregelten Aufgaben des Übergangsbetriebsrats hat die Vorbereitung und Durchführung einer Betriebsratswahl in dem neu entstandenen Rechtsträger gezählt. Das Übergangsmandat des Betriebsrats ist gem. § 321 Abs. 1 Satz 3 UmwG (a.F.) entweder bis zur Wahl eines neuen Betriebsrates und der Bekanntgabe des Wahlergebnisses, spätestens auf sechs Monate nach der Umwandlung, befristet gewesen. Der Übergangsbetriebsrat hat nach Ablauf dieser Frist für bereits eingeleitete Beteiligungsverfahren das Mandat verloren und diese nach Ablauf der sechs Monate nicht zu Ende führen können.[685]

Zu Streitigkeiten hat die Frage nach dem Umfang des Übergangsmandats in Fällen geführt, in denen einzelne an der Umwandlung beteiligte Unternehmen oder Betriebe nicht über einen Betriebsrat verfügten, nach der Umwandlung aber in den Wirkungsbereich eines anderen Betriebsrats fielen. Zum Teil ist die Ansicht vertreten worden, der Übergangsbetriebsrat könne kein Mandat für die Beschäftigten dieser bisher betriebsratslosen Einheiten für sich beanspruchen.[686] Gegen deren Einbeziehung in das Übergangsmandat sprächen das betriebsverfassungsrechtliche Repräsentationsprinzip und das Freiwilligkeitsprinzip.

Dem hat man entgegengehalten, dies führe zu großen praktischen Problemen.[687] Bereits die Beteiligungsrechte bei individualrechtlichen Angelegenheiten bezweckten gleichzeitig den Schutz von kollektiven Interessen. Insbesondere die kollektivrechtlichen Beteiligungsrechte selbst seien auf die gesamte betriebliche Einheit bezogen.[688] Häufig werde die Beteiligung des Betriebsrats an die Anzahl der im Betrieb beschäftigten Arbeitnehmer gebunden und auch bei der Bestellung des Wahlvorstandes im Rahmen des Übergangsmandats müsse auf den gesamten neu entstandenen Betrieb Bezug genommen werden.[689] Für jeden Betrieb solle insgesamt ein Betriebsrat zuständig sein.[690]

Die letztgenannte Ansicht überzeugt. Das Mandat einer Arbeitnehmervertretung auf bestimmte Arbeitnehmer eines Betriebes oder Unternehmens zu beschränken, wird zwar dem Prinzip der betriebsverfassungsrechtlichen Repräsentation

---

[684] *Hohenstatt*, in: Willemsen/Hohenstatt/Schweibert/Seibt, Umstrukturierung (1. Auflage 1999), Teil D, Rn. 60.

[685] *BAG*, 25.9.1996, NZA 1997, 668 (669); *Hohenstatt*, in: Willemsen/Hohenstatt/Schweibert/Seibt, Umstrukturierung (1. Auflage 1999), Teil D, Rn. 60; a.A. *Däubler*, RdA 1995, 136 (145), der von einem unbefristeten Übergangsmandat des Betriebsrats ausgeht.

[686] *Feudner*, BB 1996, 1934 (1936); *Joost*, in: Lutter, UmwG (2. Auflage 2000), § 321, Rn. 28.

[687] *Blanke/Buschmann*, in: Däubler/Kittner/Klebe, BetrVG, § 21, Rn. 64; *Fitting/Kaiser/Heither u.a.*, BetrVG (19. Auflage 1998), § 21, Rn. 47; *Hohenstatt*, in: Willemsen/ Hohenstatt/ Schweibert/ Seibt, Umstrukturierung (1. Auflage 1999), Teil D, Rn. 65.

[688] *Boecken*, Unternehmensumwandlungen und Arbeitsrecht, Rn. 378.

[689] *Bachner/Köstler/Trittin/Trümner*, Arbeitsrecht bei Unternehmensumwandlung, S. 75.

[690] *Engels*, FS Wlotzke, S. 279 (285).

gerecht; es bedeutet neben der schwierigen praktischen Umsetzung jedoch zugleich eine ungleiche Behandlung der Beschäftigten innerhalb einer betrieblichen Einheit. Mit dieser Folge verstieße die partielle Ausübung des Übergangsmandats gegen den Grundsatz der einheitlichen Ausübung von Mitbestimmungsrechten in einem Betrieb.[691] Die Zielsetzung des Gesetzgebers ist hingegen gerade, eine einheitliche Gestaltung der Arbeitsbedingungen im Betrieb zu fördern. Diesem Ziel dienen in erster Linie durch den Betriebsrat mit dem Arbeitgeber geschlossene Betriebsvereinbarungen, die sich jeweils auf alle im Betrieb beschäftigten Arbeitnehmer beziehen und nicht nur auf einen Teil der Beschäftigten.

Von besonderer Bedeutung ist der Streit darüber gewesen, ob der Norm des § 321 UmwG (a.F.) über ihren Wortlaut hinaus die Wertung entnommen werden kann, ein allgemeines Übergangsmandat für Betriebsräte anzuerkennen.

Das *BAG* hat ein solches allgemeines Übergangsmandat für Betriebsräte in der Tat in einer Entscheidung vom 31.5.2000 entwickelt.[692] Diese Auffassung ist in der Literatur zum Teil auf Zustimmung gestoßen.[693] Zwar enthalte das BetrVG keine allgemeine Regelung eines Übergangsmandats für Betriebsräte, die speziellen Vorschriften, die hinsichtlich eines Übergangsmandates für Betriebsräte bereits ergangen seien, enthielten aber erhebliche Schutzlücken in den nicht geregelten Fällen.[694] So erstrecke sich § 321 UmwG (a.F.) nicht auf die Fälle der Singularsukzession gem. § 613 a BGB, müsste aber aus Schutzerwägungen hinsichtlich der Arbeitnehmer und im Interesse der Kontinuität der betrieblichen Beteiligung in analoger Anwendung auf diese Fälle übertragen werden.[695] Man könne in den Fällen, in denen eine Rechtsschutzlücke nicht planwidrig sei, ebenfalls einen Analogieschluss ziehen.[696] Eine solche Rechtsschutzlücke sei mit Hilfe einer Rechtsanalogie zu den bereits bestehenden Übergangsregelungen, insbesondere der Vorschrift des § 321 UmwG (a.F.) zu schließen.[697] Es könne jedenfalls nicht von einer planmäßigen Regelungslücke gesprochen werden – vielmehr sei der Gesetzgeber davon ausgegangen, dass ein allgemeines Übergangsmandat als Rechtsprinzip von den gesetzgebenden Körperschaften bereits

---

691 *Hohenstatt*, in: Willemsen/Hohenstatt/Schweibert/Seibt, Umstrukturierung (1. Aufl. 1999), Teil D, Rn. 68.

692 *BAG*, 31.5.2000, NZA 2000, 1350 (ff.).

693 *Fitting/Kaiser/Heither u.a.*; BetrVG (19. Auflage 1998), § 21 Rn. 52; *Joost*, in: Lutter, UmwG (2. Auflage 2000), § 321, Rn. 4; vgl. auch *Klar*, NZA 1997, 470 (ff.); *Krause*, NZA 1998, 1201 (1205) – die ein allgemeines Übergangsmandat schon vorher forderten.

694 *BAG*, 31.5.2000, NZA 2000, 1350 (1353).

695 *LAG Berlin*, 19.10.1998, NZA 1998, 1354 (1356 f.).

696 *Wiese/Kreutz*, in: GK-BetrVG, § 21, Rn. 82.

697 *Engels*, FS Wlotzke, S. 279 (284).

geschaffen worden sei.[698] Für eine solche Lösung spreche auch das Prinzip der Gleichbehandlung.

Das *BAG* hat das allgemeine Übergangsmandat auf drei Monate und nicht, wie es § 321 UmwG (a.F.) vorsah, auf sechs Monate beschränkt. Diese Zeit reiche aus, um den Hauptzweck des Übergangsmandates, Wahlen einzuleiten und bis zur Wahl eines neuen Betriebsrats die Interessenvertretung der Arbeitnehmer wahrzunehmen, zu erfüllen. Eine solche Rechtsanalogie verstoße nicht gegen Art. 20 Abs. 3 GG.

Der Auffassung des *BAG* ist in der Literatur teilweise widersprochen worden.[699] § 321 UmwG (a.F.) sei ausschließlich für Fälle der Umwandlung konzipiert. Außerhalb des Umwandlungsgesetzes müsse eine analoge Anwendung abgelehnt werden, da eine Verallgemeinerung der Grundsätze des § 321 UmwG (a.F.) mit der Begründung, eine betriebsratslose Zeit müsse vermieden werden, nicht sachgerecht sei.[700]

Die Diskussion um die Erweiterung des Übergangsmandats für Betriebsräte ist in der Folgezeit auf das Personalvertretungsrecht übertragen worden. § 321 UmwG (a.F.) hat den Anlass gegeben, über eine personelle Anwendbarkeit dieser Vorschrift auf Personalräte nachzudenken. Die Befürworter einer so weit reichenden Anwendung haben auf § 168 UmwG verwiesen, nach welchem öffentlichrechtliche Rechtsträger spaltungsfähig seien. Folglich müsse § 321 UmwG (a.F.) auf die dort als Personalräte tätigen Arbeitnehmervertretungen angewendet werden, da eine ausschließliche Anwendung nur auf Betriebsräte mit dem Schutzzweck des § 321 UmwG (a.F.) nicht vereinbar sei.[701] Man müsse die Vorschrift vielmehr analog auf Personalräte anwenden. Teilweise ist man sogar von der unmittelbaren Anwendbarkeit des § 321 UmwG (a.F.) auf Personalräte ausgegangen.[702] Die Vertreter der Gegenauffassung haben auf den eindeutigen Wortlaut des § 321 UmwG (a.F.) verwiesen, der sich ausdrücklich nur an Betriebsräte wandte.[703] Der Wille des Gesetzgebers könne nicht mit Hilfe einer Analogiebildung übergangen werden.

---

698 *BAG*, 31.5.2000, NZA 2000, 1350 (1354) – unter Hinweis auf BR-Drs. 75/94, S. 174.

699 *Bauer/Lingemann*, NZA 1994, 1057 (1058); *Feudner*, BB 1996, 1934 (f.); *Schlochauer*, in: Hess/Schlochauer/Glaubitz, BetrVG, § 21, Rn. 32 (ff.); *Stege/Weinspach/Schiefer*, BetrVG, § 21 Rn. 22; *Willemsen*, NZA 1996, 791 (802).

700 *Boecken*, Unternehmensumwandlungen und Arbeitsrecht, Rn. 358.

701 *Schipp/Schipp*, Arbeitsrecht und Privatisierungen, Rn. 414; *Engels*, FS Wlotzke, S. 279 (290); *Hammer*, PersR 1997, 54 (61 f.).

702 So wohl *VerwG.EKD*, NZA-RR 1998, 477 (478).

703 *Vollrath*, in: Widmann/Mayer, Umwandlungsrecht, § 321 UmwG, Rn. 4.

cc) § 21 a BetrVG

Der Gesetzgeber hat auf die durch § 321 UmwG (a.F.) aufgeworfenen Rechtsprobleme jedenfalls teilweise reagiert. Mit dem BetrVG-ReformG[704] ist ein allgemeines Übergangsmandat für Betriebsräte in einem neuen § 21 a BetrVG geregelt und das von der Rechtsprechung in Ergänzung zu § 321 UmwG (a.F.) entwickelte, auf drei Monate begrenzte allgemeine Übergangsmandat in das BetrVG aufgenommen worden. § 321 UmwG (a.F.) ist mit Wirkung zum 28.7.2001 aufgehoben worden.[705] Der Streit über die Existenz eines allgemeinen Übergangsmandats des Betriebsrats im Rahmen des BetrVG hat damit eine Entscheidung zugunsten der *BAG*-Rechtsprechung gefunden. § 21 a BetrVG dient außerdem der Umsetzung des Art. 6 der RL 2001/23/EG.[706] Dem Betriebsrat steht gem. § 21 a Abs. 1 BetrVG bei einer Betriebsabspaltung und gem. § 21 a Abs. 2 BetrVG bei einer Zusammenfassung, bzw. Verschmelzung[707] von Betrieben ein Übergangsmandat zu. Eine Betriebsabspaltung liegt vor, wenn die den Betrieb ausmachende organisatorische Einheit von Arbeitsmitteln aufgespaltet wird.[708] Eine Zusammenfassung von Betrieben setzt voraus, dass selbständige organisatorische Einheiten von Arbeitsmitteln zu einer Organisationseinheit zusammengefügt werden.[709]

Der Betriebsrat hat im Rahmen des Übergangsmandates gem. § 21 a Abs. 1 Satz 2 BetrVG die Aufgabe, unverzüglich Wahlvorstände für die Wahl eines neuen Betriebsrats zu bestellen. Darüber hinaus stehen ihm alle aus dem BetrVG folgenden Befugnisse zu. Das Übergangsmandat endet gem. § 21 a Abs. 1 Satz 3 BetrVG, sobald ein neuer Betriebsrat gewählt und das Wahlergebnis bekannt gegeben worden ist, spätestens sechs Monate nach Wirksamwerden der Spaltung oder des Zusammenschlusses. Nach § 21 a Abs. 1 Satz 4 BetrVG kann die Dauer des Übergangsmandats durch Tarifvertrag oder Betriebsvereinbarung um sechs Monate verlängert werden.

Für die weiteren schon zu § 321 UmwG (a.F.) diskutierten Fragen nach dessen Anwendungsbereich enthält die Nachfolgeregelung des § 21 a BetrVG keine Lösung. Festzuhalten ist auch unter der Geltung der neuen Vorschrift, dass die Interessenvertretung der Arbeitnehmer eines vor der Umstrukturierung betriebsratslosen Unternehmens durch den Übergangsbetriebsrat eines anderen beteiligten Betriebes möglich ist.[710] Dagegen bleibt die Beantwortung der Frage nach

---

[704] Gesetz vom 25.9.2001, BGBl. I 2001, 2518.

[705] Gesetz vom 23.7.2001, BGBl. 2001, 1852.

[706] Vgl. amtl. Anm. zu § 21 a BetrVG.

[707] Vgl. zu der unglücklichen Begriffswahl im § 21 a BetrVG: *Rieble*, NZA 2002, 233 (237).

[708] *Löwisch/Schmidt-Kessel*, BB 2001, 2162 (2163).

[709] *Löwisch/Schmidt-Kessel*, BB 2001, 2162 (2164).

[710] Vgl. dazu oben S. 152 (ff.).

einem gerade bei Privatisierungen ins Blickfeld rückenden allgemeinen Übergangsmandat für Personalräte weiterhin offen.

b) Gesetzlich geregelte Übergangsmandate für Personalräte

Die Rechtsentwicklung im Betriebsverfassungsrecht, die ihren vorläufigen Schlusspunkt in der Normierung eines allgemeinen Übergangsmandats für Betriebsräte gefunden hat, hat das Personalvertretungsrecht nicht parallel vollzogen. Weder das BPersVG noch eines der Landespersonalvertretungsgesetze sehen ein allgemeines Übergangsmandat für Personalräte vor. Der Gesetzgeber hat lediglich einzelne Sondervorschriften geschaffen, mit denen bei der Umstrukturierung oder Privatisierung öffentlicher Einrichtungen den dort betroffenen Personalräten ein Übergangsmandat eingeräumt worden ist. Inwieweit dem ein Indiz für ein allgemeines Übergangsmandat für Personalräte im Falle von Privatisierungen öffentlicher Einrichtungen zu entnehmen ist, ist im Folgenden zu untersuchen.

aa) § 15 BLEG

Mit dem BLEG[711] ist die Bundesanstalt für Landwirtschaft und Ernährung, eine bundesunmittelbare rechtsfähige Anstalt des öffentlichen Rechts, durch die Zusammenlegung der Bundesanstalt für landwirtschaftliche Marktordnung und des Bundesamtes für Ernährung und Forstwirtschaft errichtet worden.[712] Diese Umstrukturierung innerhalb des öffentlichen Rechts hat den Gesetzgeber dazu veranlasst, den bisher tätigen Personalräten gem. § 15 Abs. 3 Satz 2 BLEG bis zur Wahl eines neuen Personalrats ein Übergangsmandat einzuräumen. Dieser Übergangspersonalrat hat den gesetzlichen Auftrag, in seiner ersten Sitzung den Wahlvorstand für die Wahl eines neuen Personalrats zu bestellen.[713] Die Wahl hat gem. § 15 Abs. 3 Satz 1 BLEG bis spätestens vier Monate nach der Errichtung der Bundesanstalt für Landwirtschaft und Ernährung durchgeführt werden sollen.

[711] Gesetz über die Errichtung einer Bundesanstalt für Landwirtschaft und Ernährung vom 2.8.1994, BGBl. I 1994, 2018 (f.).

[712] Vgl. § 1 BLEG.

[713] Vgl. § 15 Abs. 3 Satz 4 BLEG.

bb) § 25 PostPersRG

Mit der Frage nach der Kontinuität der Interessenvertretung bei einer formellen Privatisierung hat sich der Gesetzgeber erstmals bei der Privatisierung der Bundespost auseinandergesetzt. Er hat dazu in § 25 Abs. 1 Satz 1 PostPersRG Spezialregelungen für ein Übergangsmandat der dort vorher bestehenden Personalräte geschaffen. Nach dieser Vorschrift sind die Aufgaben der Betriebsräte zunächst von den bisher örtlich zuständigen Personalräten, die Aufgaben der Gesamtbetriebsräte von den bisher tätigen Hauptpersonalräten bei den Generaldirektionen der Unternehmen übergangsweise wahrgenommen worden. Das Übergangsmandat der Personalräte hat gem. § 25 Abs. 1 Satz 2 PostPersRG sein Ende gefunden sobald in den Betrieben oder Betriebsteilen ein Betriebsrat gewählt und das Wahlergebnis bekannt gegeben wurde, spätestens jedoch 24 Monate nach der Eintragung in das Handelsregister. Das Übergangsmandat des Hauptpersonalrats hat gem. § 25 Abs. 1 Satz 3 PostPersRG geendet, sobald in den Nachfolgeunternehmen, die mindestens die Hälfte der Arbeitnehmer und Beamten der jeweiligen Aktiengesellschaft beschäftigten, Betriebsräte gewählt worden waren und das Wahlergebnis bekannt gegeben worden war. Auffällig ist an dieser Übergangsvorschrift, dass der Gesetzgeber dem Übergangspersonalrat keinen ausdrücklichen Auftrag zur Vorbereitung und Durchführung der Wahl eines neuen Betriebsrats erteilt hat, wie er es in § 321 UmwG (a.F.) vorgesehen hatte oder wie es in § 21 a BetrVG für die Übergangsbetriebsräte geregelt hat.

cc) § 15 DBGrG

Eine weitere einzelgesetzliche Regelung eines Übergangsmandats für Personalräte ist in § 15 Abs. 1 DBGrG[714] im Zusammenhang mit der Privatisierung der Bundesbahn geschaffen worden. Nach Satz 1 dieser Vorschrift sind die Personalräte in den zu privatisierenden Dienststellen übergangsweise bestehen geblieben. Gem. § 15 Abs. 1 Satz 2 DBGrG haben sie in dem Status als Betriebsräte mit den Rechten und Pflichten aus dem BetrVG gearbeitet. Dieses Übergangsmandat hat nach Satz 3 geendet, sobald in den Betrieben oder Betriebsteilen der Deutschen Bahn Aktiengesellschaft ein Betriebsrat gewählt und das Wahlergebnis bekannt gegeben wurde, spätestens drei Monate nach dem Zeitpunkt des Übergangs. Für den Fall, dass es im Zusammenhang mit der Privatisierung zur Spaltung oder Zusammenfassung von Dienststellen gekommen ist, hat § 15 DBGrG ebenfalls ein Übergangsmandat des Personalrats vorgesehen. In diesen Fällen haben die Tarifvertragsparteien ausnahmsweise gem. § 15 Abs. 2 DBGrG durch Tarifvertrag festlegen dürfen, welcher der örtlichen Personalräte, deren

---

[714] Gesetz über die Gründung einer Deutsche Bahn Aktiengesellschaft vom 27.12.1993, BGBl. I 1993, 2386.

Dienststellen im Zuge der Umstrukturierungen zu einer betrieblichen Einheit zusammengefasst wurden, das Übergangsmandat ausüben sollte. Auch für das Übergangsmandat nach § 15 DBGrG ist kein Auftrag zur Durchführung einer Betriebsratswahl formuliert worden.

dd) § 14 DGBankUmwG, § 12 DSLBUmwG

Ebenso haben das DGBankUmwG[715] und das DSLBUmwG[716] jeweils ein Übergangsmandat für die zuvor für die Beschäftigteninteressen zuständigen Personalräte vorgesehen. In beiden Fällen ist dieses Übergangsmandat bis zur Bekanntgabe des Wahlergebnisses für einen neu gewählten Betriebsrat, spätestens zu einem genau festgelegten Termin,[717] befristet worden. Die Laufzeiten der Übergangsmandate haben sich erheblich unterschieden. § 14 DGBankUmwG hat eine Auslauffrist des Übergangsmandats von fast zwei Jahren vorgesehen. Das in § 12 DSLBUmwG geregelte Übergangsmandat hat spätestens nach einem halben Jahr geendet. Der Gesetzgeber hat in diesen beiden Gesetzen ebenfalls keine Verpflichtung des Übergangspersonalrats zur Vorbereitung und Durchführung einer Betriebsratswahl begründet.

ee) Landesrechtlich geregelte Übergangsmandate

Vereinzelt haben auch landesrechtliche Regelungen Übergangsmandate für Personalräte bei Privatisierungen vorgesehen. Bereits 1996 ist in § 3 des Gesetzes zur Zulassung der Umwandlung der öffentlichen Bausparkasse Hamburg in eine Aktiengesellschaft[718] ein solches Übergangsmandat des Personalrats geregelt worden. In § 5 des LBSG[719] hat der Landesgesetzgeber in Schleswig-Holstein für die Privatisierung der Landes-Bausparkasse Schleswig-Holstein ebenfalls ein Übergangsmandat für den bisherigen Personalrat angeordnet. Eine entsprechende Regelung enthält der Staatsvertrag zwischen der Freien und Hansestadt Hamburg und dem Land Schleswig-Holstein über die Verschmelzung der Landes-

---

[715] Gesetz zur Umwandlung der Deutschen Genossenschaftsbank vom 13.8.1998, BGBL. I 1998, 2102.

[716] Gesetz über die Umwandlung der Deutschen Siedlungs- und Landesbank vom 16.12.1999, BGBl. I 1999, 2441.

[717] Nach § 14 Abs. 1 Satz 2 DGBankUmwG endete das Übergangsmandat spätestens am 31.5.2000, nach § 12 Abs. 1 Satz 2 DSLBUmwG am 30.6.2000.

[718] Gesetz vom 23. Dezember 1996, HmbGVBl. 1996, S. 359.

[719] Gesetz über die Ausgliederung der Landes-Bausparkasse Schleswig-Holstein aus dem Vermögen der Landesbank Schleswig-Holstein Girozentrale vom 7. Mai 2003, GVOBl. Schl.-H. 2003, S. 206.

bank Schleswig-Holstein Girozentrale und der Hamburgischen Landesbank – Girozentrale – auf eine Aktiengesellschaft vom 4.2.2003 in § 4.

In Nordrhein-Westfalen hat der Landesgesetzgeber ein Übergangsmandat von Personalräten bei der Privatisierung der Westdeutschen Landesbank Girozentrale in eine Aktiengesellschaft in § 12 Abs. 1 WestLBErG[720] geregelt.

Allen diesen Regelungen ist gemeinsam, dass nach ihnen das Übergangsmandat jeweils geendet hat, sobald in der privatisierten Einrichtung ein Betriebsrat gewählt und das Wahlergebnis bekannt gegeben worden ist, spätestens sechs Monate nach dem Wirksamwerden der Privatisierung. Die Übergangsvertretungen haben jeweils die Rechte und Pflichten aus dem BetrVG ausgeübt. Einzig in § 3 Satz 3 des Gesetzes zur Zulassung der Umwandlung der öffentlichen Bausparkasse Hamburg in eine Aktiengesellschaft ist die besondere Pflicht des Übergangspersonalrats zur unverzüglichen Bestellung eines Wahlvorstandes normiert worden.

Diese landesgesetzlichen Regelungen verstoßen nach einer Auffassung in der Literatur gegen Art. 31 GG und die Gesetzgebungskompetenz des Bundes gem. Art. 72 GG.[721] Der Bund habe von seiner Gesetzgebungskompetenz dadurch Gebrauch gemacht, dass er in den § 130 BetrVG, §§ 1, 95 BPersVG das Betriebsverfassungs- und das Personalvertretungsrecht strikt voneinander getrennt habe. Die landesgesetzlichen Regelungen über die Fortgeltung verstießen gegen diese Vorgaben und seien daher auch mit Art. 31 GG unvereinbar.

Diese verfassungsrechtlichen Bedenken hat das *BAG* zu Recht zurückgewiesen.[722] Zwar steht dem Bundesgesetzgeber in Art. 74 Abs. 1 Nr. 12 GG die konkurrierende Gesetzgebungskompetenz für das Arbeitsrecht einschließlich der Betriebsverfassung zu. Die landesgesetzlichen Reglungen zu einem Übergangsmandat der Personalvertretung sind jedoch weder eindeutig dem Betriebsverfassungs- noch dem Personalvertretungsrecht zuzurechnen. Es handelt sich dabei um Regelungen, die den Übergang von dem einen Rechtsbereich in den anderen regeln. Die bestehenden Regelungen im BetrVG stehen der landesgesetzlichen Regelung daher nicht entgegen.[723] Doch selbst wenn man Regelungen zu einem Übergangsmandat von Personalräten bei Privatisierungen dem Betriebsverfassungsrecht zurechnen würde, kommt man zu keinem anderen Ergebnis. Der Bundesgesetzgeber hat zu dieser Frage bisher keine Stellung bezogen. Ob er dies unbewusst unterlassen, oder bewusst auf eine entsprechende Regelung ver-

---

[720] Gesetz zur Errichtung der Landesbank Nordrhein-Westfalen und zur Umwandlung der Westdeutschen Landesbank Girozentrale vom 2. Juli 2002, GV.NRW 2002, S. 284.

[721] *Kast/Freihube*, DB 2004, 2530 (2531 f.).

[722] *BAG*, 23.11.2004 – Az. 9 AZR 639/03 (noch nicht amtlich veröffentlicht).

[723] *BAG*, 23.11.2004 – Az. 9 AZR 639/03 (noch nicht amtlich veröffentlicht); *Willemsen*, in: Willemsen/Hohenstatt/Schweibert/Seibt, Umstrukturierung, Teil B, Rn. 87 a.

zichtet hat, ist eine Frage der Analogiefähigkeit vorhandener Vorschriften, nicht jedoch eine solche der Gesetzgebungskompetenz. Den Landesgesetzgebern ist es daher unbenommen, von ihrer Gesetzgebungskompetenz gem. Art. 72 Abs. 1 GG Gebrauch zu machen.

5. Analoge Anwendung der vorhandenen Vorschriften?

Die Befürworter eines allgemeinen Übergangsmandats für Personalräte vertreten die Auffassung, den bisher bestehenden Normen über Übergangsmandate für Beschäftigtenvertretungen sei der allgemeine Rechtsgrundsatz zu entnehmen, organisatorische Umstrukturierungen dürften auch im öffentlichen Dienst nicht zu einer vertretungslosen Zeit führen.[724] Besonders im Fall von Privatisierungen sei die Anerkennung eines Übergangsmandats für den Personalrat erforderlich.[725]

Dogmatisch begründen könnte man ein Übergangsmandat einzig mit Hilfe der analogen Anwendung vorhandener Vorschriften zum Übergangsmandat. In Betracht kommt eine Einzelanalogie in Bezug auf bestimmte Vorschriften oder eine Gesamtanalogie.[726]

a) Einzel- oder Gesamtanalogie?

In der Tat haben einige Befürworter das personalvertretungsrechtliche Übergangsmandat mit der analogen Anwendung speziell des § 321 Abs. 1 UmwG (a.F.) begründet.[727] Nachdem der Gesetzgeber diese Vorschrift durch § 21 a BetrVG ersetzt hat, müssten sie eine Einzelanalogie wohl auf diese Norm stützen. Nach anderer Ansicht sind alle Regelungen über Übergangsmandate entsprechend für Privatisierungen heranzuziehen, bei denen die öffentliche Einrichtung vom öffentlichen Recht in das Privatrecht wechselt.[728] Dies könne im Wege einer Gesamtanalogie geschehen.[729] Es sei unerheblich, ob sich eine Analogie

[724] *Blanke/Gebhardt/Heuermann*, Leitfaden Privatisierungsrecht, Teil 2, Rn. 78.; *Däubler*, RdA 1995, 136 (146); *Friedrich*, Europäisches Arbeitsrecht und Privatisierungen, S. 217; *Frohner*, PersR 1995, 99 (102 f.); *Hammer/Hoffmann*, Arbeitshilfe Outsourcing, S. 58; *Mayer*, Arbeitnehmer im öffentlichen Dienst, IX.3.1., S. 315; *Mengel*, Umwandlungen im Arbeitsrecht, S. 450; *Ratayczak*, WSI-Mitt. 1999, S. 761 (765), *Schneider, R.*, PflR 2001, 188 (189).

[725] *Welkoborsky*, PersR 2002, 51 (55).

[726] Zu den Begriffen der Einzel- und Gesamtanalogie siehe oben S. 131 (f.).

[727] *Engels*, FS Wlotzke, S. 279 (290); *Wiedenfels*, PersV 2001, 110 (111).

[728] *Battis*, ZfPR 2001, 251 (252); *Blanke*, PersR 2000, 43 (52); *Däubler*, RdA 1995, 136 (146); *Frohner*, PersR 1995, 99 (104); *Hammer/Hoffmann*; Arbeitshilfe Outsourcing, 51 (f.).

[729] *Blanke*, ZfPR 2001, 242 (246).

auf den Tatbestand *einer* Norm beziehe oder ob mehrere Tatbestände herangezogen würden, denen ein gemeinsamer rechtlicher Wertungsgrundsatz entnommen werden könne.[730] Die erforderliche Regelungslücke sei unproblematisch festzustellen und die Situation der von einer Privatisierung betroffenen Arbeitnehmer und Beamten glichen sich faktisch und rechtlich.[731]

Während der Geltung des § 321 UmwG (a.F.) ist die Einzelanalogie darauf gestützt worden, aus der allgemeinen Vorschrift des § 321 UmwG (a.F.) ergebe sich der Fortbestand des Personalrats zwar nicht unmittelbar, da sie sich ausschließlich an Betriebsräte wende. Der Gesetzgeber habe aber für die Fälle der privatisierenden Umwandlung den Anwendungsbereich des § 321 UmwG (a.F.) für Personalräte selbst eröffnet, da das UmwG eben auch Fälle der Privatisierung durch Umwandlung regele, welche somit als typische Umwandlungsfälle angesehen werden müssten.[732] Sei für den Fall einer privatisierenden Umwandlung ein allgemeines Übergangsmandat des Personalrats anzunehmen, so müsse dieses Rechtsinstitut gleichermaßen auf andere Fälle der Umstrukturierung von Dienststellen angewandt werden. Anderenfalls drohe ein Verstoß gegen den Gleichheitssatz.[733] Zudem gehe die Schutzrichtung des umwandlungsrechtlichen Übergangsmandats dahin, in Zeiten organisatorischer Veränderungen im Unternehmen für die Interessenvertretungskontinuität zu sorgen.

Diese Begründung ist nach der Regelung des Übergangsmandats im BetrVG aber nicht mehr haltbar. Bereits bei der Frage nach der allgemeinen Geltung eines Übergangsmandats im Betriebsverfassungsrecht haben deren Gegner die mangelnde Tätigkeit des Gesetzgebers bemängelt.[734] Aus diesem Grund haben sie teilweise bereits die analoge Anwendung des § 321 UmwG (a.F.) auf vergleichbare Fälle der Betriebsspaltung abgelehnt.[735] Die Aufnahme des Rechtsgedankens eines Übergangsmandates in § 21 a BetrVG zeigt nun, dass der Gesetzgeber das umwandlungsrechtliche Übergangsmandat auf Betriebsräte beschränken will.[736] Bedeutsam ist, dass § 21 a BetrVG die Kontinuität der Beschäftigtenvertretung bei Umstrukturierungen innerhalb des Privatrechts normiert. Diese Wirkung kommt auch bei der mit einer materiellen Privatisierung

---

730 *Frohner*, PersR 1995, 99 (104); *Schneider, R.*, PflR 2001, 188 (189 f.).

731 *Battis*, ZfPR 2001, 251 (252); vgl. auch *Hammer/Hoffmann*, Arbeitshilfe Outsourcing, S. 58.

732 *ArbG Bremen*, 29.9.1999, EzBAT, § 54 BAT, Nr. 9 (Unkündbare Angestellte); *Hamer*, PVG Brandenburg, § 32, Rn. 7; *Hammer*, PersR 1997, 54 (61) *Mengel*, Umwandlungen im Arbeitsrecht, S. 320, 449.

733 Vgl. *Blanke*, ZfPR 2001, 242 (245); *Mengel*; Umwandlungen im Arbeitsrecht, S. 450.

734 *Bauer/Lingemann*, NZA 1994, 1957 (1058f.); *Hohenstatt*, in: Willemsen/Hohenstatt/Schweibert/ Seibt, Umstrukturierung (1. Auflage 1999), Teil D, Rn. 70.

735 *Schaub*, FS Wlotzke, S. 103 (108); *Willemsen*, NZA 1996, 791 (802); a.A. *Klar*, NZA 1997, 470 (471 ff.).

736 *Löwisch/Schmidt-Kessel*, BB 2001, 2162.

verbundenen Umstrukturierung privater Unternehmen der öffentlichen Hand zur Anwendung. Zu einer Wirkung bei einem Mitbestimmungssystemwechsel sagt § 21 a BetrVG hingegen nichts aus. Man könnte § 21 a BetrVG damit allenfalls zur Begründung eines Übergangsmandats für Personalräte bei Umstrukturierungen *innerhalb* der Verwaltung heranziehen. Für eine Überschreitung der Schnittstelle zwischen Personalvertretungsrecht und Betriebsverfassungsrecht gibt diese Vorschrift nichts her. Diesen Schluss legt auch das Handeln des Gesetzgebers nahe. Während unter der Geltung von § 321 UmwG (a.F.) noch an eine Ausdehnung der Vorschrift auf die privatisierende Umwandlung zu denken war,[737] kommt dies nun, da die Norm sich in veränderter Form im BetrVG wiederfindet, nicht mehr in Betracht. Schon zu § 321 UmwG (a.F.) mussten wenigstens Bedenken angemeldet werden, da sich die Vorschrift ausdrücklich nur an *Betriebräte*, nicht jedoch an Personalräte wandte. Diese Bedenken sind mit der Neufassung des Übergangsmandats innerhalb des Betriebsverfassungsrechts nun nicht mehr wegzuwischen.

Ein Analogieschluss speziell aus § 21 a BetrVG kann daher nicht gezogen werden.[738] Möglich erscheint einzig, das Übergangsmandat für Personalräte aus einer Gesamtanalogie aller Vorschriften zum Übergangsmandat zu entwickeln.

b) Planwidrige Regelungslücke?

Die analoge Anwendung bestimmter Vorschriften setzt zunächst voraus, dass der Gesetzgeber einen Sachverhalt unbewusst nicht geregelt hat.[739]

Zur Feststellung einer planwidrigen Regelungslücke verweisen die Befürworter eines Übergangsmandats darauf, der Gesetzgeber habe diese Lücke schlicht übersehen.[740] Die Vielzahl der vorhandenen Regelungen zum Übergangsmandat zeige deutlich, dass er überall dort, wo sich ihm ein konkreter Anlass bot, die Problematik auf vergleichbare Weise gelöst habe.[741] Derartige Beteiligungslü-

[737] Vgl. zur analogen Anwendung der §§ 126, 194 und 17 UmwG auf Personalräte oben S. 131 (ff.).

[738] *Rieble*, NZA 2002, 233 (240).

[739] *Engisch*, Einführung in das juristische Denken, S. 141 (f.); *Müller, F.*, Juristische Methodik, Rn. 371.

[740] *Blanke/Gebhardt/Heuermann*, Leitfaden Privatisierungsrecht, Teil 2, Rn. 78; *Düwell*, NZA 1996, 393 (399) für die Fälle der privatisierenden Umwandlung, ohne jedoch einen Lösungsvorschlag zu unterbreiten.

[741] *Hammer*, PersR 1997, 54 (61).

cken im Betriebsverfassungs- und Personalvertretungsrecht müssten vermieden werden.[742]

Demgegenüber ist darauf zu verweisen, dass besondere Vorschriften, die ein Übergangsmandat speziell für Personalräte vorsehen, bereits bestehen. Dem Gesetzgeber ist folglich zumindest bewusst, dass zur Wirksamkeit eines Übergangsmandates von Personalräten gesetzliche Regelungen eines solchen Rechtsinstituts erforderlich sind. Diese Sonderregelungen können nun entweder als Ausnahme zu einer ansonsten geltenden Regel, dass Personalräten kein Übergangsmandat zusteht, verstanden werden, oder aber sie markieren den Beginn einer Entwicklung zu einem Rechtsprinzip eines allgemeinen Übergangsmandats für Personalräte. Für die erste Annahme spricht, dass die bestehenden Regelungen das Übergangsmandat jeweils an einen konkreten Privatisierungssachverhalt knüpfen. Das indiziert, dass der Gesetzgeber eine generelle Regelung nicht gewollt hat.[743] Will man dagegen von einem allgemeinen Rechtsprinzip ausgehen, müssten alle bisher getroffenen Regelungen eine gemeinsame „ratio legis", d.h. dieselbe grundsätzliche Wertung enthalten.[744]

Den bisher geschaffenen Übergangsmandaten für Personalräte ist jeweils die Zielrichtung zu entnehmen, die Interessenvertretung der Beschäftigten auch in der Zeit unmittelbar nach der Privatisierung bis hin zur Wahl eines neuen Betriebsrats zu gewährleisten. Die bisher geschaffenen Vorschriften befristen ein solches Übergangsmandat. Das erhöht zwar den Druck auf den Übergangsbetriebsrat, die Neuwahl eines Betriebsrats vorzubereiten und durchzuführen. Eine solche Befristung kann jedoch dann zu einer vertretungslosen Zeit in einem privatisierten Unternehmen führen, wenn die Frist ergebnislos, d.h. ohne erfolgreiche Wahl eines Betriebsrates verstreicht. Dem Gesetzgeber ist folglich die Möglichkeit einer personalvertretungslosen Zeit bei der Privatisierung öffentlicher Einrichtungen durchaus vor Augen gewesen. Das Argument, der Gesetzgeber habe vertretungslose Zeiten generell verhindern wollen, verfängt als solches daher nicht.

Die Gesetzesregelungen sind zudem nur dann lückenhaft, wenn der Gesetzgeber für einen bestimmten Bereich eine einheitliche und fast vollständige Regelung anstrebt.[745] Diese Intention könnte dem Gesetzgeber mit einer Interpretation seiner bereits erlassenen Sonderregelungen zu Übergangsmandaten für Personalräte unterstellt werden. So bezweckt § 25 PostPersRG die anhaltende Interessenvertretung der Beschäftigten auch in dem Zeitabschnitt, in dem wegen der organisatorischen Umstrukturierung die Personalvertretung nicht mehr besteht. Da-

---

742 *Widmaier*, ZfPR 2001, 119 (123), unter Bezugnahme des *BVerwG*, 7.7.1993, PersR 1993, 491.

743 *Bauer/Lingemann*, NZA 1994, 1057 (1058).

744 *Larenz*, Methodenlehre, S. 384.

745 *Larenz*, Methodenlehre, S. 371.

mit soll der nun veränderten Struktur der Interessenvertretung im Anwendungsbereich des BetrVG Rechnung getragen werden.[746] Man übersähe dabei aber, dass der Gesetzgeber die Möglichkeit einer grundsätzlichen Regelung eines Übergangsmandats für Betriebs- und Personalräte im Zuge der Gesetzgebungsaktivitäten zu § 21 a BetrVG ungenutzt gelassen hat. Zwar hat er mit der neuen Vorschrift der zu dieser Zeit vordringenden Auffassung eines allgemeinen Übergangsmandats für Betriebsräte Rechnung getragen. Die Existenz vereinzelter Sondernormen für das Personalvertretungsrecht lassen aber nicht den Schluss zu, dass die Entwicklung im Bereich des Personalvertretungsrechts parallel zu der im Betriebsverfassungsrecht verlaufen muss. Indem der Gesetzgeber § 321 UmwG (a.F.) gleichzeitig mit dem Inkrafttreten des § 21 a BetrVG aufgehoben hat, beseitigte er sogar einen möglichen Anwendungsbereich für ein Übergangsmandat von Personalräten. Der Hinweis *Hardrahts*, hier sei dem Gesetzgeber „wahrscheinlich" ein Redaktionsversehen unterlaufen,[747] vermag nicht zu überzeugen. Die allgemeine Problematik einer Übergangsinteressenvertretung bei Privatisierungen muss dem Gesetzgeber gerade im Hinblick auf die bisher geschaffenen Sonderregelungen in diesem Bereich bewusst gewesen sein. Er hat jedoch auf eine Regelung dieses Problems bei der sich bietenden Gelegenheit verzichtet. Insoweit besteht höchstens eine „Rechtslücke",[748] nicht eine planwidrige Regelungslücke.

Blanke schlägt vor, das Erfordernis einer tatsächlich planwidrigen Regelungslücke zu Gunsten der Voraussetzung einer „normativ planwidrigen Regelungslücke" aufzugeben.[749] Verlange man das *nicht beabsichtigte* Fehlen einer Regelung, würde man das Rechtsprinzip der Analogiebildung unzulässig dogmatisieren. Man müsse gerade in Bereichen, in denen immer mehr Vorschriften mit erkennbarer Schutztendenz erlassen würden, davon ausgehen, dass die immer kleiner werdenden nicht geregelten Bereiche einer vergleichbaren Lösung zugeführt werden sollen. Den bereits vorhandenen Normen könne auch dann ein Rechtsprinzip für die nicht geregelten Bereiche entnommen werden, wenn der Gesetzgeber diese Regelungslücke bereits wahrgenommen habe. Durch die vorhandenen Rechtsnormen entstehe in den nicht geregelten Bereichen nachträglich eine Schutzlücke, welche im Wege der Analogie zu schließen sei.

Eine solche Sichtweise verstieße indessen eklatant gegen das Prinzip der Gewaltenteilung aus Art. 20 Abs. 2 Satz 2 GG. Der Rechtsprechung wäre es dann nämlich möglich, gegen den anders zum Ausdruck gebrachten Willen des Gesetzgebers, Rechtsnormen im Wege der Analogie bei ungeregelten Sachverhalten anzuwenden. Das bedeutete, Gesetzgebungskompetenzen auf die Organe der

---

[746] BT-Drs. 12/8060, S. 195.

[747] *Hardraht*, SächsVBl. 2003, 53 (60).

[748] So *Richardi/Annuß*, in: Richardi, BetrVG, § 130, Rn. 13; *Vogelsang*, PersV 2005, 4 (11).

[749] *Blanke*, ZfPR 2001, 242 (244 f.).

Rechtsprechung zu übertragen. Nur wenn der Gesetzgeber einen Sachverhalt *unbewusst* nicht geregelt hat, können die Gerichte einen mutmaßlichen Willen des Gesetzgebers bezüglich der inhaltlichen Regelung unterstellen. Sie beziehen sich damit in gewisser Weise auf einen bestehenden, aber noch nicht geäußerten Willen des Gesetzgebers. Kommt indessen der Wille zum Ausdruck, einen bestimmten Sachverhalt nicht regeln zu wollen, kann sich die Rechtsprechung nicht mehr auf einen mutmaßlichen Gesetzgebungswillen bei der Analogiebildung beziehen. Es wäre dann vielmehr ein unzulässiges Handeln gegen den gesetzgeberischen Willen. Dem Gesetzgeber kann andererseits nicht aufgetragen werden, seinen fehlenden Regelungswillen mit negativ formulierten Vorschriften deutlich zu machen und durchzusetzen.

Der Gesetzgeber hat die Kontinuität von Personalvertretungen in Falle von Privatisierungen öffentlicher Einrichtungen bewusst nicht geregelt. Eine erforderliche planwidrige Regelungslücke ist nicht auszumachen.

c) Vergleichbarkeit der Sachverhalte?

Teilweise wird dieses Defizit mit dem Hinweis auf die parallel zu bewertenden tatsächlichen wirtschaftlichen und organisatorischen Vorgänge sowie die ebenso vergleichbare Interessenlage und Schutzbedürfnisse der Beschäftigten des öffentlichen Dienstes zu überbrücken versucht.[750] Fraglich ist aber, ob die Sachverhalte überhaupt in dem Maße gleichzusetzen sind, dass eine analoge Anwendung der vorhandenen Rechtsnormen in Betracht kommt. In diesem Zusammenhang kommt der von den Befürwortern eines allgemeinen Übergangsmandats für Personalräte ins Feld geführte Gleichheitssatz zum Tragen. Der Gesetzgeber habe ein allgemeines Übergangsmandat im Bereich des Betriebsverfassungsrechts bereits installiert. Der Schutzbedarf und die Ausgangssituation der Beschäftigten im öffentlichen Dienst seien mit der Situation der Arbeitnehmer des privaten Sektors identisch.[751] Es handele sich um eine unzulässige Bereichsausnahme im Sinne des Art. 3 Abs. 1 GG, wenn der Gesetzgeber den Beschäftigten der öffentlichen Hand den erforderlichen Schutz verwehre.[752] Der Gleichheitssatz verbiete es generell, ein Übergangsmandat der Interessenvertretung auf bestimmte Formen des Betriebsübergangs zu beschränken. Dieses müsse im Gegenteil auf alle Formen der privatisierenden Umwandlung ausgedehnt werden.[753]

---

[750] *Blanke*, ZfPR 2001, 242 (246).

[751] *Blanke*, PersR 2000, 43 (52); *Widmaier*, ZfPR 2001, 119 (123); vgl. auch *Klar*, NZA 1997, 470 (471 f.) zu einem allgemeinen Übergangsmandat für Betriebsräte.

[752] *Blanke*, ZfPR 2001, 242 (245).

[753] *ArbG Bremen*, 29.9.1999, EzBAT, § 54 BAT, Nr. 9 (Unkündbare Angestellte); *Battis*, ZfPR 2001, 251 (252); *Hammer*, PersR 1997, 54 (61); *Wetzlar*, Anmerkung zu LAG Bremen,

Gründe für eine unterschiedliche Behandlung von Betriebs- und Personalräten seien nicht ersichtlich.[754]

Zuzugeben ist, dass Privatisierungen öffentlicher Einrichtungen erhebliche strukturelle Veränderungen ehemaliger Dienststellen mit sich bringen können. Diesen Veränderungen fällt die Existenz der bisherigen Interessenvertretung zum Opfer. Gerade in Zeiten struktureller Veränderungen wäre die kollektive Interessenvertretung der Beschäftigten sinnvoll.[755] Die damit verbundenen Veränderungen für die Beschäftigten gestalten sich nämlich in vielen Fällen als Nachteile. Sähe man einen ausreichenden Schutz darin, dass die Beschäftigten einen neuen Betriebsrat wählen könnten,[756] ließe man sie in den ersten Wochen nach der Privatisierung ohne jegliche Vertretung. Die in dieser Zeit fallenden Entscheidungen können bereits die Weichen für die Zukunft stellen.

Das allein kann ein Übergangsmandat für Personalräte im Wege eines Analogieschlusses aber nicht begründen. Wenig stichhaltig erscheint das Argument, einer analogen Anwendung der vorhandenen Regelungen stehe entgegen, dass sich der Personalrat in den Fällen eines Übergangsmandates aus Mitgliedern zusammensetze, die nach der Privatisierung in einem Arbeitsverhältnis zu einem privaten Arbeitgeber stehen und sich nicht mehr im öffentlichen Dienst befänden.[757] Auf diese Weise könnten Personen in dienstliche Angelegenheiten eingreifen, die weder der Legislative noch der Exekutive angehörten.

Die Legitimation eines Personalratsmandates ergibt sich nämlich nicht aus der Zugehörigkeit zum öffentlichen Dienst, sondern vielmehr aus der vorausgegangenen Wahl zum Personalrat durch die Beschäftigten.[758] Zudem greift ein Übergangspersonalrat gerade nicht mehr in dienstliche Angelegenheiten ein, sondern er wäre – abgesehen von Angelegenheiten aufgrund des Restmandats – an betriebsverfassungsrechtlich zu würdigenden Maßnahmen zu beteiligen.

Die Frage muss also lauten, ob die Legitimation durch die Personalratswahl nach der Privatisierung noch wirken kann. Diese Frage ist zu verneinen. Der Personalrat kann sich im Anwendungsbereich des Betriebsverfassungsrechts nicht auf eine demokratische Legitimation durch die Wahl der Beschäftigten

---

20.12.2000, EzBAT, Nr. 17 zu § 54 BAT (Betriebs- bzw. Personalratsmitglieder); *Wiedenfels*, PersV 2001, 110 (111).

[754] *Wetzlar*, Anmerkung zu LAG Bremen, 20.12.2000, EzBAT, Nr. 17 zu § 54 BAT (Betriebs- bzw. Personalratsmitglieder).

[755] Vgl. *Frohner*, PersR 1995, 99 (102).

[756] So *Besgen/Langner*, NZA 2003, 1239 (1240).

[757] *LAG Bremen*, 20.12.2000, EzBAT, Nr. 17 zu § 54 BAT (Betriebs- bzw. Personalratsmitglieder).

[758] *Wetzlar*, Anmerkung zu LAG Bremen (20.12.2000), EzBAT, Nr. 17 zu § 54 BAT (Betriebs- bzw. Personalratsmitglieder).

berufen. Seine Legitimation endet mit dem Übergang in das private Recht. Zwar besteht zwischen den Beschäftigten als den Wählern des Personalrats vor und nach der Privatisierung teilweise oder sogar vollständige Personenidentität, soweit die Arbeitnehmer der zuvor öffentlichrechtlichen Einrichtung in der privatisierten Einrichtung beschäftigt werden. Diese reicht aber nicht aus, die als Personalrat gewählte Interessenvertretung innerhalb des Anwendungsbereichs des Betriebsverfassungsrechts zu legitimieren. Die Personalratswahl kann folglich nur ein Restmandat der bisher tätigen Interessenvertretung legitimieren, das sich auf personalvertretungsrechtliche Beteiligungsvorgänge der Vergangenheit bezieht, nicht jedoch ein zukunftsgerichtetes Übergangsmandat im Anwendungsbereich des BetrVG.

Außerdem sprechen weitere wichtige Gründe gegen eine Gleichsetzung der Sachverhalte. Von Bedeutung sind etwa die klare Trennung zwischen Betriebsverfassungs- und Personalvertretungsrecht sowie deren strukturelle Unterschiede.[759] Nach Auffassung der Gegner eines Übergangsmandats für Personalräte wird man den Unterschieden zwischen Personalvertretungs- und Betriebsverfassungsrecht nicht gerecht, wenn Rechtsgedanken des einen Systems auf das andere übertragen würden. Die in § 130 BetrVG und § 1 BPersVG zum Ausdruck gebrachte Trennung zwischen Betriebsverfassungs- und Personalvertretungsrecht könne nicht mit Normen des BetrVG aufgehoben werden.[760] Für Streitigkeiten im Zusammenhang mit den Beteiligungssystemen sei jeweils ein anderer Rechtsweg eröffnet. Häufig führe der Übergang zu einem privaten Unternehmer ferner zu einem Wechsel der Tarifzuständigkeit. Diese Unterschiede gelte es bei den Überlegungen zu einem Übergangsmandat des Personalrats zu berücksichtigen.[761]

Vertreter der Gegenauffassung entgegnen diesen Einwänden, die analoge Anwendung betriebsverfassungsrechtlicher Normen auf das Personalvertretungsrecht könne in allen Bereichen erfolgen, in denen der besondere Charakter des öffentlichen Dienstes dem nicht entgegenstehe, wie etwa bei der Erfüllung hoheitlicher Aufgaben oder beim Einsatz von Beamten.[762] Personalvertretungs- und Betriebsverfassungsrecht wiesen eine gemeinsame historische Wurzel auf und verfolgten zudem ein identisches Ziel: den Schutz der Beschäftigten durch gleichberechtigte Teilhabe an der Gestaltung der betrieblichen Abläufe.[763] Diese Zielsetzung resultiere in beiden Mitbestimmungssystemen aus dem Sozialstaats-

---

[759] Zu diesen Unterschieden im Detail: *Kossens*, RiA 1996, 66 (ff).

[760] *Boecken*, Unternehmensumwandlungen und Arbeitsrecht, Rn. 366.

[761] *Hanau/Becker*, Arbeitsrechtliche Probleme der Privatisierung, S. 112.

[762] *Welkoborsky*, PersR 2002, 51 (52).

[763] *Dietz/Richardi*, BPersVG, Vorbem. zu § 1, Rn. 8; *Schipp/Schipp*, Arbeitsrecht und Privatisierung, Rn. 398.

prinzip.[764] Die rein formelle Abgrenzung der Schutzqualität nach der jeweiligen Rechtsnatur lasse jegliche rechtliche Kriterien vermissen[765] und führe hinsichtlich des Schutzniveaus für die Beschäftigten zu zufälligen Ergebnissen. Die Trennung der Beteiligungsformen verstoße derzeit gegen das Prinzip der Einheitlichkeit der öffentlichen Verwaltung.[766] Sie verführe den öffentlichen Dienstherrn geradezu, den Wirkungsbereich des Verwaltungsrechts „fluchtartig" zu verlassen.[767] Es sei nicht einzusehen, weshalb im Bereich des Betriebsverfassungsrechts ein allgemeines Übergangsmandat mittlerweile bestehe, im Übergangsbereich vom Personalvertretungsrecht zum Betriebsverfassungsrecht hingegen nicht.[768]

Diese Argumentation überzeugt nicht. Auch wenn man einer einheitlichen Regelung der Interessenvertretung das Wort redet,[769] ist an den bisher bestehenden Differenzierungen nicht vorbeizukommen.[770] Diese aufzuheben ist nicht Aufgabe der Rechtsanwendung, sondern muss der Legislative überlassen werden. Allein der Hinweis darauf, dass kooperative Lösungen von Übergangsproblemen unter der Berücksichtigung der Interessengegensätze gegenüber der Dienststellenidentität des jeweiligen Personalrats Vorrang genießen würden,[771] führt noch nicht zu einer Gleichsetzung der Sachverhalte. Unklar bleibt dabei, wie diese Berücksichtigung konkret aussehen soll. Der Gesetzgeber hat bei der Regelung eines Übergangsmandats bei der Umwandlung der Deutschen Genossenschaftsbank und der Deutschen Siedlungs- und Landesbank Abstand von einer Bezugnahme auf § 321 UmwG (a.F.) genommen. Stattdessen hat er diese Übergangsmandate für Personalräte in Sondervorschriften geregelt.[772] Dieses Vorgehen ist wohl von der Erkenntnis getragen, Anleihen im Privatrecht für das Personalvertretungsrecht wegen der dogmatischen Schwierigkeiten zu vermeiden.

Auch eine Gesamtanalogie zu § 21 a BetrVG und den speziellen Vorschriften über Übergangsmandate für Personalräte überzeugt nicht. Während § 21 a BetrVG – wie schon dessen Vorläufernorm § 321 UmwG (a.F.) – einen Auftrag an den Übergangsbetriebsrat vorsieht, die Wahl eines neuen Betriebsrats durch

---

[764] *Frohner*, PersR 1995, 99 (105 f.).

[765] *Frohner*, PersR 1995, 99 (106).

[766] Vgl. *Dietz/Richardi*, BPersVG, Vorbem. zu § 1, Rn. 18.

[767] *Großmann/Mönch/Rohr*, BremPersVG, § 1, Rn. 33 (ff.); *Kippels*, Die Betriebs- und Personalvertretung, S. 32 (f.).

[768] Vgl. *Engels*, FS Wlotzke, S. 279 (289 f.); *Schipp/Schipp*, Arbeitsrecht und Privatisierung, Rn. 400.

[769] Vgl. *Edenfeld*, Arbeitnehmerbeteiligung, S. 103.

[770] *Kossens*, RiA 1996, 66 (69).

[771] So etwa *Klar*, NZA 1997, 470 (472) – in Bezug auf ein allgemeines Übergangsmandat des Betriebsrats.

[772] Vgl. § 14 DGBankUmwG und § 12 DSLBUmwG.

die unverzügliche Bestellung von Wahlvorständen vorzubereiten, fehlt diese Verpflichtung in fast allen personalvertretungsrechtlichen Bestimmungen.

Analogiefähig könnten demnach ausschließlich die Regelungen eines Übergangsmandats von Personalräten bei der Privatisierung von Bahn und Post sowie der Deutschen Genossenschaftsbank und der Deutschen Siedlungs- und Landesbank sein. Diese Vorschriften sehen jeweils vor, dass die Arbeitnehmerinteressen nach einer Privatisierung durch die zuvor amtierenden Personalräte wahrzunehmen sind. In ihrer rechtlichen Struktur unterscheiden sich die Vorschriften jedoch. Während § 15 Abs. 1 Satz 2 DBGrG die Betriebsratseigenschaft der ehemaligen Personalräte fingiert, sehen die anderen Vorschriften die Wahrnehmung der Betriebsratsaufgaben durch die Personalräte vor. Eine Fiktion, wie sie § 15 DBGrG enthält, ist ihnen nicht zu entnehmen. Darüber hinaus sehen die Übergangsregelungen eine unterschiedliche Höchstdauer der Übergangsmandate vor, die zwischen drei Monaten bei der Bahn und zwei Jahren bei der Post schwanken. Derart unterschiedlichen Regelungsmaterien kann kein einheitlicher Inhalt zugesprochen werden. Selbst die Befürworter einer Gesamtanalogie sprechen den vorhandenen gesetzlichen Regelungen zur Privatisierung von Bahn und Post ein „gemeinsames Rechts- oder Ordnungsprinzip“ ab.[773] Die Überlegungen zur inhaltlichen Reichweite und Frist eines allgemeinen Übergangsmandats für Personalräte gehen daher weit auseinander: Während teilweise gefordert wird, ein allgemeines Übergangsmandat inhaltlich auf ein „Notmandat“ zu beschränken und auf höchstens drei Monate zu befristen,[774] verweisen andere auf die Vorgaben des § 21 a BetrVG und leiten daraus ein inhaltlich unbeschränktes, aber auf sechs Monate befristetes Übergangsmandat ab.[775]

Die Fortexistenz der Arbeitnehmervertretung bei der Privatisierung einer öffentlichen Einrichtung an eine Analogie zu bestehenden, aber uneinheitlichen Regelungen zu knüpfen, wirft zudem erhebliche Bedenken im Hinblick auf die gerade in diesem Bereich notwendige Rechtssicherheit aller Betroffenen auf.[776] Letztlich verdeutlichen die bisher gesetzlich geregelten Übergangsmandate für Personalräte angesichts der unüberschaubaren Zahl von Privatisierungsprozessen beim Bund und in den Kommunen deutlich deren Ausnahmecharakter.

Ein allgemeines Übergangsmandat von Personalräten im Falle von Privatisierungen öffentlicher Einrichtungen kann nach allem nicht auf eine Analogie zu den bereits vorhandenen Regelungen des Betriebsverfassungs- oder des Personalvertretungsrechts gegründet werden.

---

[773] *Blanke*, Mitbestimmung 1998, 50 (51).

[774] *ArbG Berlin*, 19.2.2002, NZA-RR 2002, 92 (95).

[775] Vgl. *Wiedenfels*, PersV 2001, 110 (111), der auf den § 321 UmwG a.F. ausdrücklich Bezug nimmt.

[776] *LAG Köln*, 11.2.2000, NZA-RR 2001, 87 (88).

6. Art. 6 Abs. 1 der RL 2001/23/EG

Offen bleibt, ob ein allgemeines Übergangsmandat für Personalräte aus Art. 6 Abs. 1 der RL 2001/23/EG abzuleiten ist. Das wird von dessen Befürwortern so gesehen.[777] Das europäische Recht spreche für eine Vermeidung von Beteiligungslücken.[778] Nach Art. 6 Abs. 1 der RL 2001/23/EG müsse der nationale Gesetzgeber für eine angemessene Interessenvertretung der Arbeitnehmer im Falle eines Betriebsübergangs sorgen, was grundsätzlich durch ein befristetes Übergangsmandat der Arbeitnehmervertretungen bis zur Wahl einer neuen Vertretung zu gewährleisten sei.[779] Diese Lösung sei durch § 321 UmwG (a.F.), der mittlerweile im § 21 a BetrVG aufgegangen ist, für die Betriebsverfassung auch vorgesehen. Daraus folge in richtlinienkonformer Auslegung ein allgemeines Prinzip für alle Fälle eines Betriebsüberganges.[780] Die Gegenansicht argumentiert, ein allgemeines Übergangsmandat ergebe sich nicht aus der Betriebsübergangsrichtlinie, da nach Art. 6 Abs. 1 Unterabsatz 2 der RL 2001/23/EG beim Wechsel vom Personalvertretungsrecht in das Betriebsverfassungsrecht die Voraussetzungen für die Neubestellung oder Bildung einer Arbeitnehmervertretung erfüllt seien. Die Interessenvertretungskontinuität sei auf diese Weise ausreichend gewährleistet.[781] Die Arbeitnehmer der neuen Betriebseinheit hätten es in der Hand, unverzüglich die Wahl einer neuen Beschäftigtenvertretung durchzuführen.[782] Diese Möglichkeit gewährleiste einen ausreichenden Schutz.[783]

Diese Argumentation überzeugt. Nach Art. 6 Abs. 1 der RL 2001/23/EG bleiben die Rechtsstellung und die Funktion der Arbeitnehmervertreter eines von einem Übergang betroffenen Unternehmens erhalten. Zu den vom Anwendungsbereich der Richtlinie erfassten Unternehmen zählen auch die einer Privatisierung zugänglichen öffentlichen Einrichtungen, z.B. Dienststellen und Eigenbetriebe.[784] Die Betriebsübergangsrichtlinie findet bei der Privatisierung öffentlicher Einrichtungen folglich Anwendung.

Folgt man allein dem Wortlaut von Art. 6 Abs. 1 *Unterabsatz 1*, so sieht der Richtliniengeber tatsächlich die gesetzliche Errichtung eines Übergangsmandats für Personalräte bei Privatisierungen vor. Nur dadurch könnten die Funktion und

---

777 Vgl. *Blanke*, ZfPR 2001, 242 (246 ff.).

778 *Hohenstatt*, in: Willemsen/Hohenstatt/Schweibert/Seibt, Umstrukturierung, Teil D, Rn. 70; *Preis*, in: ErfKommArbR, § 613 a BGB, Rn. 144; *von Roetteken*, PersR 1999, 109 (119).

779 *Von Roetteken*, PersR 1999, 109 (119); *Widmaier*, ZfPR 2001, 119 (124).

780 *Friedrich*, Europäisches Arbeitsrecht und Privatisierungen, S. 218; *von Roetteken*, PersR 1999, 109 (119).

781 *LAG Köln*, 10.3.2000, PersR 2000, 380 (381 f.).

782 *Bauer/Lingemann*, NZA 1994, 1057 (1059).

783 *Besgen/Langner*, NZA 1239 (1240).

784 Siehe bereits oben S. 107 (ff.).

die Rechtsstellung des Personalrats nach der Privatisierung erhalten bleiben. Es ist jedoch Art. 6 Abs. 1 *Unterabsatz 2* in die Überlegungen einzustellen. Danach findet Unterabsatz 1 keine Anwendung, wenn in dem neuen Unternehmen die Voraussetzungen für die Neubildung einer Arbeitnehmervertretung erfüllt sind. Ein Übergangsmandat des Personalrats ist immer dann entbehrlich, wenn in dem neu entstandenen privaten Unternehmen ein Betriebsrat gewählt werden kann. Das ist unter den Voraussetzungen des § 1 BetrVG der Fall.

Isoliert betrachtet spricht der Unterabsatz 1 des Art. 6 Abs. 1 dafür, der europäische Richtliniengeber verfolge das Ziel, bei dem nach dem Betriebsübergang selbständigen Unternehmen von Anfang an eine handlungs- und funktionsfähige Arbeitnehmervertretung zu installieren.[785] Der Blick auf den *Unterabsatz 2* zeigt jedoch, dass es dem Richtliniengeber lediglich darum geht, die Möglichkeit für die Bildung einer Arbeitnehmervertretung zu erhalten, die nach ihrer Wahl die Interessen der Beschäftigten in der neuen organisatorischen Einheit wahrnehmen kann. Eine vertretungslose Zeit vor der Neuwahl nimmt die Richtlinie dabei in Kauf.

Nur dann, wenn es der neuen Organisationseinheit z.B. mangels Größe an der Möglichkeit fehlt, einen Betriebsrat zu wählen, ist nach dem Willen des Richtliniengebers ein Übergangsmandat zu schaffen. Es kommt dem Richtliniengeber nicht darauf an, dass die Übergangsvertretung eine Neuwahl vorbereitet, sondern darauf, dass die Interessen der Beschäftigten von diesem Gremium zunächst weiter wahrgenommen werden. Insofern unterscheiden sich die Richtlinienvorgaben von denen des § 21 a BetrVG. In den anderen Fällen kommt ein Übergangsmandat nach den Richtlinienvorgaben nicht in Betracht. Die Möglichkeit, eine Interessenvertretung neu zu wählen, bietet nach den Vorgaben der Richtlinien ausreichend Schutz für die Arbeitnehmer.

In den in Art. 6 Abs. 1 Unterabsatz 2 der Richtlinie genannten Fällen ist die Ableitung eines Übergangsmandats aus Art. 6 Abs. 1 der Betriebsübergangsrichtlinie jedoch nur möglich, wenn die Richtlinienvorgaben unmittelbar zur Anwendung kommen.

Nach Ansicht *Friedrichs* können sich die Arbeitnehmervertreter bei einer formellen Privatisierung ihrem neuen Arbeitgeber gegenüber auf die Richtlinienvorgaben berufen.[786] Zwar komme eine unmittelbare Anwendung einer Richtlinie nur gegenüber dem Staat in Betracht. Er ist aber der Auffassung, da die öffentliche Hand bei einer formellen Privatisierung als Alleingesellschafterin des privatrechtlich organisierten Unternehmens ausreichend Einfluss auf die juristische Person des Privatrechts habe, müsse man auch hier von einer vertikalen Richtlinienwirkung ausgehen. Der Veräußerer könne auf die Einrichtung eines

[785] So auch *von Roetteken*, NZA 2001, 414 (422).

[786] *Friedrich*, ZEuS 2002, 427 (439).

Übergangsmandats bei dem Erwerber hinwirken. Anderenfalls könnte sich der Staat durch formelle Privatisierungen dem Anwendungsbereich der Richtlinie entziehen. Bei materiellen Privatisierungen komme eine unmittelbare Wirkung der Richtlinienvorgaben nicht in Betracht, da dem Staat dabei keine Einflussmöglichkeiten im Erwerberunternehmen verblieben.

Die Auffassung *Friedrichs* überzeugt nicht. Die unmittelbare Wirkung von Richtlinienvorgaben ist an enge Voraussetzungen geknüpft, da dieses europäische Rechtsinstitut lediglich hinsichtlich seines Ziels verbindliche Vorgaben macht, aber der Umsetzung in nationales Recht durch die Mitgliedstaaten bedarf.[787] Diese Voraussetzungen liegen hier nur teilweise vor: Der nationale Gesetzgeber hat die RL 2001/23/EG nicht vollständig in das nationale Recht umgesetzt. Er hat es versäumt, allgemeine Regelungen zu einem Übergangsmandat des Personalrats bei Privatisierungen zu schaffen. Die europäischen Vorgaben sind inhaltlich hinreichend bestimmt. Die Umsetzungsfrist ist verstrichen.[788]

Solche Richtlinienvorgaben könnten jedoch nur im Rahmen einer vertikalen Wirkung vom Bürger gegenüber dem Staat geltend gemacht werden. Eine horizontale Wirkung, d.h. zwischen Bürgern untereinander, kommt hingegen wegen der Gefahr eines Rechtsmissbrauchs und des Vorbehalts des Gesetzes nicht in Betracht.[789] Ein Arbeitnehmer des öffentlichen Dienstes kann folglich aus einer Richtlinie Ansprüche gegen den öffentlichrechtlichen Arbeitgeber geltend machen.[790] Die Arbeitgeberfunktion ist bei einer juristischen Person des Privatrechts nicht identisch mit der Gesellschafterstellung.[791] Die juristische Person selbst, etwa eine GmbH, ist Arbeitgeberin, deren Funktion durch die Vertretungsorgane der Gesellschaft, z.B. durch den Geschäftsführer oder den Vorstand ausgeübt wird. Die Stellung der Anteilseigner ist eine gesellschaftsrechtliche Stellung und hat keine arbeitsrechtlichen Auswirkungen.[792] Auf die Arbeitgeberfunktion im privatisierten Unternehmen kann es im vorliegenden Fall allein ankommen, da der Arbeitgeber Beteiligungspartner der Übergangsvertretung wäre. Das Übergangsmandat wirkt zukunftsgerichtet in der neuen organisatorischen Einheit. Der neue Arbeitgeber muss sich mit dem Übergangsbetriebsrat ins Benehmen setzen. Folglich wäre ein Anspruch aus der Richtlinie auf ein Übergangsmandat im privatisierten Unternehmen gegen den neuen Arbeitgeber, die juristische Person des Privatrechts, zu richten. Die unmittelbare Wirkung der Richtlinienvorgaben zwischen diesen Privaten, die sog. horizontale Drittwir-

---

[787] Siehe oben S. 119 (ff.).

[788] Vgl. dazu oben S. 116 (f.).

[789] *Royla/Lackhoff*, DVBl. 1998, 1116 (1119).

[790] *Fischer*, NVwZ 1992, 635 (637); *Schmidt*, Das Arbeitsrecht der Europäischen Gemeinschaft, Kap. I, Rn. 54.

[791] *Schmid/Trenk-Hinterberger*, Grundzüge des Arbeitsrechts, S. 23.

[792] *Schmid/Trenk-Hinterberger*, Grundzüge des Arbeitsrechts, S. 23.

kung, ist nicht möglich. Man kann hier nicht auf die tatsächliche Einwirkmöglichkeit der öffentlichen Hand aus ihrer Inhaberstellung heraus abstellen. Die vertragliche Regelung eines Übergangsmandats im privatisierten Unternehmen ist sicher wünschenswert, ein Anspruch gegen den Staat, den neuen Arbeitgeber zur Unterzeichnung eines Vertrages zu verpflichten, besteht hingegen nicht. Die Arbeitgeberfunktion ist klar an die juristische Person gekoppelt. Diese Verknüpfung kann nicht über eine tatsächliche Komponente aufgelöst werden. Es ist auch nicht ersichtlich, in welcher Höhe die öffentliche Hand Anteile an dem privatisierten Unternehmen mindestens halten soll, damit man von vertikaler Drittwirkung noch sprechen kann.

Der Einfluss des Staates hat hier nicht auf der tatsächlichen Ebene, sondern nur auf der rechtlichen Ebene zu erfolgen. Der Gesetzgeber ist aufgefordert, das Übergangsmandat des Personalrats bei der Privatisierung den Richtlinienvorgaben gemäß zu regeln. Ein solches Mandat kommt nur dann in Betracht, wenn in der privatisierten Einheit die Voraussetzungen zur Bildung eines Betriebsrats nicht erfüllt sind. Ein Anspruch gegen das privatisierte Unternehmen auf die Anerkennung eines solchen Übergangsmandats besteht hingegen nicht.

7. Ergebnis

Ein allgemeines gesetzliches Übergangsmandat des Personalrats bei der Privatisierung öffentlicher Einrichtungen besteht nicht. Eine andere Frage, die hier nicht erörtert zu werden braucht, ist, ob ein allgemeines Übergangsmandat von Personalräten bei Umstrukturierungen innerhalb des öffentlichen Rechts im Rahmen des geltenden Rechts anzunehmen ist. Die hier ebenfalls bestehende Spezialvorschrift des § 15 Abs. 3 BLEG spricht eher gegen einen allgemeinen Rechtsgedanken dieser Art.

6. Kapitel
Auswirkungen von Privatisierungen auf Dienstvereinbarungen

Regelungen, die sich inhaltlich auf das Arbeitsverhältnis auswirken, finden sich nicht nur in den individualrechtlich zwischen Arbeitgeber und Arbeitnehmer geschlossenen Arbeitsverträgen, sondern sehr häufig auch in Kollektivvereinbarungen. Zu diesen Vereinbarungen zählen neben den Tarifverträgen und Betriebsvereinbarungen auch Dienstvereinbarungen. Sie sind das öffentlichrechtliche Pendant zu den privatrechtlichen Betriebsvereinbarungen.[793] Durch ihre normative Wirkung erstrecken sie sich inhaltlich auf alle bestehenden und zukünftigen Beschäftigungsverhältnisse ihres Geltungsbereiches.

Privatisierungen, die einen Wechsel öffentlichrechtlicher Einrichtungen zu privatrechtlich verfassten Organisationseinheiten zur Folge haben, können sich folglich erheblich auf den Bestand von Dienstvereinbarungen auswirken, da in diesen Fällen die „Trennungslinie" zwischen Personalvertretungs- und Betriebsverfassungsrecht überschritten wird. Über die Art dieser Auswirkungen schweigt das Gesetz.

Einziger Anknüpfungspunkt zur Lösung dieser Problemstellung sind die Regelungen des § 613 a BGB. Das rechtliche Schicksal von Tarifverträgen und Betriebsvereinbarungen bei Betriebsübergängen innerhalb des Privatrechts bestimmt § 613 a Abs. 1 Satz 2 bis 4 BGB, der die Vorgaben des Art. 3 Abs. 3 der RL 77/187/EWG in das nationale Recht transformieren sollte.[794] Nach Satz 2 dieser Vorschrift werden diese Kollektivvereinbarungen beim Betriebsübergang zum Inhalt des Individualarbeitsverhältnisses. Dieser Grundsatz stellt aber nur einen individualrechtlichen Auffangtatbestand dar, der dann eingreift, wenn andere rechtliche Möglichkeiten der Weitergeltung von Tarifverträgen oder Betriebsvereinbarungen nicht in Betracht kommen.[795]

Werden derartige kollektivrechtliche Regelungen Bestandteil des Arbeitsvertrages, dürfen sie gem. § 613 a Abs. 1 Satz 2 BGB ein Jahr lang nicht zum Nachteil der betroffenen Arbeitnehmer abgeändert werden. Dieser Gesetzeskonzeption liegt der Gedanke zugrunde, die Rechtsstellung des Arbeitnehmers solle durch den Betriebsübergang weder verschlechtert noch verbessert werden.[796]

---

[793] *Edenfeld*, Recht der Arbeitnehmermitbestimmung, Rn. 329.

[794] *Richardi*, in: Staudinger, § 613 a BGB, Rn. 162; *Wank*, in: MünchArbR, § 124, Rn. 177.

[795] *BAG*, 29.8.2001, AP Nr. 17 zu § 1 TVG (Bezugnahme auf Tarifvertrag); *BAG*, 5.2.1991, AP Nr. 89 zu § 613 a BGB; *Däubler*, RdA 1995, 136 (139); *Kempen, O.E.*, BB 1991, 2006.

[796] *BAG*, 29.8.2001, AP Nr. 17 zu § 1 TVG (Bezugnahme auf Tarifvertrag).

I. Vorüberlegung: Auswirkungen auf Betriebsvereinbarungen

Bevor die Auswirkung von Privatisierungen auf Dienstvereinbarungen untersucht werden wird, soll ein Blick auf das rechtliche Schicksal von Betriebsvereinbarungen geworfen werden, da die hierbei geltenden Grundsätze die Grundlage für die Überlegungen zur Fortgeltung von Dienstvereinbarungen sind.

Betriebsvereinbarungen sind privatrechtliche kollektive Normenverträge zwischen Arbeitgeber und Betriebsrat.[797] Sie gelten gem. § 77 Abs. 4 BetrVG für alle Arbeitnehmer des Betriebes unmittelbar und zwingend und können Rechtsnormen über die betriebliche Ordnung, soziale und personelle Belange der Arbeitnehmer sowie über den Inhalt und die Beendigung von Arbeitsverhältnissen enthalten.[798]

Betriebsvereinbarungen können z.B. in bereits formell privatisierten Einrichtungen bestehen. Bei der Frage der Weitergeltung dieser Vereinbarungen im Falle einer materiellen Privatisierung gilt es zu unterscheiden, ob damit ein Betriebsübergang verbunden ist oder ob sich die öffentliche Hand lediglich von Gesellschaftsanteilen an dem privaten Unternehmen trennt. Bei bloßer Veräußerung von Anteilen durch die öffentliche Hand kommt es nicht zu einem Betriebsübergang. Die kollektivrechtliche Wirkweise der Betriebsvereinbarungen wird dadurch nicht beeinträchtigt. Sie gelten als kollektivrechtliche Normen unvermindert weiter, da sich an der Identität des privatrechtlichen Unternehmens als Arbeitgeber nichts ändert.

Gestaltet sich die materielle Privatisierung hingegen in Form eines Betriebsübergangs – etwa bei der vollständigen Übertragung einer öffentlichen Aufgabe und bestimmter Betriebsmittel und Arbeitnehmer auf einen Privaten –, so gelten die Regelungen der Betriebsvereinbarungen gem. § 613 a Abs. 1 Satz 2 BGB nur individualrechtlich durch Transformation in die jeweiligen Arbeitsverträge fort. Eine kollektivrechtliche Weitergeltung der Betriebsvereinbarung kommt entgegen dem Wortlaut von § 613 a Abs. 1 Satz 2 BGB ausnahmsweise dann in Betracht, wenn die betriebliche Einheit beim Übergang auf einen anderen Arbeitgeber ihre Identität behält und danach weiterhin dem Geltungsbereich des BetrVG unterfällt.[799]

Besonderheiten gelten bei der Fortgeltung von Gesamtbetriebsvereinbarungen.[800] Besteht die Organfunktion des Gesamtbetriebsrates bei gleich bleibender

---

[797] *Edenfeld*, Arbeitnehmerbeteiligung, S. 254.

[798] Vgl. *Matthes*, in: MünchArbR, § 319, Rn. 1 (ff.).

[799] *BAG*, 27.7.1994, AP Nr. 118 zu § 613 a BGB; *Schaub*, FS Wiese, S. 535 (537); kritisch zum Merkmal der Betriebsidentität *Kreutz*, FS Wiese, S. 235 (239 ff.).

[800] Zur Problematik der Transformation von Gesamtbetriebsvereinbarungen in betriebsratslosen Betrieben vgl. *Schnitker*, Die Auswirkungen des neuen Umwandlungsgesetzes, S. 121 (ff.).

Unternehmensidentität nicht fort, kommt nur eine individualrechtliche Fortgeltung in entsprechender Anwendung des § 613 a Abs. 1 Satz 2 bis 4 BGB in Betracht.[801]

II. Auswirkungen auf Dienstvereinbarungen

Anders ist dies bei der Fortgeltung von Dienstvereinbarungen im Falle von formellen oder materiellen Privatisierungen öffentlichrechtlich verfasster Einrichtungen, denen keine formellen Privatisierungen vorangegangen sind. Der Wechsel einer Dienststelle oder eines öffentlichrechtlichen Eigenbetriebs in den Privatrechtskreis könnte besondere Auswirkungen auf den Bestand von Dienstvereinbarungen haben.

1. Auswirkungen auf Beamte

Zunächst sind dabei die Beschäftigungsverhältnisse der Beamten zu betrachten. Beamtenverhältnisse können – anders als die Beschäftigungsverhältnisse von Arbeitern und Angestellten – nicht auf privatisierte Einrichtungen übergehen. Die Begründung von Beamtenverhältnissen setzt notwendig die *Dienstherreneigenschaft* des Arbeitgebers voraus.[802] Diese Fähigkeit fällt jedoch in die ausschließliche Zuständigkeit der Staatsgewalt.[803] So bestimmt § 121 BRRG,[804] dass lediglich die Länder, Gemeinden, Gemeindeverbände und die Körperschaften, Anstalten und Stiftungen des öffentlichen Rechts *Dienstherrenfähigkeit* besitzen.

a) Begründung eines privatrechtlichen Arbeitsverhältnisses

Möglich ist zunächst, dass ein von einer Privatisierung betroffener Beamter gem. § 30 BBG[805] auf eigenen Antrag aus dem Beamtenverhältnis entlassen wird und ein privates Arbeitsverhältnis zu dem privatisierten Unternehmen begründet. Darüber hinaus kann ein Beamter gem. § 13 Abs. 1 der SUrlVO[806] des

---

801 *Hanau*, ZGR 1990, 548 (555); allgemein zur Weitergeltung von Betriebsvereinbarungen bei Betriebsübergang *Gussen/Dauck*, Die Weitergeltung von Betriebsvereinbarungen und Tarifverträgen bei Betriebsübergang und Umwandlung.

802 *Strauß*, Funktionsvorbehalt und Berufsbeamtentum, S. 127.

803 *Engels/Müller/Mauß*, DB 1994, 473; Krölls, GewArch 1995, 129 (141).

804 Beamtenrechtsrahmengesetz i.d.F. 31.3.1999, BGBl. I 1999, S. 654.

805 Bundesbeamtengesetz i.d.F. 31.3.1999, BGBl. I 1999, S. 675.

806 Sonderurlaubsverordnung i.d.F. vom 25.4.1992, BGBl. I 1992, S. 978; vergleichbare Sonderurlaubsvereinbarungen bestehen auch jeweils für die Beamten der Länder.

Bundes Sonderurlaub ohne Bezüge beantragen, während dessen er einem privatrechtlichen Arbeitsverhältnis nachgeht. Ein Nebeneinander von fortbestehendem – wenn auch beurlaubtem – Beamtenverhältnis und privatrechtlichem Arbeitsvertrag ist durchaus zulässig.[807] Während dieser Zeit ruhen die sich aus dem Beamtenverhältnis ergebenden beiderseitigen Pflichten des Beamten und des Dienstherrn. Für diese Beschäftigten gelten Dienstvereinbarungen in gleichem Maße weiter wie für die anderen bei einer Privatisierung übergehenden Beschäftigungsverhältnisse. Darauf wird im Folgenden noch einzugehen sein.

b) Kein Übergang des Beschäftigungsverhältnisses

Begründen Beamte kein privatrechtliches Arbeitsverhältnis zu der privatisierten Einrichtung, werden ihre Beamtenverhältnisse einer anderen Dienststelle zugeordnet. Gleichwohl könne sie tatsächlich in der privatisierten Einrichtung zum Einsatz kommen. Dazu bestehen verschiedene Möglichkeiten.

Nach § 123 a Abs. 2 BRRG kann Beamten, deren Dienststelle formell privatisiert wurde, eine ihrem Amt entsprechenden Tätigkeit bei dieser privatisierten Einrichtungen zugewiesen werden. Die Norm regelt folglich den Fall, dass die Dienststelle, in der die Beamten zuvor beschäftigt waren, durch die Privatisierung wegfällt. In den Fällen, in denen die Voraussetzungen für eine Zuweisung nach § 123 a Abs. 2 BRRG nicht erfüllt sind, kommt eine Zuweisung des Beamten zu einer privatrechtlichen Einrichtung nach § 123 a Abs. 1 Satz 2 BRRG in Betracht. Diese Vorschrift beschränkt die Zuweisung nicht auf formell privatisierte öffentliche Einrichtungen, sondern macht eine Zuweisung zu jeder privatrechtlich verfassten Einrichtung möglich.[808] Nach dem Wortlaut von § 123 a Abs. 1 Satz 2 BRRG kann ein Beamter einer *anderen*, d.h. nicht öffentlichen Einrichtung bei Vorliegen dringender öffentlicher Interessen zugewiesen werden. Eine Zuweisung nach § 123 a Abs. 1 Satz 2 BRRG darf deshalb nur vorübergehenden Charakter haben und ist zudem an die Zustimmung des zuzuweisenden Beamten gekoppelt. In den Bereichen, in denen die Voraussetzungen einer Zuweisung nicht vorliegen, ist ein Rückgriff auf das Instrument der vertraglichen Dienstleistungsüberlassung für die öffentliche Hand von Interesse.[809] Das gilt insbesondere dann, wenn es sich nicht um eine privatrechtliche Einrichtung in mehrheitlichem Eigentum der öffentlichen Hand nach § 123 a Abs. 2 BRRG handelt, sondern um ein materiell privatisiertes Unternehmen.

---

[807] *BAG*, 27.6.2001, AP Nr. 20 zu § 611 BGB (Faktisches Arbeitsverhältnis); *BAG*, 18.3.2001, AP Nr. 5 zu § 7 BetrVG 1972.

[808] Vgl. *Kröll*, PersR 1998, 62 (63).

[809] *Lücke*, ZfPR 1999, 137 (140).

In diesen Fällen gehen die Beschäftigungsverhältnisse der Beamten aber nicht auf die privatisierte Einrichtung über. Der Rechtsstatus der Beamten ändert sich nicht. Es bestehen zu seinem Dienstherrn weiterhin die beamtenrechtlichen Pflichten und Rechte. Lediglich das fachliche Weisungsrecht geht auf den privaten Unternehmer über.[810]

Betreffen Dienstvereinbarungen die Beschäftigungsverhältnisse von Privatisierungsbeamten, wirken sie kollektivrechtlich – als Dienstvereinbarungen – fort.[811] Das rechtliche Schicksal dieser Regelungen richtet sich ausschließlich nach Personalvertretungsrecht. So ist es beispielsweise denkbar, dass in der Dienststelle, denen Privatisierungsbeamte formal zugeordnet sind, neue Dienstvereinbarungen abgeschlossen werden, die die Regelungen der alten Dienstvereinbarungen ablösen[812].

2. Auswirkungen auf übergehende Arbeitsverhältnisse

Fraglich ist, inwieweit die Regelungen von Dienstvereinbarungen auf diejenigen Beschäftigungsverhältnisse weiterhin Anwendung finden, die auf die privatisierte Einrichtung übergehen. Zu unterscheiden ist zwischen der Weitergeltung dieser kollektivrechtlichen Vereinbarungen, wenn bei dem neuen Arbeitgeber keine kollektivrechtlichen Absprachen bestehen, und deren Ablösung.

a) Weitergeltung von Dienstvereinbarungen

Nach einem Betriebsübergang kommt eine normative kollektivrechtliche Weitergeltung von Dienstvereinbarungen oder die Transformation ihres Inhalts in das Arbeitsverhältnis gem. § 613 a Abs. 1 Satz 2 BGB in Betracht. Für den einzelnen von der Privatisierung betroffenen Arbeitnehmer macht die Art der Weitergeltung zunächst keinen Unterschied. In beiden Fällen, d.h. der Transformation oder der kollektivrechtlichen Fortgeltung, konkretisieren die Regelungen das Arbeitsverhältnis der Beschäftigten.

Die in das individuelle Arbeitsverhältnis transformierten Regelungen unterfielen aber, anders als kollektivrechtlich weitergeltende Absprachen, der einjährigen Veränderungssperre des § 613 a Abs. 1 Satz 2 BGB und könnten erst nach Ablauf dieses Jahres durch Änderungsvertrag auf der Grundlage einer Änderungskündigung beseitigt werden.

---

[810] *Vogelsang*, PersV 2005, 4 (6).

[811] *Blanke/Sterzel*, Privatisierungsrecht für Beamte, Rn. 254.

[812] Vgl. *Blanke/Sterzel*, Privatisierungsrecht für Beamte, Rn. 256.

Im Unterschied dazu käme eine kollektivrechtlich fortgeltende Dienstvereinbarung während ihrer Geltungsdauer allen bereits beim Erwerber Beschäftigten und auch den später neu in das Unternehmen eintretenden Arbeitnehmern zugute, da sich der Inhalt der so fortgeltenden Dienstvereinbarungen auf alle Arbeitsverhältnisse im gesamten Betrieb erstrecken würde.

aa) Individualrechtliche Weitergeltung

§ 613 a BGB findet auf Privatisierungen durch Rechtsgeschäft unmittelbar[813], auf Privatisierungen durch Gesamtrechtsnachfolge[814] und Organisationsgesetz[815] analog Anwendung. § 613 a Abs. 1 Satz 2 BGB regelt dem Wortlaut nach aber nur die Weitergeltung von *Betriebsvereinbarungen*, nicht auch diejenige von *Dienstvereinbarungen*. Wegen dieses Wortlautes scheidet die unmittelbare Anwendung dieser Regelung auf Dienstvereinbarungen auch bei Privatisierungen durch Rechtsgeschäft aus; unbestritten ist § 613 a Abs. 1 Satz 2 BGB aber analog anwendbar.[816] § 613 a Abs. 1 und 2 bis 4 BGB enthält ein Mindestschutzniveau für die betroffenen Arbeitnehmer, das auch bei Übergängen von Dienststellen bei der Privatisierung öffentlicher Einrichtungen zu beachten ist.[817] Analog § 613 a Abs. 1 Satz 2 BGB werden inhaltliche Vorgaben von Dienstvereinbarungen bei der Privatisierung öffentlicher Einrichtungen in die Arbeitsverhältnisse zwischen privatem Arbeitgeber und Arbeitnehmer übertragen.

bb) Kollektivrechtliche Weitergeltung?

Fraglich ist, ob Dienstvereinbarungen bei Privatisierungen auch kollektivrechtlich weitergelten können.

(1) Meinungsstand

Wegen ihrer grundsätzlichen Ähnlichkeit schlagen einige Autoren vor, die Weitergeltung von Betriebs- und Dienstvereinbarungen nach einer Privatisierung in gleicher Weise zu handhaben und bezüglich der Dienstvereinbarungen an die

---

[813] Siehe oben S. 77 (ff.).

[814] Siehe oben S. 79 (ff.).

[815] Siehe oben S. 85 (f.).

[816] *Hanau*, in: Erman, BGB, § 613 a, Rn. 71; *Hanau/Becker*, Arbeitsrechtliche Probleme der Privatisierung, S. 111; *Schipp/Schipp*, Arbeitsrecht und Privatisierung, Rn. 180; *Schuster/Beckerle*, NZA 1985, 16 (f.); *Trümner*, in: Blanke/Trümner, Handbuch Privatisierung, Rn. 723.

[817] Siehe dazu oben S. 77 (ff.).

Rechtsprechung des *BAG* zur kollektivrechtlichen Weitergeltung von Betriebsvereinbarungen anzuknüpfen.[818] Betriebsvereinbarungen gelten danach bei einem Betriebsübergang kollektivrechtlich fort, wenn die betriebliche organisatorische Einheit nach dem Übergang weiterbesteht.[819] Folglich müssten auch Dienstvereinbarungen nach Privatisierungen als Betriebsvereinbarungen normative Wirkung entfalten können, wenn die zuvor öffentlichrechtliche organisatorische Einheit als privatrechtliche weiterbestehe.[820] Es sei nicht einzusehen, warum der Schutz der öffentlichen Bediensteten schlechter ausfallen solle als der der Beschäftigten in der privaten Wirtschaft. Außerdem wäre eine damit verbundene Privilegierung der öffentlichen Hand für die Erfüllung öffentlicher Aufgaben nicht notwendig.[821]

Dienstvereinbarungen und Betriebsvereinbarungen unterschieden sich zudem nicht hinsichtlich ihrer Rechtsnormqualität.[822] Zwar seien jene dem öffentlichen Recht zuzuordnen, könnten dort aber nicht als öffentlichrechtliche Verträge qualifiziert werden, da der Personalrat öffentliche Bedienstete und auf privatrechtlicher Grundlage Beschäftigte gleichermaßen vertrete.[823] Maßgeblich sei, dass beide Kollektivvereinbarungen Normenverträge seien, die auf dem Sozialstaatsprinzip fußten und daher in ihrer rechtlichen Wirkung gleich zu behandeln seien.[824] Soweit behauptet werde, Dienstvereinbarungen könnten nur nach § 613 a Abs. 1 Satz 2 BGB durch Transformation individualarbeitsvertraglich weitergelten, sei dem entgegenzuhalten, § 613 a BGB fungiere lediglich als Auffangrecht, wenn eine kollektivrechtliche Weitergeltung nicht in Betracht komme. Eine kollektivrechtliche Weitergeltung von Dienstvereinbarungen als Betriebsvereinbarungen könne aber bei bestehender Betriebsidentität angenommen werden.[825] Nur wenn die organisatorische Einheit nach der Privatisierung nicht beibehalten werde, werde der Inhalt von Dienstvereinbarungen lediglich individualrechtlich

---

[818] *Blanke*, PersR 2000, 43 (50); *Hanau/Becker*, Arbeitsrechtliche Probleme der Privatisierung, S. 99; *Trümner*, PersR 1993, 473 (480); *von Roetteken*, PersR 1995, 151(152 ff.); *Vogelsang*, PersV 2005, 4 (10). *Schweier* legt sich nicht eindeutig fest, zieht die normative Weitergeltung von Dienstvereinbarungen aber scheinbar in Betracht, in: Fabry/Augsten, Handbuch Unternehmen der öffentlichen Hand, Teil 3, Rn. 90.

[819] *BAG*, 5.2.1991, AP Nr. 89 zu § 613 a BGB; *BAG*, 27.7.1994, AP Nr. 118 zu § 613 a BGB; *Blanke/Gebhardt/Heuermann*, Leitfaden Privatisierungsrecht, Teil 2, Rn. 58; *Hammer/Hoffmann*, Arbeitshilfe Outsourcing, S. 48 (f.); *Hanau*, ZGR 1990, 548 (555).

[820] *Blanke*, in: Blanke/Trümner, Handbuch Privatisierung, Rn. 795 (ff.); *ders.*, PersR 2000, 43 (50); *Blanke/Sterzel*, Privatisierungsrecht für Beamte, Rn. 253; *Trümner*, in: Blanke/Trümner, Handbuch Privatisierung, Rn. 723; *Widmaier*, ZfPR 2001, 119 (124).

[821] *Hammer*, PersR 1997, 54 (60):

[822] *Dietz*, FS Sitzler, S. 131 (ff.); *Frohner*, PersR 1995, 99 (108).

[823] *Frohner*, PersR 1995, 99 (108).

[824] *Frohner*, PersR 1995, 99 (108).

[825] *Frohner*, PersR 1995, 99 (109); *Wurm*, ZfPR 2000, 307 (310).

in die Arbeitsverhältnisse transformiert,[826] soweit dieser Inhalt auf das Arbeitsverhältnis übertragbar sei.[827] Zwar nenne § 613 a Abs. 1 Satz 2 BGB ausdrücklich nur die Betriebsvereinbarung, jedoch könne diese Vorschrift für Dienstvereinbarungen entsprechend herangezogen werden.[828] Dies gelte nur dann nicht, wenn bei dem neuen Arbeitgeber bereits Betriebsvereinbarungen bestünden, die dieselben Regelungsgegenstände beträfen, selbst wenn diese für die Arbeitnehmer ungünstigere Inhalte enthielten.[829]

Zur Begründung dieser Auffassung wird außerdem auf Art. 3 Abs. 3 der RL 2001/23/EG verwiesen. Diese Vorschrift sehe eine Weitergeltung von Kollektivvereinbarungen beim Erwerber „in dem gleichen Maße" wie bei dem Veräußerer vor.[830]

Einer anderen Ansicht zufolge ist die kollektivrechtliche Weitergeltung von Dienstvereinbarungen als Betriebsvereinbarungen demgegenüber generell ausgeschlossen.[831] Stattdessen sei stets nur § 613 a Abs. 1 Sätze 2 und 4 BGB analog anzuwenden, wodurch die Inhalte der Dienstvereinbarung Inhalt des Arbeitsvertrages würden, sofern nicht bereits Betriebsvereinbarungen für diesen Regelungskomplex i.S.d. § 613 a Abs. 1 Satz 3 BGB bestünden.[832] Mit einer Privatisierung ende die öffentlichrechtliche Rechtsform der betroffenen Einrichtung, womit auch die öffentlichrechtlichen Dienstvereinbarungen keine kollektivrechtliche Geltung mehr beanspruchen könnten. Das BPersVG sehe die Weitergeltung von Dienstvereinbarungen bei Privatisierungen nicht vor, und das BetrVG könne wegen § 130 BetrVG nicht auf Dienstvereinbarungen angewandt werden. Es müsse jedoch der in § 613 a BGB normierte Mindestschutz beachtet werden. Dies gelinge bereits mit Hilfe einer analogen Anwendung des § 613 a Abs. 1 Satz 2 BGB.

(2) Stellungnahme

(a) Vergleichbarkeit von Dienst- und Betriebsvereinbarung

Ob man bezüglich der Weitergeltung von Dienstvereinbarungen an die Rechtsprechung des *BAG* zur kollektivrechtlichen Weitergeltung von Betriebsverein-

---

[826] *Blanke*, PersR 2000, 43 (50).

[827] *Widmaier*, ZfPR 2001, 119 (124).

[828] *Hammer*, PersR 1997, 54 (60).

[829] *Blanke/Gebhardt/Heuermann*, Leitfaden Privatisierungsrecht, Teil 2, Rn. 58.

[830] *Frohner*, PersR 1995, 99 (109); *von Roetteken*, NZA 2001, 414 (421); *Trümner*, PersR 1997, 197 (203 f.); *Widmaier*, ZfPR 2001, 119 (125).

[831] *Schipp*, NZA 1994, 865 (870); *Schipp/Schipp*, Arbeitsrecht und Privatisierung, Rn. 213.

[832] *Schipp*, NZA 1994, 865 (870).

barungen anknüpfen kann, hängt davon ab, inwieweit dem nicht Unterschiede in der rechtlichen Qualität der beiden Kollektivvereinbarungsarten entgegenstehen.

Es handelt sich zwar nach richtiger Auffassung bei beiden Vereinbarungsarten um schuldrechtliche Verträge mit normativer Wirkung[833] und nicht um Satzungen.[834] Betriebsvereinbarungen kann aber nur der Betriebsrat für ein privatrechtlich verfasstes Unternehmen abschließen, Dienstvereinbarungen dagegen nur der Personalrat für eine öffentlichrechtlich verfasste Dienststelle. Die jeweiligen Kollektivvereinbarungen entfalten grundsätzlich nur in diesen Rechtsbereichen kollektivrechtliche Wirkung für die Beschäftigungsverhältnisse. Die Abgrenzung zwischen Betriebsverfassungs- und Personalvertretungsrecht ist an ein formelles Kriterium, nämlich das der Rechtsform der jeweiligen Organisationseinheiten geknüpft. Infolgedessen sind Streitigkeiten über betriebsverfassungsrechtliche Angelegenheiten gem. § 2 a Abs. 1 Nr. 1 ArbGG vor den Arbeitsgerichten auszutragen, während für die in § 83 Abs. 1 BPersVG genannten Streitigkeiten über personalvertretungsrechtliche Fragen, zu denen gem. § 83 Abs. 1 Nr. 4 BPersVG solche über Dienstvereinbarungen gehören, der Verwaltungsrechtsweg eröffnet ist. Diese Zuständigkeitsverweisungen machen eine klare Zuordnung der Betriebsvereinbarung zum Privatrecht und der Dienstvereinbarung zum öffentlichen Recht deutlich. Wegen der Verortung der Dienstvereinbarung im öffentlichen Recht[835] ist sie von zivilrechtlichen Verträgen zu unterscheiden und nach vorzugswürdiger Auffassung als öffentlichrechtlicher Vertrag einzuordnen.[836] Die kollektivrechtliche Weitergeltung eines öffentlichrechtlichen Vertrages bei Privatisierungen ohne eine gesetzliche Anordnung stößt nun aber auf erhebliche Bedenken.

So macht ein Blick auf die bei den jeweiligen kollektiven Vereinbarungen beteiligten Vertragspartner die Unterschiede beider Vertragsarten deutlich. An dem Zustandekommen einer Dienstvereinbarung ist gem. § 73 Abs. 1 Satz 2 BPersVG der Personalrat und der Dienststellenleiter als Vertreter der Dienststelle beteiligt. Die Betriebsvereinbarung kommt gem. § 77 Abs. 2 Satz 1 BetrVG zwischen dem Betriebsrat und dem Arbeitgeber zustande. Im Gegensatz zum Arbeitgeber im Bereich des Betriebsverfassungsrechts ist der Dienststellenleiter

833 Vgl. für die Dienstvereinbarung *Altvater/Bacher/Hörter u.a.*, BPersVG, § 73, Rn. 1; *Dietz/Richardi*, BPersVG, § 73, Rn. 4; *Müller, B.*, Arbeitsrecht im öffentlichen Dienst, Rn. 20; ebenso für die Betriebsvereinbarung *Fitting/Engels/Schmidt u.a.*, BetrVG, § 77, Rn. 13.

834 So aber noch *Galperin*, BB 1949, 374 (375); unentschlossen für die Dienstvereinbarung wohl noch *Berger-Delhey*, PersV 1989, 293 (295); *Lorenzen/Etzel/Gerhold u.a.*, BPersVG, § 73, Rn. 4; für die Betriebsvereinbarung *Berg*, in: Däubler/Kittner/Klebe, BetrVG, § 77, Rn. 8.

835 So auch *Berger-Delhey*, PersV 1989, 293 (294).

836 *Grabendorff/Ilbertz/Widmaier*, BPersVG, § 73, Rn. 4; *Edenfeld*, Arbeitnehmerbeteiligung, S. 254; so auch bereits *Nikisch*, Arbeitsrecht, Bd. III, S. 301; zu den Abgrenzungskriterien bei öffentlichrechtlichen Verträgen und privatrechtlichen Verträgen vgl. *Bonk*, in: Stelkens/Bonk/Sachs, VwVfG, § 54, Rn. 75 (ff.), 130.

als Vertragspartner des Personalrats zur Wahl dieses Gremiums gem. § 13 Abs. 1 BPersVG wahlberechtigt. Zwar ist ein Vergleich des Dienststellenleiters mit den leitenden Angestellten gem. § 5 Abs. 3 und Abs. 4 BetrVG durchaus möglich,[837] jedoch sind letztere gerade keine Arbeitnehmer i.S.d. BetrVG und haben also auch kein aktives oder passives Wahlrecht zum Betriebsrat.[838] Der Dienststellenleiter ist demnach im Unterschied zu einem privaten Arbeitgeber und den leitenden Angestellten in die Arbeitnehmervertretungsstruktur eingegliedert. Zugespitzt formuliert: Der Personalrat vertritt auch die Interessen des Dienststellenleiters. Dieser weist damit als Vertragspartner der Interessenvertretung beim Abschluss von Kollektivvereinbarungen strukturelle Unterschiede im Vergleich zu seinem privatrechtlichen Pendant, dem Arbeitgeber, auf.[839] Diese Unterschiede können sich auf die Kollektivvereinbarung als Ergebnis von Verhandlungen der Vertragspartner auswirken. Daher verbieten sich auch Rückschlüsse von der einen auf die andere Kollektivvereinbarungsart.

Letztlich verfolgen zwar beide Beteiligungssysteme vergleichbare Ziele zum Wohl der Beschäftigten. Sie bewegen sich aber jeweils auf einer von unterschiedlichen Zielen und Motiven beeinflussten Basis. Die Unternehmensziele der Privatwirtschaft werden beeinflusst vom Streben nach Gewinnmaximierung, der Behauptung im Wettbewerb und letztlich der Abwendung einer Insolvenz. Hier steht die Wirtschaftlichkeitsmaxime im Vordergrund.

Der Grundsatz wirtschaftlichen Arbeitens besteht zwar auch für die öffentliche Verwaltung, nicht zuletzt wegen der knappen Haushaltsmittel; die öffentliche Verwaltung ist aber vorwiegend dem jeweiligen gesetzlichen Auftrag und dem Gemeinwohl verpflichtet. Die einzelnen Dienststellen brauchen wegen des omnipotenten Kapitalgebers öffentliche Hand eine Insolvenz ihrer organisatorischen Einheit praktisch nicht zu fürchten.[840] Diese unterschiedlichen Motive spielen auch bei Aushandlung von Kollektivvereinbarungen – wenigstens mittelbar – eine Rolle. Das steht einer generellen Gleichsetzung von Dienstvereinbarung und Betriebsvereinbarung ebenfalls im Wege. Würde die Dienstvereinbarung als Betriebsvereinbarung in der privatisierten Einrichtung weitergelten, würden die Motive, die der Arbeitsweise der ursprünglich öffentlichen Einrichtungen zugrunde lagen, zur Grundlage für den von der kollektivrechtlichen Weitergeltung betroffenen privaten Betrieb gemacht, da sich die Betriebsvereinbarung auf alle zukünftigen Arbeitsverhältnisse des Betriebes erstreckte. Eine kollektivrechtliche Weitergeltung von Betriebsvereinbarungen innerhalb des Privatrechts ist durchaus möglich und sinnvoll – für Dienstvereinbarungen, die ihre

---

[837] So *Müller, B.*, Arbeitsrecht im öffentlichen Dienst, Rn. 223.

[838] § 5 Abs. 3 Satz 1 BetrVG.

[839] Vgl. dazu *Kossens*, RiA 1996, 66 (68).

[840] Darauf verweist *Kossens*, RiA 1996, 66 (69).

Wirkung im Privatrechtsverkehr entfalten sollen, gilt das aber nicht. Hier liegt daher nur eine individualrechtliche Weitergeltung nahe.

(b) Analoge Anwendung vorhandener Vorschriften?

Der Gesetzgeber hat für den Fall der Weitergeltung von Dienstvereinbarungen bei Privatisierungen einzelne Ausnahmeregelungen geschaffen, in denen er die kollektivrechtliche Fortgeltung angeordnet hat. Es fragt sich, ob eine analoge Anwendung dieser Regelungen in Betracht kommt.

In § 14 Abs. 3 DGBankUmwG,[841] § 12 Abs. 3 DSLBUmwG[842] und in § 25 Abs. 3 PostPersRG[843] hat der Bundesgesetzgeber für die Umwandlung der Deutschen Genossenschaftsbank, der Deutschen Siedlungs- und Landesbank und der Deutschen Bundespost in Aktiengesellschaften jeweils angeordnet, zum Zeitpunkt der Umwandlung bestehende Dienstvereinbarungen sollten als Betriebsvereinbarungen weitergelten.

Vereinzelt sehen solche Regelung auch Landesgesetze vor. In § 6 des schleswig-holsteinischen LBSG[844] hat der Landesgesetzgeber für die Privatisierung der Landes-Bausparkasse Schleswig-Holstein die Fortgeltung der bestehenden Dienstvereinbarungen als Betriebsvereinbarungen in der Landesbausparkasse Schleswig-Holstein AG angeordnet. Eine entsprechende Regelung sieht der Staatsvertrag zwischen der Freien und Hansestadt Hamburg und dem Land Schleswig-Holstein über die Verschmelzung der Landesbank Schleswig-Holstein Girozentrale und der Hamburgischen Landesbank – Girozentrale – auf eine Aktiengesellschaft vom 4.2.2003 in § 5 vor. Auch bei der Privatisierung der Westdeutschen Landesbank Girozentrale ist die Fortgeltung von Dienstvereinbarungen als Betriebsvereinbarung in § 13 Abs. 1 WestLBErG[845] vorgesehen.

Ein Verstoß gegen die Gesetzgebungskompetenz des Bundes ist – wie schon bei den landesrechtlichen Regelungen von Übergangsmandaten für Personalräte bei Privatisierungen – bei diesen Vorschriften ebenfalls nicht auszumachen.[846]

---

[841] Gesetz zur Umwandlung der Deutschen Genossenschaftsbank vom 13. August 1998, BGBl. I 1998, S. 2102.

[842] Gesetz über die Umwandlung der Siedlungs- und Landesrentenbank in eine Aktiengesellschaft vom 16. Dezember 1999, BGBl. I 1999, S. 2441.

[843] Gesetz zum Personalrecht der Beschäftigten der früheren Deutschen Bundespost vom 14. September 1994, BGBl. I 1994, S. 2325, 2353.

[844] Gesetz über die Ausgliederung der Landes-Bausparkasse Schleswig-Holstein aus dem Vermögen der Landesbank Schleswig-Holstein Girozentrale vom 7. Mai 2003, GVOBl. Schl.-H. 2003, S. 206.

[845] Gesetz zur Errichtung der Landesbank Nordrhein-Westfalen und zur Umwandlung der Westdeutschen Landesbank Girozentrale vom 2. Juli 2002, GV.NRW 2002, S. 284.

[846] Siehe oben S. 159 (f.).

Die gesetzlichen Regelungen zur Fortgeltung von Dienstvereinbarungen zeigen einerseits, dass eine automatische kollektivrechtliche Weitergeltung nach Einschätzung des Gesetzgebers jedenfalls nicht möglich ist. Die Regelungen könnten aber doch andererseits ein Indiz für den Willen des Gesetzgebers sein, Dienstvereinbarungen sollten bei formellen Privatisierungen grundsätzlich als Betriebsvereinbarungen kollektivrechtlich fortwirken. Dann fragt sich allerdings, warum er nicht eine allgemeine Vorschrift zur Weitergeltung von Dienstvereinbarungen geschaffen hat. Die ausdrückliche und punktuelle Regelung der Kontinuität von Kollektivvereinbarungen spricht eher gegen einen auf alle Privatisierungen übertragbaren allgemeinen Rechtsgedanken. § 25 Abs. 3 PostPersRG sieht im Übrigen eine zeitliche Begrenzung der Weitergeltung von längstens 24 Monaten ab Eintragung vor. Eine solche Regelung hat der Bundesgesetzgeber in § 14 DGBankUmwG und § 12 DSLBUmwG demgegenüber nicht getroffen. Auch in den einschlägigen Landesgesetzen ist eine solche zeitliche Begrenzung nicht vorgesehen. Von einem einheitlichen Rechtsprinzip kann folglich keine Rede sein.

(c) Art. 3 Abs. 3 der RL 2001/23/EG

Der Hinweis auf die RL 2001/23/EG vermag an diesem Ergebnis nichts zu ändern. Die europarechtlichen Vorgaben der Betriebsübergangsrichtlinie verlangen von den Mitgliedstaaten, eine Regelung zu schaffen, nach welcher Kollektivverträge mindestens ein Jahr nach dem Betriebsübergang fortzugelten haben. Der Betriebserwerber hat die kollektivrechtlichen Regelungen nach dem Betriebsübergang „in dem gleichen Maße aufrecht (zu erhalten) wie sie in dem Kollektivvertrag für den Veräußerer vorgesehen waren."

Fraglich ist, ob mit der Vorschrift in § 613 a Abs. 1 Satz 2 bis 4 BGB eine solche Regelung Einzug in das deutsche Recht gefunden hat. Ob die grundsätzlich individualrechtliche Fortgeltung *„in dem gleichen Maße"* wie eine kollektivrechtliche Geltung wirkt, macht den Kern der Streitfrage aus.

Über die konkrete Wirkungsweise dieser Regelungen beim Betriebserwerber sagt die Richtlinie nichts aus. Kann der unveränderte Fortbestand der zuvor kollektivrechtlich geregelten Arbeitsbedingungen auch im Rahmen einer Transformation in den Arbeitsvertrag gewährleistet werden, ist dem Schutzgedanken der Richtlinienvorschrift in ausreichender Weise nachgekommen.[847] Entscheidend kann dafür in diesem Zusammenhang nur die tatsächliche Wirkung der Vereinbarungen für die betroffenen Arbeitsverhältnisse sein. Die unterschiedliche Wirkungsweise im gesamten Betrieb ist für den einzelnen von einer Privatisierung betroffenen Arbeitnehmer unerheblich. Es macht für ihn keinen Unterschied, ob die Regelungen aufgrund einer kollektivrechtlichen Vereinbarung in sein Ar-

[847] In diesem Sinne *Friedrich*, Europäisches Arbeitsrecht und Privatisierungen, S.199.

beitsverhältnis hineinwirken oder ob sie aufgrund seines Arbeitsvertrages für sein Arbeitsverhältnis unmittelbar zur Anwendung kommen, unabhängig davon, ob die Dienststelle als organisatorische Einheit nach der Privatisierung ihre I-dentität behält. Die Rechtsprechung des *BAG* zur Weitergeltung von Betriebsvereinbarungen kann auf Dienstvereinbarungen nicht übertragen werden. Die Arbeitnehmerschutzrechte des Art. 3 Abs. 3 der RL 2001/23/EG dienen nur dem Erhalt der Rechte der im Zeitpunkt des Übergangs bei dem zu übertragenden Betrieb beschäftigten Arbeitnehmer, nicht auch zugunsten im Erwerberbetrieb beschäftigter oder gar zukünftiger Arbeitnehmer. Der Schutz der von der Privatisierung betroffenen Arbeitnehmer verschlechtert sich bei einer Transformation der kollektivrechtlichen Regelungen in den Arbeitsvertrag nicht. Durch die einjährige Veränderungssperre zugunsten des Arbeitnehmers erhält dieser sogar einen zusätzlichen Schutz, da eine kollektivrechtliche Weitergeltung einer solchen Sperre nicht unterfällt. Der neue Arbeitgeber könnte – mit der Zustimmung des Betriebsrats – jederzeit eine für die Beschäftigten ungünstigere Abmachung treffen.

(3) Ergebnis

Wegen der strukturellen Unterschiede des Personalvertretungs- und des Betriebsverfassungsrechts kommt eine kollektivrechtliche Weitergeltung von Dienstvereinbarungen nicht in Betracht. Die Rechtsprechung des *BAG* zur kollektivrechtlichen Weitergeltung von Betriebsvereinbarungen ist nicht auf Dienstvereinbarungen zu übertragen. Bei der Weitergeltung von Dienstvereinbarungen geht es nicht nur um die Rechtfertigung der kollektivrechtlichen Fortwirkung, sondern darüber hinaus um die Transformation vom öffentlichen Recht in den Privatrechtskreis. Die Vorgaben des Trennungsprinzips können wegen der Unterschiede beider Rechtskreise nicht ohne Vorgaben des Gesetzgebers überwunden werden. Hierfür bieten bislang allein § 613 a Abs. 1 Satz 2 BGB und die bestehenden Ausnahmebestimmungen einen ausreichenden Anknüpfungspunkt. Die bisherige Rechtslage spricht deshalb im Falle einer Privatisierung gegen eine kollektivrechtliche Weitergeltung einer Dienstvereinbarung als Betriebsvereinbarung. Es kommt nur eine individualrechtliche Weitergeltung analog § 613 a Abs. 1 Satz 2 BGB in Betracht.

cc) Dienstvereinbarung und formwechselnde Privatisierung

Wie soeben dargestellt, scheidet eine kollektivrechtliche Weitergeltung von Dienstvereinbarungen innerhalb des Privatrechtskreises aus. Eine solche Weitergeltung kommt auch bei formwechselnden Umwandlungen nicht in Betracht.[848] Es fragt sich aber, ob Dienstvereinbarungen bei formwechselnden Privatisierungen gem. § 301 UmwG individualrechtlich weitergelten. Auf diese Form der Privatisierung findet § 613 a BGB keine unmittelbare Anwendung.[849] Die Rechtsfolgenverweisung des § 324 UmwG nimmt die Fälle formwechselnder Umwandlungen aus. Grundsätzlich erscheint diese Ausnahme plausibel, da eine Regelung im Hinblick auf den Übergang der Arbeitsverhältnisse bei diesen Umwandlungsformen nicht erforderlich ist. Gem. § 202 Abs. 1 Nr. 1 UmwG besteht der formwechselnde Rechtsträger in der in dem Umwandlungsbeschluss genannten Rechtsform weiter. Gleichwohl droht mit dem Wechsel einer öffentlichrechtlichen Einrichtung in den Privatrechtskreis der Verlust der in Dienstvereinbarungen geregelten Absprachen. Um diese Schutzlücke zu schließen, bietet sich wiederum eine analoge Anwendung der Regelungen in § 613 a Abs. 1 Satz 2 BGB an.[850] Der Gesetzgeber hat sich mit den personalvertretungsrechtlichen Problemen bei der formwechselnden Privatisierung nicht auseinandergesetzt.[851] Es sind keinerlei Gesichtspunkte zu erkennen, warum der Mindestschutz des § 613 a BGB nicht auch bei formwechselnden Privatisierungen greifen sollte. Nachteile für die betroffenen Arbeitnehmer als Folge organisatorischer Veränderungen gilt es auch dann auszugleichen, wenn es nicht zu einem Betriebsinhaberwechsel i.S.d. § 613 a BGB kommt.

b) Ablösung durch Betriebsvereinbarung

Gem. § 613 a Abs. 1 Satz 3 BGB ist eine individualrechtliche Weitergeltung von Kollektivnormen bei dem Betriebserwerber freilich ausgeschlossen, wenn bei diesem bereits Betriebsvereinbarungen oder Tarifverträge dieselben Rechte und Pflichten der Arbeitnehmer regeln. Eine Ablösung kommt praktisch nur dann in Betracht, wenn einzelne Dienststellen auf einen bereits bestehenden privaten Unternehmer übertragen werden. In den Fällen formeller Privatisierungen, d.h. der reinen Rechtsformänderung einer bislang öffentlichrechtlichen Einrichtung, bestehen in der dann neu gegründeten privatrechtlichen Gesellschaft noch keine Betriebsvereinbarungen, welche die Dienstvereinbarungen verdrängen könnten.

§ 613 a Abs. 1 Satz 3 BGB ist nicht unmittelbar auf Dienstvereinbarungen anwendbar, da die Vorschrift diese nicht erwähnt. Dieser Regelungsteil des § 613 a BGB ist aber ebenfalls analog auf Privatisierungen anzuwenden.[852] Es ist nicht

---

[848] A.A. *Blanke*, in: Blanke/Trümner, Handbuch Privatisierung, Rn. 798.

[849] Siehe dazu oben S. 85.

[850] Vgl. *Schipp/Schipp*, Arbeitsrecht und Privatisierung, Rn. 180.

[851] Siehe schon oben zu dem Problem der Anwendbarkeit der §§ 126, 194 und 17 UmwG auf Personalvertretungen, S. 130 (ff.).

[852] *Bergmann*, ZfPR 2004, 309 (ff.); *Hanau*, in: Erman, BGB, § 613 a, Rn. 71; *Schipp/Schipp*, Arbeitsrecht und Privatisierung, Rn. 214; *Vogelsang*, PersV 2005, 4 (10 f.).

sachgerecht, Arbeitnehmer des öffentlichen Dienstes dadurch gegenüber den privaten Arbeitnehmern zu begünstigen, dass die Regelungen der Dienstvereinbarungen trotz einschlägiger kollektivrechtlicher Regelungen bei dem Betriebserwerber in deren Arbeitsvertrag transformiert werden und diese letztlich durch das Günstigkeitsprinzip besser geschützt wären.[853] Nach diesem Prinzip kann grundsätzlich von Regelungen in Tarifverträgen oder Betriebsvereinbarungen nur zugunsten des Arbeitnehmers abgewichen werden. Die günstigeren arbeitvertraglichen Regelungen gehen den kollektivrechtlichen Regelungen dann vor.[854]

Bei Arbeitnehmern, die von einem Betriebsübergang innerhalb des Privatrechts betroffen werden, können auch in das Arbeitsverhältnis transformierte Regelungen ohne Beachtung des Günstigkeitsprinzips von neuen kollektivrechtlichen Regelungen abgelöst werden.[855]

Nach der hier vertretenen Ansicht kommt aber weder eine Schlechterstellung der Arbeitnehmer des öffentlichen Dienstes bei Privatisierungen im Verhältnis zu Arbeitnehmern, die von einem privatrechtlichen Betriebsübergang betroffen sind, in Betracht noch eine Besserstellung. Die einzelnen Regelungen des § 613 a Abs. 1 BGB bilden ein einheitliches Regelungswerk und können daher nicht isoliert zur Anwendung kommen.

Die analoge Anwendung der Sätze 2 und 4 des § 613 a Abs. 1 BGB erfordert daher auch eine entsprechende Anwendung des Satzes 3 dieser Vorschrift. Auf diese Weise kann von vornherein eine Ungleichbehandlung der beim privaten Unternehmen beschäftigten Arbeitnehmer vermieden werden.

---

[853] *Schipp/Schipp*, Arbeitsrecht und Privatisierung, Rn. 214.

[854] Vgl. dazu *Schaub*, in: MünchArbR, § 12 Rn. 31 (f.).

[855] *BAG*, 14.8.2001, NZA 2002, 276 (278 f.); *BAG*, 18.11.2003, NZA 2004, 803 (805).

7. Kapitel
Zusammenfassung der wesentlichen Ergebnisse

1. Der Begriff *Privatisierung* beschreibt alle Prozesse, bei denen die öffentliche Hand dauerhaft bisher von ihr erbrachte Leistungen oder öffentlich verwaltete Güter oder öffentliche Einrichtungen auf Private als natürliche Personen oder privatrechtlich verfasste Unternehmen verlagert.

2. Privatisierungsverfahren lassen sich unterteilen in die Privatisierungsentscheidung, die rechtlich notwendigen Schritte zur Umsetzung dieser Entscheidung und die typischen Folgemaßnahmen von Privatisierungen. Bei jedem dieser Schritte ist gesondert nach den Beteiligungsmöglichkeiten der Personalvertretung zu fragen.

3. Nach der Rechtsprechung des *BVerfG* darf sich die personalvertretungsrechtliche Mitbestimmung nur auf innerdienstliche Maßnahmen erstrecken und nur soweit gehen, als schutzwürdige Interessen der Arbeitnehmer des öffentlichen Dienstes dies rechtfertigten (Schutzzweckgrenze). Alle Entscheidungen, die für die Erfüllung des Amtsauftrages als solchen von Bedeutung sind, müssen nach dieser Rechtsprechung in die Letztentscheidungsbefugnis einer dem Parlament verantwortlichen Verwaltungseinheit gestellt werden (Verantwortungsgrenze). Das *BVerfG* unterteilt die möglichen Intensitäten der Personalratsbeteiligung in drei Stufen: Der ersten Stufe sind danach Angelegenheiten zuzuordnen, die ausschließlich die Belange der Beschäftigten betreffen und dabei nicht oder nur ganz unerheblich die Wahrnehmung der Amtsaufgaben selbst berühren. Diese können einer Mitbestimmung mit Letztentscheidungsbefugnis einer unabhängigen Einigungsstelle ohne Bedenken unterworfen werden. Der zweiten Stufe rechnet das Gericht Maßnahmen zu, die zwar den Binnenbereich der Beschäftigungsverhältnisse berühren, jedoch gleichzeitig nicht bloß unerheblich die Wahrnehmung des Amtsauftrages tangieren. Solange personalvertretungsrechtliche Einigungsstellen nicht dem sog. Prinzip der doppelten Mehrheit gerecht werden, verbleibt das Letztentscheidungsrecht in der Verantwortung eines dem Parlament gegenüber verantwortlichen Amtsträgers. Der Entscheidung der Einigungsstelle kommt daher in diesen Fällen nur der Charakter einer Empfehlung zu. Auf der dritten Stufe sieht das *BVerfG* alle innerdienstlichen Maßnahmen, wozu insbesondere organisatorische, personelle und teilweise auch soziale Maßnahmen gehören, die von erheblicher Bedeutung für die Wahrnehmung des Amtsauftrages sind. In diesen Bereichen ist daher lediglich eine sog. eingeschränkte Mitbestimmung zulässig.

4. Diese vom *BVerfG* aufgezeigten Grenzen personalvertretungsrechtlicher Beteiligung gelten in den Fällen funktionaler Selbstverwaltung genauso wie in den Fällen unmittelbarer Staatsverwaltung.

5. Das BPersVG und die Landespersonalvertretungsgesetze sehen jeweils eine unterschiedliche Personalratsbeteiligung bei *Privatisierungsentscheidungen* vor.

6. Eine Beteiligung der Personalvertretung an einer vom Bundes- oder Landesgesetzgeber gesetzlich getroffenen Privatisierungsentscheidung kommt nicht in Betracht. Der Gesetzgeber befindet in diesen Fällen normativ abschließend über die Entscheidung, so dass der Dienststelle kein beteiligungsfähiger Entscheidungsspielraum verbleibt.

7. Die Personalvertretungsgesetze Nordrhein-Westfalens und des Saarlandes sehen eine *eingeschränkte Mitbestimmung* des Personalrats bei Privatisierungen vor, bei welchen der Wechsel einer öffentlichen Einrichtung in das Privatrecht bevorsteht. Die Personalvertretungsgesetze Bremens und Schleswig-Holsteins sehen eine eingeschränkte Mitbestimmung der Personalvertretung in Form einer Generalklausel – und daher auch bei Privatisierungsentscheidungen – vor. Die anderen Landesvorschriften und das BPersVG enthalten kein Mitbestimmungsrecht der Personalvertretung bei Privatisierungen.

8. § 75 Abs. 3 Nr. 16 BPersVG und die entsprechenden Vorschriften des Landesrechts kommen dafür nicht in Betracht. Diese Vorschriften sehen ein Mitbestimmungsrecht nur im Hinblick auf die räumlich-gegenständlichen Faktoren der Arbeitsplatzgestaltung, nicht auch hinsichtlich der organisatorischen Bedingungen vor. Diese Vorschriften begründen damit kein Mitbestimmungsrecht der Personalvertretung bei Privatisierungsentscheidungen.

9. Formelle Privatisierungen führen auch nicht zur Auflösung oder Einschränkung von Dienststellen i.S.d. § 78 Abs. 1 Nr. 2 BPersVG und der entsprechenden Landesvorschriften. Eine Beteiligung der Personalvertretung an der Privatisierungsentscheidung über diesen Beteiligungstatbestand kommt also auch danach nicht in Betracht.

Bei materiellen und funktionellen Privatisierungen kommt es auf die Planung jedes einzelnen Privatisierungsvorhabens an. Nur wenn die Organisationseinheit, welche die privatisierten Tätigkeiten bisher ausführte, dabei tatsächlich beseitigt wird, ist die Personalvertretung an der Privatisierungsentscheidung gem. § 78 Abs. 1 Nr. 2 BPersVG und den entsprechenden Vorschriften der Landesgesetze zu beteiligen. Den Personalvertretungen in Hamburg, Mecklenburg-Vorpommern, Rheinland-Pfalz und Sachsen-Anhalt steht daher in diesen Fällen ein eingeschränktes Mitbestimmungsrecht bei Entscheidungen über materielle und funktionelle Privatisierungen zu.

10. Privatisierungsentscheidungen bei Sozialeinrichtungen, die ausschließlich von Beschäftigten des öffentlichen Dienstes genutzt werden, unterfallen der *uneingeschränkten Mitbestimmung* der Personalvertretung. Bei Sozialeinrichtungen, die von der Öffentlichkeit mitgenutzt werden, hat der Personalrat bei Privatisierungsentscheidungen nur ein eingeschränktes Mitbestimmungsrecht. Das ergibt eine verfassungskonforme Auslegung der Vorschriften über die Mitbestimmung des Personalrats bei der Errichtung, Verwaltung und Auflösung von Sozialeinrichtungen.

11. Ein *Mitwirkungsrecht* bei Privatisierungsentscheidungen haben die Personalvertretungen in Brandenburg, Hessen, Niedersachsen, Sachsen und Thüringen.

Die *Anhörung* des Personalrats bzw. die *Erörterung* vor einer solchen Entscheidung sehen die Personalvertretungsgesetze der Länder Baden-Württemberg und Rheinland-Pfalz vor.

In Hessen gehören Privatisierungsentscheidungen gem. § 60 Abs. 4 Satz 3 HPVG zum Themenkreis der Monatsgespräche. Dies ist gem. § 66 Abs. 1 Satz 2 BPersVG auch im Anwendungsbereich des BPersVG der Fall. Diese Vorschrift erweitert die Informationspflicht allgemein auf alle Maßnahmen, die „die Gestaltung des Dienstbetriebes (betreffen) insbesondere alle Vorgänge, die die Beschäftigten wesentlich berühren.“ Eine bevorstehende Privatisierung hat erheblichen Einfluss auf die Gestaltung des Dienstbetriebes und gehört damit zu den wesentlichen Vorgängen i.S.d. § 66 Abs. 1 Satz 2 BPersVG. Gem. § 68 Abs. 2 Satz 1 BPersVG ist die Personalvertretung umfassend und rechtzeitig von der Dienststellenleitung zu informieren. Die Dienststellenleitung hat dem Personalrat gem. § 68 Abs. 2 Satz 2 BPersVG die zur Durchführung ihrer Aufgaben erforderlichen Unterlagen auszuhändigen.

12. Die RL 2001/23/EG regelt in Art. 7 Abs. 1 und 2 konkret die Informations- und Konsultationsrechte der Arbeitnehmervertreter bei einem Unternehmensübergang. Sie ist auf Privatisierungen öffentlicher Einrichtungen anzuwenden. Beamte sind nicht Arbeitnehmer i.S.v. Art. 2 Abs. 1 d) der Richtlinie. Gewerkschaften sind nicht *Arbeitnehmervertreter* i.S.d. Richtlinie.

13. Die Vorgaben der RL 2001/23/EG sind bisher nicht ausreichend im Personalvertretungsrecht umgesetzt worden. Da die Bestimmungen des Art. 7 Abs. 1 und 2 der Richtlinie im Wege der richtlinienkonformen Auslegung nationalen Personalvertretungsrechts in der Praxis zu Anwendung gebracht werden können, kommt eine unmittelbare Geltung dieser Bestimmungen im nationalen Rechtskreis nicht in Betracht. Dennoch bleibt die Umsetzungsverpflichtung für den deutschen Gesetzgeber bestehen.

14. Eine Beteiligung der Personalvertretung an den *rechtlich notwendigen Umsetzungsschritten* von Privatisierungsentscheidungen kommt bei der gesetzlich geregelten Umsetzung einer Privatisierungsentscheidung nur dann in Betracht, wenn das Gesetz dies ausdrücklich vorsieht.

Eine Beteiligung der Personalvertretung an den rechtlich notwendigen Schritten zur Umsetzung von Privatisierungsentscheidungen folgt in anderen Fällen aus den Beteiligungsrechten des Personalrats an der Privatisierungsentscheidung.

15. Das Umwandlungsgesetz enthält mit den §§ 5 Abs. 1 Nr. 9, Abs. 3, 126 Abs. 1 Nr. 11, Abs. 3 sowie § 194 Abs. 1 Nr. 7, Abs. 2 UmwG spezielle Vorschriften, die eine Beteiligung der Arbeitnehmer bei der Umwandlung selbst, also bei der rechtlichen Durchführung organisatorischer Entscheidungen vorsehen. Die Vorschriften der §§ 126, 194, 17 UmwG sind für Fälle der privatisierenden Umwandlung analog auf Personalvertretungen anwendbar.

16. Personalvertretungen haben unterschiedliche Beteiligungsmöglichkeiten bei den typischen personellen, organisatorischen und sozialen *Folgemaßnahmen* von Privatisierungen. Sie richten sich nach den Beteiligungstatbeständen des BPersVG und der Landespersonalvertretungsgesetze. Bei der Aufstellung von Sozialplänen, welche die durch Privatisierungen drohenden wirtschaftlichen Nachteile für die Beschäftigten ausgleichen wollen, hat der Personalrat ein uneingeschränktes Mitbestimmungsrecht. Es bezieht sich nicht auf die Rationalisierungsmaßnahme selbst; diese ist nur die Voraussetzung für die Auslösung des Beteiligungsrechts.

17. Für nach der Privatisierung noch fortbestehende personalvertretungsrechtliche Aufgaben hat die Personalvertretung ein Restmandat. Dieses besteht zeitlich unbefristet bis zur vollständigen Abwicklung dieser Beteiligungstatbestände.

Ein allgemeines Übergangsmandat für Personalvertretungen bei der Privatisierung öffentlicher Einrichtungen besteht nicht. Dazu können weder die speziellen Vorschriften, die ein Übergangsmandat von Personalräten vorsehen, noch § 21 a BetrVG in analoger Anwendung herangezogen werden.

18. Bei Privatisierungen werden die Inhalte von Dienstvereinbarungen in analoger Anwendung des § 613 a Abs. 1 Satz 2 BGB in die individualrechtlichen Arbeitsverhältnisse der betroffenen Beschäftigten transformiert, wenn sie nicht in analoger Anwendung des § 613 a Abs. 1 Satz 3 BGB durch Betriebsvereinbarungen ersetzt werden.

Eine kollektivrechtliche Weitergeltung von Dienstvereinbarungen bei Privatisierungen kommt nicht in Betracht. Die Rechtsprechung des *BAG* zur kollektivrechtlichen Weitergeltung von Betriebsvereinbarungen ist nicht auf Dienstvereinbarungen übertragbar.

Literaturverzeichnis

Achterberg, Norbert / Püttner, Günter, Besonderes Verwaltungsrecht, Band 2, Heidelberg 1992, (zitiert: *Bearbeiter*, in: Achterberg/Püttner, Besonderes Verwaltungsrecht, Band 2)

Allgaier, Edwin, Zum Problem des Beamtenstatus bei privatisierten Unternehmen, ZfPR 1997, S.172 ff.

Altvater, Lothar / Bacher, Eberhard / Hörter, Georg / Peiseler, Manfred / Sabottig, Giovanni / Schneider, Wolfgang / Vohs, Gerhard, BPersVG - Bundespersonalvertretungsgesetz mit Wahlordnung und ergänzenden Vorschriften, Kommentar für die Praxis mit vergleichenden Anmerkungen zu den Landespersonalvertretungsgesetzen, 5. Auflage, Köln 2004

Alvensleben, Constantin von, Die Rechte der Arbeitnehmer bei Betriebsübergang im Europäischen Gemeinschaftsrecht – Eine Studie zu den gemeinschaftsrechtlichen Grundlagen des § 613 a BGB, Baden-Baden 1992

Arnim, Hans Herbert von / Borell, Rolf / Vogt, Gustav, Privatisierung öffentlicher Dienstleistungen, 2. Auflage, Wiesbaden 1980

Bachmann, Gregor, Mitbestimmung bei Umstrukturierung betrieblicher Sozialeinrichtungen, NZA 2002, S. 1130 ff.

Bachner, Michael / Köstler, Roland / Trittin, Wolfgang / Trümner, Ralf, Arbeitsrecht bei Unternehmensumwandlungen – Handbuch für Praktiker, Köln 1997

Bachner, Michael / Köstler, Roland / Matthießen, Volker / Trittin, Wolfgang, Arbeitsrecht bei Unternehmensumwandlung und Betriebsübergang, 2. Auflage, Baden-Baden 2003 (zitiert: *Bearbeiter*, in: Bachner/ Köstler/ Matthießen/ Trittin: Arbeitsrecht bei Unternehmensumwandlung und Betriebsübergang)

Balze, Wolfgang / Rebel, Wolfgang / Schuck, Peter, Outsourcing und Arbeitsrecht, 2. Auflage, Heidelberg 2002

Battis, Ulrich, Zum schleswig-holsteinischen Mitbestimmungsgesetz, RdA 1992, S. 12 ff.

- *derselbe*, Reformiert – was nun? Die kollektive Interessenvertretung der Beschäftigten, ZfPR 2001, S. 251 ff.

Battis, Ulrich / Kersten, Jens, Demokratieprinzip und Mitbestimmung im öffentlichen Dienst, DÖV 1996, S. 584 ff.

Bauer, Jobst-Hubertus / Lingemann, Stefan, Das neue Umwandlungsrecht und seine arbeitsrechtlichen Auswirkungen, NZA 1994, S. 1057 ff.

Bauer, Hartmut, Privatisierung von Verwaltungsaufgaben, VVDStRL 54 (1995), S. 243 ff.

Becker, Florian, Mitbestimmung in organisationsprivatisierten Unternehmen der öffentlichen Hand, ZögU 2001, S. 1 ff.

Becker, Hans Joachim, Personalvertretung und Verfassung, RiA 1988, S. 1 ff.

Beckerle, Klaus, Zur Beteiligung des Personalrates bei einem Betriebsübergang nach § 613 a BGB, PersV 1987, S. 265 ff.

Bennecke, Martina, Beteiligungsrechte und Mitbestimmung im Personalvertretungsrecht, Baden-Baden 1996

Berger-Delhey, Ulf, Unwirksame Dienstvereinbarungen als Quelle individualvertraglicher Ansprüche?, PersV 1989 S. 293 ff.

Bergmann, Magnus, Schwerpunktthemen des Personalrats bei der Privatisierung öffentlicher Einrichtungen, ZfPR 2004, S. 309 ff.

Besgen, Nicolai / Langner, Sören D., Zum Übergangsmandat des Personalrats bei der privatisierenden Umwandlung, NZA 2003, S. 1239 ff.

Beyerlin, Ulrich, Umsetzung von EG-Richtlinien durch Verwaltungsvorschriften?, EuR 1987, S. 126 ff.

Bieback, Karl-Jürgen, Fusion öffentlich-rechtlicher Körperschaften und § 613 a BGB, in: Recht und soziale Arbeitswelt – Festschrift für Wolfgang Däubler, Frankfurt a.M. 1999, S. 193 ff. (zitiert: *Bieback*, FS Däubler)

Biebl, Josef, Das Restmandat des Betriebsrats nach Betriebsstillegung, Berlin 1991

Biedenkopf, Sebastian, Interessenausgleich und Sozialplan unter Berücksichtigung der besonderen Probleme bei der Privatisierung und Sanierung von Betrieben in den neuen Bundesländern, Berlin 1994

Birk, Rolf, Die richtlinienkonforme Auslegung des deutschen Arbeitsrechts, in: Rechtsdogmatik und Rechtspolitik im Arbeits- und Sozialrecht – Festschrift für Theodor Tomandl zum 65. Geburtstag, Wien 1998, S. 33 ff. (zitiert: *Birk*, FS Tomandl)

Blanke, Thomas, Die Weitergeltung von Tarifvereinbarungen und das Widerspruchsrecht der Arbeitnehmer gegen den Übergang ihres Arbeitsverhältnisses bei Privatisierungen, PersR 1995, S. 463 ff.

- *derselbe*, Arbeitnehmerrechte im Privatisierungsfall, Mitbestimmung 01/02 1998, S. 50 ff.

- *derselbe*, Funktionale Selbstverwaltung und Demokratieprinzip – Anmerkung zu den Vorlagebeschlüssen des Bundesverwaltungsgerichts v. 17.12.1997, PersR 1999, S. 50 ff.

- *derselbe*, Verwaltungsmodernisierung – Direktionsrecht des Arbeitgebers, Mitwirkungsrechte des Personalrats und Tarifautonomie, Baden-Baden 1998

- *derselbe*, Personalüberleitungstarifvertrag bei Privatisierungen – Zur Zulässigkeit des Verbots von Haustarifverträgen in den Satzungen der Kommunalen Arbeitgeberverbände, ZTR 2000, S. 211 ff.

- *derselbe*, Beteiligungsrechte der Personalvertretung bei Privatisierungen, PersR 2000, S. 43 ff.

- *derselbe*, Sicherstellung der Kontinuität der Interessenvertretung, Übergangsmandat auch für Personalräte?, ZfPR 2001, S. 242 ff.

- *derselbe*, Die Korrektur der landesgesetzlichen Mitbestimmungsregelungen durch das Bundesverwaltungsgericht – Meilensteine auf dem Weg in den autonomen Rechtsstaat, ZfPR 2003, S. 239 ff.

Blanke, Thomas / Gebhardt, Allmair / Heuermann, Marina, Leitfaden Privatisierungsrecht – Praxis der Personalüberleitungs- und Personalgestellungsverträge für Arbeiter und Angestellte, Baden-Baden 1998

Blanke, Thomas / Sterzel, Dieter, Privatisierungsrecht für Beamte, Baden-Baden 1999

Blanke, Thomas / Trümner, Ralf, Handbuch Privatisierung, Baden-Baden 1998 (zitiert: *Bearbeiter*, in: Blanke/Trümner, Handbuch Privatisierung)

Bleckmann, Albert, Gleichbehandlung von Männern und Frauen hinsichtlich des Zugangs zur Beschäftigung, DB 1984, S. 1574 ff.

Boecken, Winfried, Der Übergang von Arbeitsverhältnissen bei Spaltung nach dem neuen Umwandlungsrecht, ZIP 1994, S. 1087 ff.

Böckenförde, Ernst-Wolfgang, Staat, Verfassung, Demokratie – Studien zur Verfassungstheorie und zum Verfassungsrecht, Frankfurt a.M. 1991

Brechmann, Winfried, Die richtlinienkonforme Auslegung – Zugleich ein Beitrag zur Dogmatik der EG-Richtlinie, München 1994

Bultmann, Friedrich, Privatisierungsrecht, Informationsansprüche der Personalvertretungen über die EU-Betriebsübergangsrichtlinie? ZfPR 2002, S. 22 ff.

Burgi, Martin: Funktionale Privatisierung und Verwaltungshilfe – Staatsaufgabendogmatik, Phänomenologie – Verfassungsrecht, Tübingen 1999, Habilitationsschrift in Konstanz

- *derselbe*, Vergaberechtliche Fragen bei Privatisierungsvorgängen, Das Beispiel Zusammenarbeit mit dem Sicherheitsgewerbe, GewArch 2001, S. 217 ff.

Bydlinski, Frank, Juristische Methodenlehre und Rechtsbegriff, Wien u.a., 1982

Calliess, Christian / Ruffert, Matthias (Hrsg.), Kommentar des Vertrages über die Europäische Union und des Vertrages zur Gründung der Europäischen Gemeinschaft – EUV/EGV, 2. Auflage, Neuwied u.a. 2002 (zitiert: *Bearbeiter*, in: Calliess/Ruffert, Kommentar zu EU-Vertrag und EG-Vertrag)

Christoph, Ingo, Vorrang für die Privatisierung öffentlicher Unternehmen und Dienstleistungen, Trend – Zeitschrift für soziale Marktwirtschaft 1994, S. 3 ff.

Creifelds, Carl, Rechtswörterbuch, 16. Auflage, München 2000

Däubler, Wolfgang, Das Grundrecht auf Mitbestimmung und seine Realisierung durch tarifvertragliche Begründung von Beteiligungsrechten, 3. Auflage, Frankfurt 1975

- *derselbe*, Privatisierung als Rechtsproblem, Neuwied u.a. 1980

- *derselbe*, Das Arbeitsrecht im neuen Umwandlungsgesetz, RdA 1995, S. 136 ff.

Däubler, Wolfgang / Kittner, Michael / Klebe, Thomas (Hrsg.), BetrVG – Betriebsverfassungsgesetz mit Wahlordnung, §§ 121-128 InsO und EBR-Gesetz – Kommentar für die Praxis, 8. Auflage, Frankfurt a.M. 2002 (zitiert: *Bearbeiter*, in: Däubler/Kittner/Klebe, BetrVG)

Danwitz, Thomas von, Normkonkretisierende Verwaltungsvorschriften und Gemeinschaftsrecht, VerwArch 84 (1993), S. 73 ff.

- *derselbe*, Die Nichtumsetzung von EG-Recht durch die Legislative, NWVBl. 1997, S. 7 ff.

Depenheuer, Frank, Betriebsübergänge in öffentlichen Theaterbetrieben – Arbeitsrechtliche Voraussetzungen und Folgen, ZTR 1997, S. 492 ff.

Dieterich, Thomas / Müller-Glöge, Rudi / Preis, Ulrich / Schaub, Günter (Hrsg.): Erfurter Kommentar zum Arbeitsrecht, 5. Auflage, München 2005 (zitiert: *Bearbeiter*, in: ErfKommArbR)

Dietz, Rolf, Betriebsvereinbarung und Dienstvereinbarung, in: Sozialpolitik, Arbeits- und Sozialrecht, Festschrift für Friedrich Sitzler zu seinem 75. Geburtstag, Stuttgart 1956, S. 131 ff. (zitiert: *Dietz*, FS Sitzler)

Dietz, Rolf / Richardi, Reinhard, Bundespersonalvertretungsgesetz, Kommentar unter Berücksichtigung der Landespersonalvertretungsgesetze, 2. Auflage, München 1978

Di Fabio, Udo, Privatisierung und Staatsvorbehalt - Zum dogmatischen Schlüsselbegriff der öffentlichen Aufgabe, JZ 1999, S. 585 ff.

Drygala, Anja, Die Reichweite der arbeitsrechtlichen Angaben im Verschmelzungsvertrag; ZIP 1996, S. 1365 ff.

Dütz, Wilhelm, Arbeitsrecht, 7. Auflage, München 2002

Düwell, Franz Josef, Umstrukturierung von Unternehmen – legislatorische Defizite und rechtspolitische Forderungen, AuR 1994, S. 357 ff.

- *derselbe*, Umwandlung von Unternehmen und arbeitsrechtliche Folgen, NZA 1996, S. 393 ff.

Edenfeld, Stefan, Arbeitnehmerbeteiligung im Betriebsverfassungs- und Personalvertretungsrecht, Köln 2000

- *derselbe*, Recht der Arbeitnehmermitbestimmung – Betriebsverfassung, Personalvertretungsrecht, Unternehmensmitbestimmung, Heidelberg 2003

Ehlers, Dirk, Mitbestimmung in der öffentlichen Verwaltung, Jura 1997, S. 180 ff.

Elsbernd, Barbara, Dienststellenleiter und Personalvertretung – Untersuchung auf der Grundlage des Personalvertretungsgesetzes für das Land Nordrhein-Westfalen, Bochum 1998

Emde, Ernst Thomas, Die demokratische Legitimation der funktionalen Selbstverwaltung – Eine verfassungsrechtliche Studie anhand der Kammern, der Sozialversicherungsträger und der Bundesanstalt für Arbeit, Berlin 1991

Engelmeyer, Cäcilie, Die Informationsrechte des Betriebsrates und der Arbeitnehmer bei Strukturänderungen; DB 1996, S. 2542 ff.

Engels, Gerd, Arbeitsrecht in Europa, RdA 1978, S. 52 ff.

- *derselbe*, Fortentwicklung des Betriebsverfassungsrechts außerhalb des Betriebsverfassungsgesetzes, in: Entwicklungen im Arbeitsrecht und Arbeitsschutzrecht, Festschrift für Otfried Wlotzke zum 70. Geburtstag, München 1996, S. 279 ff. (zitiert: *Engels*, FS Wlotzke)

Engels, Gerd / Mauß-Trebinger, Yvonne, Aktuelle Fragen der Betriebsverfassung in den privatisierten Unternehmen der Bahn und Post, RdA 1997, S. 217 ff.

Engels, Gerd / Müller, Christopher / Mauß, Yvonne, Ausgewählte arbeitsrechtliche Probleme der Privatisierung – aufgezeigt am Beispiel der Bahnstrukturreform, DB 1994, S. 473 ff.

Engisch, Karl, Einführung in das juristische Denken, 8. Auflage, Stuttgart u.a. 1983

Erbguth, Wilfried / Stollmann, Frank, Erfüllung öffentlicher Aufgaben durch private Rechtssubjekte? - Zu den Kriterien bei der Wahl der Rechtsform –, DÖV 1993, S. 798 ff.

Erdmeier, Peter, Die Privatisierung von Unternehmensbeteiligungen des Landes Berlin seit der Wiedervereinigung – Ausdruck wirtschaftspolitischer Neubesinnung oder finanzpolitischen Zwangs?, Internetveröffentlichung unter: http://www.diss.fu-berlin.de/2000/104/ (letzter Abruf 18.10.2004)

Erichsen, Hans-Uwe / Ehlers, Dirk (Hrsg.), Allgemeines Verwaltungsrecht, 12. Auflage, Berlin 2002 (zitiert: *Bearbeiter*, in: Erichsen/Ehlers)

Erman, Walter (Begr.), Bürgerliches Gesetzbuch, Band I, §§ 1-853, HausTWG, ProdHaftG, SchuldRAnpG, VerbrKrG, 11. Auflage, Köln 2003 (zitiert: *Bearbeiter*, in: Erman)

Estelmann, Martin, Rechtlich selbständige Sozialeinrichtungen – Ein Schnittpunkt von Betriebsverfassungsrecht und Gesellschaftsrecht, Heidelberg 1994

Everling, Ulrich, Zur Auslegung des durch EG-Richtlinien angeglichenen nationalen Rechts, ZGR 1992, S. 376 ff.

Fabry, Beatrice / Augsten, Ursula (Hrsg.), Handbuch Unternehmen der öffentlichen Hand; Baden-Baden 2002 (zitiert: *Bearbeiter*, in: Fabry/Augsten)

Feudner, Bernd W., Übergangs- und Restmandate des Betriebsrats, BB 1996, S.1934 ff.

Fischer, Hans Georg, Zur unmittelbaren Anwendung von EG-Richtlinien in der öffentlichen Verwaltung, NVwZ 1992, S. 635 ff.

Fischer, Alfred / Goeres, Joachim, Gesamtkommentar Öffentliches Dienstrecht – Personalvertretungsrecht des Bundes und der Länder, erläutert auf der Grundlage des Bundespersonalvertretungsgesetzes unter Einbeziehung des Personalvertretungsrechts der Länder, Band 5, Teil 3, Berlin: Loseblattsammlung, Stand Dezember 2004 (zitiert: *Fischer/Goeres*, GKÖD, Bd. 5)

Fischer, Martin / Zwetkow, Katrin: Systematisierung der derzeitigen Privatisierungsmöglichkeiten auf dem deutschen Wassermarkt – Trennung von Netz und Betrieb als zusätzliche Option?, NVwZ 2003, S. 281 ff.

Fitting, Karl (Begr.) / *Engels, Gerd / Schmidt, Ingrid / Trebinger, Yvonne / Linsenmaier, Wolfgang*, Betriebsverfassungsgesetz – Handkommentar, 22. Auflage, München 2004

Fitting, Karl (Begr.) / *Kaiser, Heinrich / Heither, Friedrich / Engels, Gerd*, Betriebsverfassungsgesetz – Handkommentar, 19. Auflage, München 1998

Fluck, Gunda, Personalräte werden Betriebsräte, ZfPR 1994, S. 97 ff.

Forsthoff, Ernst, Die Daseinsvorsorge und die Kommunen – Ein Vortrag, Köln-Marienburg 1958

- *derselbe*, Lehrbuch des Verwaltungsrechts, Band I, Allgemeiner Teil, 10. Auflage, München 1973

Franzen, Martin: Die Richtlinie 98/50/EG zur Änderung der Betriebsübergangsrichtlinie 77/187/EWG und ihre Auswirkungen auf das deutsche Arbeitsrecht, RdA 1999, S. 363 ff.

- *derselbe*, Informationspflichten und Widerspruchsrecht beim Betriebsübergang nach § 613 a Abs. 5 und 6 BGB, RdA 2002, S. 258 ff.

Friedrich, Michael, Europäisches Arbeitsrecht und Privatisierungen, Baden-Baden 2002

- *derselbe*, Betriebsübergang im öffentlichen Dienst – Zur Anwendbarkeit der Richtlinie 2001/23/EG auf Privatisierungen, ZEuS 2002, S. 427 ff.

Frohner, Siegfried, Das Übergangsmandat des Personalrats und die Weitergeltung von Dienstvereinbarungen bei der Privatisierung öffentlicher Einrichtungen, insbesondere im kommunalen Bereich, PersR 1995, S. 99 ff.

Galperin, Hans, Grundlagen und Grenzen der Betriebsvereinbarung, BB 1949, S. 374 ff.

Gaul, Björn, Das Schicksal von Tarifverträgen und Betriebsvereinbarungen bei der Umwandlung von Unternehmen, NZA 1995, S. 717 ff.

- *derselbe*, Das Arbeitsrecht der Betriebs- und Unternehmensspaltung – Gestaltung von Betriebsübergang, Outsourcing, Umwandlung, Köln 2002

Gaul, Björn / Otto, Björn, Unterrichtungsanspruch und Widerspruchsrecht bei Betriebsübergang und Umwandlung – Ergänzung von § 613 a BGB –, DB 2002, S. 634 ff.

Germelmann, Claas-Hinrich, Arbeitsrechtliche Probleme der Abwicklung von Einrichtungen im öffentlichen Dienst, NZA-Beilage 1/1991, S. 26 ff.

Gern, Alfons, Deutsches Kommunalrecht, 3. Auflage, Baden-Baden 2003

Gitter, Wolfgang, Arbeitsrecht, 4. Auflage, Heidelberg 1997

Glunz, Rembert, Der Begriff der Funktionsnachfolge und seine Anwendung auf das Privatrecht, Kiel 1963

Goez, Karl-Heinz, Zur Mitbestimmung bei beabsichtigten Privatisierungsmaßnahmen – zugleich Anmerkung zur Entscheidung des Bundesverwaltungsgerichts vom 15.10.2003, ZTR 2004, S. 75 f.

Gönnenwein: Otto, Gemeinderecht, Tübingen 1963

Grabendorff, Walter / Ilbertz, Wilhelm / Widmaier, Ulrich, Bundespersonalvertretungsrecht mit Wahlordnung unter Einbeziehung der Landespersonalvertretungsgesetze, 9. Auflage, Stuttgart 1999

Gronimus, Andreas, Organisationsprobleme für Personalräte bei Auflösung/Neuaufstellung von Dienststellen und Mittelbehörden, PersR 2001, S. 189 ff.

Großmann, Ruprecht / Mönch, Ronald / Rohr, Ulrich, Bremisches Personalvertretungsgesetz, Kommentar, Neuwied u.a. 1979

Guski, Hans-Günter, Privatisierung in Großbritannien, Frankreich und USA, Köln 1988

Gussen, Heinz / Dauck, Andreas, Die Weitergeltung von Betriebsvereinbarungen und Tarifverträgen bei Betriebsübergang und Umwandlung, 2. Auflage, Berlin 1997

Hamer, Eberhardt / Gebhardt, Rainer, Privatisierungspraxis, Hilfe zur Umstellung von Staats- auf Privatwirtschaft, 2. Auflage, Essen 1992

Hamer, Wolfgang, Übergang der Arbeitsverhältnisse im öffentlichen Dienst bei Verwaltungs- und Gebietsreformen in den neuen Ländern, PersR 1992, S. 291 ff.

- *derselbe*, Personalvertretungsgesetz Brandenburg, Basiskommentar mit Wahlordnung, 2. Auflage, Frankfurt a.M. 1998

Hammer, Ulrich, Privatisierung – Chancen und Risiken für die Mitbestimmung, PersR 1997, S. 54 ff.

Hammer, Ulrich / Hoffmann, Ulrich, Arbeitshilfe Outsourcing – Rechtliche und praktische Hinweise für Arbeitnehmerinnen und Arbeitnehmer zu Betriebsübergang und Unternehmensumwandlung, Stuttgart 1995

Hanau, Peter, Arbeitsrecht und Mitbestimmung in Umwandlung und Fusion, ZGR 1990, S. 548 ff.

Hanau, Peter / Becker, Friedemann, Arbeitsrechtliche Probleme der Privatisierung öffentlicher Dienstleistungen, Stuttgart 1980

Hardraht, Klaus, Zur Sanierung öffentlicher Haushalte durch Privatisierung öffentlicher Aufgaben, SächsVBl. 2003, S. 53 ff.

Havers, Hans, Personalvertretungs- und verfassungsrechtliche Fragen nach dem Änderungsgesetz, Nordrhein-Westfalen vom 18.12.1984, PersV 1987, S. 305 ff.

Hecker, Jan, Wahrnehmung staatlicher Aufgaben durch Kapitalgesellschaften in privatem Anteilsbesitz, DÖV 2001, S. 119 ff.

Hellermann, Johannes, Privatisierung und kommunale Selbstverwaltung, in: Oldiges, Martin (Hrsg.), Daseinsvorsorge durch Privatisierung – Wettbewerb oder staatliche Gewährleistung, Dokumentation des 6. Leipziger Umweltrechts-Symposiums des Instituts für Umwelt- und Planungsrecht der Universität Leipzig am 5. und 6. April 2001, Baden-Baden 2001 (zitiert: *Hellermann*, in: Oldiges, Daseinsvorsorge durch Privatisierung)

Herdlein, Hans, Der Betriebsübergang, bühnengen 1995, S. 9 f.

Hess, Harald / Schlochauer, Ursula / Glaubitz, Werner, Kommentar zum Betriebsverfassungsgesetz, 5. Auflage, Neuwied u.a. 1997 (zitiert: *Bearbeiter*, in: Hess/Schlochauer/Glaubitz, BetrVG)

Hofmann, Rainer, Privatisierung kommunaler Verwaltungsaufgaben – Rechtliche Rahmenbedingungen am Beispiel Baden-Württembergs –, VBlBW 1994, S. 121 ff.

Isensee, Josef / Kirchhof, Paul (Hrsg.), Handbuch des Staatsrechts der Bundesrepublik Deutschland – Band I, Grundlagen von Staat und Verfassung, Heidelberg 1987 (zitiert: *Bearbeiter*, in: Isensee/Kirchhof, HandbStaatsR, Bd. I)

Ital, Bernd K., Privatisierung in Großbritannien unter der Regierung Margaret Thatcher; Aachen 1996

Jarass, Hans D., Richtlinienkonforme bzw. EG-rechtskonforme Auslegung nationalen Rechts, EuR 1991, S. 211 ff.

Jarass, Hans D. / Pieroth, Bodo, Grundgesetz für die Bundesrepublik Deutschland – Kommentar, 7. Auflage, München 2004

Joost, Detlev, Arbeitsrechtliche Angaben im Umwandlungsvertrag; ZIP 1995, S. 976 ff.

Kämmerer, Jörn Axel, Privatisierung : Typologie – Determinanten – Rechtspraxis – Folgen; Tübingen 2001

Kaja, Helmut, Die Funktionsnachfolge, Bonn 1963

Kallmeyer, Harald, Umwandlungsgesetz, Kommentar – Verschmelzung, Spaltung und Formwechsel bei Handelsgesellschaften, 2. Auflage, Köln 2001 (zitiert: *Bearbeiter*, in: Kallmeyer, UmwG)

Kamlah, Wulf, Bestandsschutz und Ablösung von Kollektivverträgen bei Betriebsübergang – Eine Untersuchung über die Fortgeltung kollektivvertraglicher Regelungen nach rechtsgeschäftlich begründetem Betriebsübergang, Frankfurt a.M. u.a. 1998

Kast, Matthias / Freihube, Dirk, Privatisierung öffentlicher Arbeitgeber – Rechtliche Vorgaben und vertragliche Gestaltungsspielräume für die Überleitung der Arbeitnehmervertretung –, DB 2004, S. 2530 ff.

Kauther, Helmut, Private als Träger von öffentlichen Einrichtungen mit Anschluss- und Benutzungszwang, Bochum 1975

Kempen, Bernhard, Die Formenwahlfreiheit der Verwaltung – Die öffentliche Verwaltung zwischen öffentlichem und privaten Recht, München 1989

- *derselbe*, Schranken der Privatisierung – Rechtsgutachten – erstattet im Auftrag der Arbeitsgemeinschaft der Verbände des höheren Dienstes, Verantwortung und Leistung 2002 (Heft 38)

Kempen, Otto Ernst, Grund und Grenze gesetzlicher Personalvertretung in der parlamentarischen Demokratie, Stuttgart 1985

- *derselbe*, Betriebsübergang und Tarifvertrag, BB 1991, S. 2006 ff.

Kempen, Otto Ernst / Zachert, Ulrich, Tarifvertragsgesetz – Kommentar für die Praxis, 3. Auflage, Köln 1997

Killian, Werner / Schneider, Karsten, „Konzern Stadt" und Interessenvertretung. Herausbildung neuer Arbeitsbeziehungen im kommunalen Sektor, IndustrBez 1998, S. 270 ff.

Kippels, Gabriele, Die Betriebs- und Personalvertretung – Vergleich und Analyse der Organisationsstrukturen sowie der Stellung der Beteiligten –, Bonn 1990

Klamert, Marcus, Die richtlinienkonforme Auslegung nationalen Rechts, Wien 2001

Klar, Walter, Das Übergangsmandat des Betriebsrats, NZA 1997, S. 470 ff.

Klein, Hans H., Demokratie und Selbstverwaltung, in: Festschrift für Ernst Forsthoff zum 70. Geburtstag, München 1972, S. 165 ff. (zitiert: *Klein*, FS Forsthoff)

Kleinke, Giesela / Kley, W. / Walter, S., Personalüberleitungsverträge von Mitgliedern Kommunaler Arbeitgeberverbände – Zur Zulässigkeit von Haustarifverträgen und deren Erstreikbarkeit (zugleich Erwiderung auf Blanke, ZTR 2000, S. 211 ff.), ZTR 2000, S. 499 ff.

Klimpe-Auerbach, Wolf, Vorbereitung einer Betriebsratswahl durch den Personalrat? Der Wechsel vom Personalvertretungs- zum Betriebsverfassungsrecht am Beispiel der Privatisierung der Flugsicherung, PersR 1993, S. 482 ff.

Kluth, Winfried, Funktionale Selbstverwaltung, Verfassungsrechtlicher Status – verfassungsrechtlicher Schutz, Tübingen 1997

- *derselbe*, Verfassungsfragen der Privatisierung von Industrie- und Handelskammern, München 1997

- *derselbe*, Funktionale Selbstverwaltung, Verw 35 (2002), S. 349 ff.

Kohte, Wolfhard, Betriebsübergang im öffentlichen Dienst – Anmerkung zu den Urteilen EuGH, 15.10.1996 – Rs. C – 298/94 (Henke) und BAG, 20.3.1997 – 8 AZR 856/95, BB 1997, S. 1738 ff.

Kossens, Michael, Die strukturellen Unterschiede der betrieblichen Interessenvertretung nach dem Bundespersonalvertretungsgesetz und dem Betriebsverfassungsgesetz, RiA 1996, S. 66 ff.

Kraft, Alfons / Wiese, Günther / Kreutz, Peter / Oetker, Hartmut / Raab, Thomas / Weber, Christoph, Betriebsverfassungsgesetz, Band I, §§ 1-73b mit Wahlordnungen – Gemeinschaftskommentar, 7. Auflage, Neuwied u.a. 2002 (zitiert: *Bearbeiter*, in: GK-BetrVG)

Krause, Rüdiger, Das Übergangsmandat des Betriebsrats im Lichte der novellierten Betriebsübergangsrichtlinie, NZA 1998, S. 1201 ff.

Kreßel, Eckhard, Arbeitsrechtliche Aspekte des neuen Umwandlungsbereinigungsgesetzes, BB 1995, S. 925 ff,

Kreutz, Peter, Betriebsverfassungsrechtliche Auswirkungen unternehmensinterner Betriebsumstrukturierungen – Skizze eines neuen Lösungskonzepts –, in: Festschrift für Günther Wiese zum 70. Geburtstag, Neuwied u.a. 1998, S. 235 ff. (zitiert: *Kreutz*, FS Wiese)

Krieger, Heinz-Jürgen, Schranken der Privatisierung öffentlicher Einrichtungen der Daseinsvorsorge mit Anschluss- und Benutzungszwang, Speyer 1980

Krimphove, Dieter, Europäisches Arbeitsrecht, 2. Auflage, München 2001

Kröll, Michael, Beamtinnen und Beamte in der Betriebsverfassung? – Zur Neuregelung des § 123a Abs. 2 BRRG –; PersR 1998, S. 62 ff.

Krölls, Albert, Rechtliche Grenzen der Privatisierungspolitik, GewArch 1995, S. 129 ff.

Krutisch, Dominic, Der Status der Beamten der ehemaligen Deutschen Bundespost unter besonderer Würdigung disziplinarrechtlicher, besoldungsrechtlicher und betriebsverfassungsrechtlicher Regelungen, Saarbrücken 1999

Kunze, Helmuth, Privatisierung und Personalvertretungsrecht, ZfPR 1997, S. 101 ff.

- *derselbe*, Die Mitwirkung des Personalrats bei der Änderung von Dienststellen, PersV 1998, S. 339 ff.

- *derselbe*, Das Schicksal des Personalrats bei Dienststellenveränderung, PersV 1998, S. 410 ff.

Landerer, Christoph, Offensive Modernisierung statt Privatisierung öffentlicher Unternehmen und Betriebe, PersR 1993, S. 340 ff.

Larenz, Karl, Methodenlehre der Rechtswissenschaft, 6. Auflage, Berlin u.a. 1991

Lee, Won-Woo, Privatisierung als Rechtsproblem, Köln u.a. 1997

Lenz, Carl Otto / Borchardt, Klaus-Dieter (Hrsg.), EU- und EG-Vertrag – Kommentar, 3. Auflage Basel u.a. 2003

Lindow, Yvonne, Die Privatisierung öffentlicher Unternehmen in der Europäischen Union unter besonderer Berücksichtigung der notwendigen Anpassungen im Bereich der Rechnungslegung – Eine Darstellung anhand von Beispielen aus Großbritannien, Frankreich und der Bundesrepublik Deutschland –, St. Gallen 1997

Loesch, Achim von, Privatisierung öffentlicher Unternehmen – Ein Überblick über die Argumente, 2. Auflage, Baden-Baden 1987

Löw, Friederike, Die Betriebsveräußerung im europäischen Arbeitsrecht – Die EG-Richtlinie 77/187 und ihre Umsetzung in Deutschland und Großbritannien, Frankfurt a.M. u.a. 1992

Löwisch, Manfred / Schmidt-Kessel, Martin, Die gesetzliche Regelung von Übergangsmandat und Restmandat nach dem Betriebsverfassungsreformgesetz, BB 2001, S. 2162 ff.

Looschelders, Dirk / Roth, Wolfgang, Juristische Methodik im Prozess der Rechtsanwendung – Zugleich ein Beitrag zu den verfassungsrechtlichen Grundlagen von Gesetzesauslegung und Rechtsfortbildung, Berlin 1996

Lorenzen, Uwe / Etzel, Gerhard / Gerhold, Diethelm / Schlatmann, Arne / Rehak, Heinrich / Faber, Bernhard, Bundespersonalvertretungsgesetz, Kommentar, Heidelberg, Loseblattsammlung (Stand Dezember 2004)

Lücke, Tjark, Sonderregelungen für Beamte bei Privatisierungsmaßnahmen, ZfPR 1999, S. 137 ff.

Lutter, Marcus / Winter, Martin (Hrsg.), Umwandlungsgesetz – Kommentar, 3. Auflage, Köln 2004, (zitiert: *Bearbeiter* in: Lutter, UmwG)

Marhold, Franz, Privatisierungsprobleme im Arbeitsrecht und Sozialrecht, in: Achatz, Markus / Isak, Hubert / Marhold, Franz, Privatisierung im Europarecht, Steuerrecht, Arbeitsrecht und Sozialrecht, Wien 1999

Maurer, Hartmut, Allgemeines Verwaltungsrecht, 15. Auflage München 2004

Mayer, Udo, Arbeitnehmer im öffentlichen Dienst – Ratgeber für Beruf, Praxis und Ausbildung, Frankfurt a.M. 2000

Mehde, Veith, Neues Steuerungsmodell und Demokratieprinzip, Berlin 2000

Mendner, Jürgen H. / Sauerborn, Werner, Zur Privatisierung öffentlicher Dienstleistungen Heft 13: Privatisierung – Angriff auf den Sozialstaat: Eine Untersuchung über die Folgen für die Arbeitnehmer als Bürger, Beschäftigte und Steuerzahler am Beispiel Niedersachsens, Stuttgart 1983

Mengel, Anja, Umwandlungen im Arbeitsrecht – Eine Untersuchung der arbeitsrechtlichen Vorschriften des Gesetzes zur Bereinigung des Umwandlungsrechts vom 28. Oktober 1994, Heidelberg 1995

Meyer, Cord, Arbeitsrechtliche Probleme bei der Umwandlung der Bahn von einer Behörde in einen Dienstleistungskonzern, RdA 2001, S. 157 ff.

Muckel, Stefan, Die Selbstverwaltung in der Sozialversicherung auf dem Prüfstand des Demokratieprinzips, NZS 2002, S. 118 ff.

Müller, Bernd, Arbeitsrecht im öffentlichen Dienst – Ein Handbuch für Studium und Praxis, 3. Auflage, München 1995

Müller, Jürgen, Kommunale Privatisierungsmaßnahmen und Mitbestimmung des Personalrats in Nordrhein-Westfalen, PersV 1990, S. 59 ff.

Müller, Friedrich, Juristische Methodik, 7. Auflage, Berlin 1997

Müller, Nikolaus, Rechtsformenwahl bei der Erfüllung öffentlicher Aufgaben (Institutional choice), Köln u.a. 1993

Müller-Ehlen, Frank, Der Übergang von Arbeitsverhältnissen im Umwandlungsrecht – Eine Betrachtung des neuen Anwendungsbereichs des § 613 a BGB, Frankfurt a.M. u.a. 1999

Münch, Ingo von / Kunig, Philip, Grundgesetz-Kommentar, Band 2 (Art. 20 bis 69), 5. Auflage, München 2001 (zitiert: *Bearbeiter*, in: von Münch/Kunig, GG)

Mutius, Albert von, Personalvertretungsrecht und Demokratieprinzip des Grundgesetzes, in: Ziemske, Burkhardt / Langheid, Theo / Wilms, Heinrich / Haverkate, Görg (Hrsg.), Staatsphilosophie und Rechtspolitik – Festschrift für Martin Kriele zum 65. Geburtstag, München 1997, S. 1119 ff. (zitiert: *von Mutius*, FS Kriele)

Nagel, Bernhard / Abel, Uwe, Mitbestimmung in öffentlich-rechtlichen Unternehmen und Grundgesetz, AuR 1987, S. 15 ff.

Nikisch, Arthur, Arbeitsrecht – Erster Band, Allgemeine Lehren und Arbeitsvertragsrecht, 3. Auflage, Tübingen 1961

- *derselbe*, Arbeitsrecht – Dritter Band, Betriebsverfassungsrecht, 2. Auflage, Tübingen 1966

Oetker, Hartmut, Die Vorgaben der Betriebsübergangsrichtlinie für die Beteiligungsrechte des Betriebsrats, NZA 1998, S. 1193 ff.

Oetker, Hartmut / Preis, Ulrich, Europäisches Arbeits- und Sozialrecht – EAS – Rechtsvorschriften, Systematische Darstellungen, Entscheidungssammlung, Heidelberg Loseblattsammlung (Stand: Februar 2005)

Orth, Klaus / Welkoborsky, Horst, LPVG Nordrhein-Westfalen, Kommentar für die Praxis, 5. Auflage, Köln 1993 (zitiert: *Orth/Welkoborsky*, LPVG NRW)

Ossenbühl, Fritz, Grenzen der Mitbestimmung im öffentlichen Dienst, Baden-Baden 1986

- *derselbe*, Mitbestimmung in Eigengesellschaften der öffentlichen Hand, ZGR 1996, S. 504 ff.

Ossenbühl, Fritz / Ritgen, Klaus, Beamte in privaten Unternehmen - Zum Rechtsstatus der von der Deutschen Telekom AG übernommenen Bundesbeamten, Baden-Baden 1999

Palandt, Otto, Bürgerliches Gesetzbuch – Kommentar, 65. Auflage, München 2006 (zitiert: *Bearbeiter*, in: Palandt)

Peilert, Andreas, Police Private Partnership – Rechtliche Vorgaben und tatsächliche Möglichkeiten für das Zusammenwirken von Sicherheitsbehörden und Sicherheitsgewerbe – , DVBl. 1999, S. 282 ff.

Plander, Harro, Verfassungsfragen aus Anlass des Entwurfs eines schleswig-holsteinischen Mitbestimmungsgesetzes, PersR 1990, S. 345 ff.

- *derselbe*, Personalvertretungen als Grundrechtshilfe im demokratischen und sozialen Rechtsstaat – Eine rechtswissenschaftliche Studie, Baden-Baden 1995

- *derselbe*, Kurzkommentar zu EuGH (14.9.2000), EWiR 2000, S. 1121 f.

- *derselbe*: Umstrukturierung und Änderungen der Arbeitsorganisation als Gegenstände der Betriebsverfassung; NZA 2000, S. 393 ff.

Püttner, Günter, Die öffentlichen Unternehmen – Ein Handbuch zu Verfassungs- und Rechtsfragen der öffentlichen Wirtschaft, 2. Auflage, Stuttgart u.a. 1985

Quander, Thomas, Betriebsinhaberwechsel bei Gesamtrechtsnachfolge, München 1990

Ratayczak, Jürgen, Novellierungsvorschläge des DGB zum Betriebsverfassungsgesetz, WSI-Mitteilungen 1999, S. 761 ff.

Reich, Andreas, Bundespersonalvertretungsgesetz – Kommentar, Bad Honnef 2001

Reichold, Hermann, Die Europäisierung des Mitarbeitervertretungsrechts, ZMV 1999, S. 264 ff.

- *derselbe*, Durchbruch zu einer europäischen Betriebsverfassung - Die Rahmen-Richtlinie 2002/14/EG zur Unterrichtung und Anhörung der Arbeitnehmer, NZA 2003, S. 289 ff.

Rieble, Volker, Das Übergangsmandat nach § 21 a BetrVG, NZA 2002, S. 233 ff.

Richardi, Reinhard, Der Anspruch auf den Sozialplan bei Betriebsänderungen, NZA 1984, S. 177 ff.

- *derselbe* (Hrsg.), Betriebsverfassungsgesetz mit Wahlordnung – Kommentar, 8. Auflage, München 2002 (zitiert:, *Bearbeiter*, in: Richardi, BetrVG)

Richardi, Reinhard / Wlotzke, Otfried (Hrsg.), Münchener Handbuch zum Arbeitsrecht, 2. Auflage, München 2000 (zitiert: *Bearbeiter*, in: MünchArbR,)

Riedmaier, Karl, Die Mitbestimmung des Personalrats – Neuere Rechtsprechung und Schrifttum –, PersV 1991, S. 148 ff.

Rodin, Andreas, Rechtliche Rahmenbedingungen und Empfehlungen zur Vertragsgestaltung, in: Fettig, Wolfgang / Späth, Lothar, Privatisierung kommunaler Aufgaben, Baden-Baden 1997

Roetteken, Torsten von, Mitbestimmung bei Sozialplänen, PersR 1994, S. 552 ff.

- *derselbe*, Dienst- und Betriebsvereinbarungen, PersR 1995, S. 151 ff.

- *derselbe*, Verfassung und Personalvertretungsrecht, NVwZ 1996, S. 552 ff.

- *derselbe*, Die Europäisierung des Beschäftigungsvertretungsrechts am Beispiel von Privatisierungen, Massenentlassungen, Gesundheitsschutz und der Bildung eines Europäischen Betriebsrates, PersR 1999, S. 109 ff.

- *derselbe*, Rechtsprechungsübersicht zum Personalvertretungsrecht, NZA-RR 2001, S. 505 ff.

- *derselbe*, Anforderungen des Gemeinschaftsrechts an Gesetzgebung und Rechtsprechung – Am Beispiel der Gleichbehandlungs-, der Arbeitsschutz- und der Betriebsübergangsrichtlinie, NZA 2001, S. 414 ff.

Roth, Wolfgang, Die verfassungsgerichtliche Überprüfung verfassungskonformer Auslegung im Wege abstrakter Normenkontrolle, NVwZ 1998, S. 563 ff.

Royla, Pascal / Lackhoff, Klaus, Die innerstaatliche Beachtlichkeit von EG-Richtlinien und das Gesetzmäßigkeitsprinzip, DVBl. 1998, S. 1116 ff.

Sahmer, Heinz, Betriebsverfassungsgesetz – Kommentar, Frankfurt a.M., Loseblattsammlung (Stand März 1993)

Salje, Peter, Buchbesprechung: Kallmeyer, Harald, Umwandlungsgesetz, Köln 1997, RdA 2000, S. 126 f.

Schäfer, Christian, Benutzungsregelung gemeindlicher öffentlicher Einrichtungen auf der Grundlage des § 35 Satz 2 3. Alternative VwVfG, Frankfurt a.M. u.a. 1986

Schaub, Günter, Der arbeitsrechtliche Betriebsübergang in Recht der Gesamtrechtsnachfolge, in: Entwicklungen im Arbeitsrecht und Arbeitsschutzrecht, Festschrift für Otfried Wlotzke zum 70. Geburtstag, München 1996, S. 103 ff. (zitiert: *Schaub*, FS Wlotzke)

- *derselbe*, Arbeitsrechtliche Fragen bei der Privatisierung öffentlicher Betriebe und Einrichtungen, WiB 1996, S. 97 ff.

- *derselbe*, Tarifverträge und Betriebsvereinbarungen beim Betriebsübergang und Umwandlung von Unternehmen, in: Festschrift für Günther Wiese zum 70. Geburtstag, Neuwied u.a. 1998, S. 535 ff. (zitiert: *Schaub*, FS Wiese)

- *derselbe*, Arbeitsrechtliche Fragen der Privatisierung, PersV 1998, S. 100 ff.

- *derselbe*, Arbeitsrechts-Handbuch, 10. Auflage, München 2002 (zitiert: *Bearbeiter*, in: Schaub, Arbeitsrechts-Handbuch)

Schelter, Kurt, Personalvertretungsrecht – Ein Leitfaden für Studium und Praxis, Berlin 1984

Schiffauer, Peter, Wortbedeutung und Rechtserkenntnis – Entwickelt an Hand einer Studie zum Verhältnis von verfassungskonformer Auslegung und Analogie, Berlin 1979

Schipp, Johannes, Arbeitsrechtliche Probleme bei der Privatisierung öffentlicher Einrichtungen, NZA 1994, S. 865 ff.

- *derselbe*, Ausstieg aus der Zusatzversorgung, RdA 2001, S. 150 ff.

Schipp, Johannes / Schipp, Barbara, Arbeitsrecht und Privatisierung, München 1996

Schleicher, Hans Werner, Umstrukturierung einer Behörde durch Schließung von Außenstellen, Rationalisierungsmaßnahme oder Anpassungsmaßnahme? Anmerkung zum Beschluss des VG Dresden vom 17.09.1999 – PL 9 K 2127/99, PersV 2000, S. 219 ff.

Schmid, Hans Dieter / Trenk-Hinterberger, Peter, Grundzüge des Arbeitsrechts, 2. Auflage, München 1994

Schmidt, Marlene, Das Arbeitsrecht der Europäischen Gemeinschaft, Baden-Baden 2001

Schmidt-Aßmann, Eberhard, Das allgemeine Verwaltungsrecht als Ordnungsidee – Grundlagen und Aufgaben der verwaltungsrechtlichen Systembildung, Berlin 1998

- *derselbe*, Besonderes Verwaltungsrecht, 12. Auflage, Berlin 2003 (zitiert: *Bearbeiter*, in: Schmidt-Aßmann, Besonderes Verwaltungsrecht)

Schmitt, Joachim / Hörstnagl, Robert / Stratz, Rolf-Christian, Umwandlungsgesetz – Umwandlungssteuergesetz, Kommentar, 3. Auflage, München 2001, begründet von Hans Dehmer (zitiert: *Bearbeiter*, Schmitt/ Hörst- nagl/ Stratz, UmwG – UmwStG)

Schmitt, Lothar, Privatisierung und Personalvertretung, BayBgm 1987, S. 266 f.

Schneider, Peter, Verfassungsmäßigkeit der Mitbestimmung im öffentlichen Dienst – Rechtsgutachten erstattet im Auftrag des DGB-Landesbezirks Hessen, Frankfurt und der Hans-Böckler-Stiftung, Düsseldorf; Bochum 1985

Schneider, Robert, Rechtsformumwandlung eines Krankenhauses in eine GmbH, PflR 2001, S. 188 ff.

Schnitker, Elmar, Die Auswirkungen des neuen Umwandlungsgesetzes auf die Zuordnung und den Inhalt der Arbeitsverhältnisse sowie die Fortgeltung von Betriebsvereinbarungen, Frankfurt a.M. u.a. 1998

Schoch, Friedrich, Privatisierung von Verwaltungsaufgaben, DVBl. 1994, S. 962 ff.

Schön, Markus, Die Zulassung zu anstaltlich genutzten öffentlichen Einrichtungen aus verfassungsrechtlicher Sicht, Zürich 1985

Schubert, Michael, Das „Restmandat“ bei Betriebsrat und Personalrat, AuR 2003, S. 132 ff.

Schuster, Wolfgang / Beckerle, Klaus, Arbeitsrechtliche Probleme im Zusammenhang mit der Privatisierung öffentlicher Dienstleistungen, NZA 1985, S. 16 ff.

Schwarze, Jürgen (Hrsg.), EU-Kommentar, Baden-Baden 2000 (zitiert: *Bearbeiter*, in: Schwarze, EU-Kommentar)

Schwitter, Gaudenz, Die Privatisierung von Kantonalbanken – Rechtliche Aspekte der Privatisierung öffentlicher Unternehmen unter besonderer Berücksichtigung der Kantonalbanken, Freiburg in der Schweiz 2000

Seiter, Hugo, Betriebsinhaberwechsel – Arbeitsrechtliche Auswirkungen eines Betriebsübergangs unter besonderer Berücksichtigung des § 613 a BGB i.d.F. vom 13. August 1980, Stuttgart u.a. 1980

Skuderis, Antje, Die Weitergeltung von Tarifverträgen bei Betriebsübergängen nach § 613 a Abs. 1 Satz 2 bis 4 BGB, Frankfurt a.M. u.a. 1999

Söllner, Alfred / Reinert, Hans Jochen, Personalvertretungsrecht, Baden-Baden, 2. Auflage 1993

Spiegel, Johannes, Personalvertretungsrecht und Demokratieprinzip, Marburg 2002

Spirolke, Matthias, Der Betriebsübergang nach § 613 a BGB im neuen Umwandlungsgesetz, Bonn 1998

Staudinger, Julius, J. von Staudingers Kommentar zum Bürgerlichen Gesetzbuch mit Einführungsgesetzen und Nebengesetzen, Zweites Buch, Recht der Schuldverhältnisse, §§ 611 - 619, 12. Auflage, Berlin 1993 (zitiert: *Bearbeiter*, in: Staudinger)

Stege, Dieter / Weinspach, F. K. / Schiefer, Bernd, Betriebsverfassungsgesetz, Handkommentar für die betriebliche Praxis, 9. Auflage, Köln 2002

Steinheuer, Wilfried, Privatisierung kommunaler Leistungen – Theoretische Grundlagen und praktische Erfahrungen nordrhein-westfälischer Städte und Gemeinden –, Köln 1991

Stelkens, Paul / Bonk, Heinz Joachim / Sachs, Michael, Verwaltungsverfahrensgesetz – Kommentar, 6. Auflage, München 2001 (zitiert: *Bearbeiter*, in: Stelkens/Bonk/Sachs, VwVfG)

Steuck, Jens-Peter, Die privatisierende Umwandlung, NJW 1995, S. 2887 ff.

Stober, Rolf, Möglichkeiten und Grenzen einer Privatisierung der kommunalen Abfallentsorgung, in: Tettinger, Peter J. (Hrsg.), Rechtlicher Rahmen für Public-Private-Partnerships auf dem Gebiet der Entsorgung, Stuttgart u.a. 1994

- *derselbe*, Allgemeines Wirtschaftsverwaltungsrecht – Grundlagen und Prinzipien. Wirtschaftsverfassungsrecht, 12. Auflage, Stuttgart u.a. 2000

Strauß, Thomas, Funktionsvorbehalt und Berufsbeamtentum – Zur Bedeutung des Art. 33 Abs. 4 GG, Berlin 2000

Suppliet, Roland, Ausgliederung aus dem Vermögen von Gebietskörperschaften, NotBZ 1997, S. 141 ff.

Thannheiser, Achim, Auswirkungen von Rationalisierung und Organisationsänderung auf die Beschäftigten und den Personalrat, PersR 1996, S. 349 ff.

- *derselbe*, Handbuch der Personalrechtspraxis – Für die tägliche Personalarbeit und die juristische Praxis im öffentlichen Dienst, Baden-Baden 2001, (zitiert: *Bearbeiter* in: Thannheiser)

- *derselbe*, Beteiligungsrechte des Personalrates bei Umstrukturierungen – Am Beispiel des Projektes Sparkasse 2010, PersR 2001, S. 105 ff.

- *derselbe*, Umwandlung (Privatisierung) von Dienststellen und Dienststellenteilen – Am Beispiel der Privatisierung eines Krankenhauses, PersR 2006, S. 4 ff.

Thyssen, Gabriele, Flugsicherung durch Private? – Die geplante Privatisierung der Flugsicherung unter dem Blickwinkel des Verfassungsrechts –, DÖV 1989, S. 1073 ff.

Tietje, Saskia, Die Neuordnung des Rechts wirtschaftlicher Betätigung und privatrechtlicher Beteiligung der Gemeinden, Frankfurt a.M. u.a. 2002

Trümner, Ralf, Probleme beim Wechsel vom öffentlich-rechtlichen zum privatrechtlichen Arbeitgeber infolge Privatisierungen öffentlicher Dienstleistungen, PersR 1993, S. 473 ff.

- *derselbe*, Mitbestimmungsvorgaben des Europäischen Arbeitsrechts bei Privatisierungen, PersR 1997, S. 197 ff.

Unruh, Peter, Demokratie und »Mitbestimmung« in der funktionalen Selbstverwaltung – am Beispiel der Emschergenossenschaft, VerwArch 2001, S. 531 ff.

Vogelsang, Klaus, Beteiligungsrechtliche Probleme bei der Privatisierung, PersV 2005, S. 4 ff.

Vogt, Volker, Betriebsübergang bei Fremdvergabe (contracting-out) staatlicher Dienstleistungen an Private – Studie zur rechtlichen Situation in Großbritannien und Deutschland, Frankfurt a.M. u.a. 2002

Wätzel, Stefanie, Effiziente Gestaltung der Phasen gemeindlicher Aufgabenerfüllung durch Mitwirkung Privater, Frankfurt a.M. u.a. 1998

Weiss, Wolfgang, Privatisierung und Staatsaufgaben – Privatisierungsentscheidungen im Lichte einer grundrechtlichen Staatsaufgabenlehre unter dem Grundgesetz, Tübingen 2002

Welkoborsky, Horst, Landespersonalvertretungsgesetz Nordrhein-Westfalen, Basiskommentar, Köln, 1996 (zitiert: *Welkoborsky*, LPVG NRW)

- *derselbe*, Einfluss der BetrVG-Novelle auf das Personalvertretungsrecht? PersR 2002, S. 51 ff.

Wenking, Thomas, Der Betriebsübergang im europäischen und deutschen Arbeitsrecht, Düsseldorf 2000

Werner, Georg, Ausgliederungen aus den öffentlichen Haushalten – Strengere Überprüfungen und Begrenzungen unerlässlich, Wiesbaden 2004

Wichmann, Manfred, Kommunale Privatisierung und Personalrat – Zur Verfassungswidrigkeit von § 72 Abs. 3 Nr. 7 , Abs. 5 LPersVG NW – , PersV 1986, S. 265 ff.

Wiedenfels, Matthias, Schnittstellen zwischen Personalvertretungsrecht und Betriebsverfassungsrecht, PersV 2001, S. 110 ff.

Widmaier, Ulrich, Fragen der Einflussnahme der Personalvertretung bei der Privatisierung öffentlicher Einrichtungen unter Einbeziehung europarechtlicher Aspekte, ZfPR 2001, S. 119 ff.

Widmann, Siegfried / Mayer, Dieter, Umwandlungsrecht – Umwandlungsgesetz, Umwandlungssteuergesetz, Einbringung einzelner Wirtschaftsgüter in Kapital- und Personengesellschaften, Bonn 1998, Loseblattsammlung (Stand Januar 2005, zitiert: *Bearbeiter*, in: Widmann/Mayer, Umwandlungsrecht)

Willemsen, Heinz Josef, Arbeitsrecht im Umwandlungsgesetz – Zehn Fragen aus der Sicht der Praxis, NZA 1996, S. 791 ff.

- *derselbe*, Arbeitsrechtliche Fragen der Privatisierung und Umstrukturierung öffentlicher Rechtsträger, in: 50 Jahre Bundesarbeitsgericht, Festschrift, München 2004, S. 287 ff. (zitiert: *Willemsen*, in: FS 50 Jahre BAG)

Willemsen, Heinz Josef / Annuß, Georg, Neue Betriebsübergangsrichtlinie – Anpassungsbedarf im deutschen Recht?, NJW 1999, S. 2073 ff.

Willemsen, Heinz Josef / Hohenstatt, Klaus-Stefan / Schweibert, Ulrike /Seibt, Christoph, Umstrukturierung und Übertragung von Unternehmen, Arbeitsrechtliches Handbuch, 2. Auflage München 2004 (zitiert: *Bearbeiter*, in: Willemsen/Hohenstatt/Schweibert/Seibt, Umstrukturierung)

Wind, Ferdinand / Schimana, Rudolf / Wichmann, Manfred / Langer, Karl-Ulrich, Öffentliches Dienstrecht – Das Beamten- und Arbeitsrecht für den öffentlichen Dienst, 5. Auflage, Stuttgart 2002

Wlotzke, Otfried, Arbeitsrechtliche Aspekte des neuen Umwandlungsrecht, DB 1995, S. 40 ff.

Wöhlermann, Katharina, Die richtlinienkonforme Auslegung im Europäischen Arbeitsrecht – Perspektiven und Barrieren für eine europäische Rechtsmethodik am Beispiel arbeitsrechtlicher Gleichbehandlungsrichtlinien, Stuttgart u.a. 1998

Wolff, Hans-Julius, Rechtsformen gemeindlicher Einrichtungen, AfK 2 (1963), S. 149 ff.

Wolff, Hans-Julius / Bachof, Otto / Stober, Rolf, Verwaltungsrecht, Band 1, 11. Auflage, München 1999

Wollenschläger, Michael / Ahnert, Elke, Konsequenzen bei der Privatisierung öffentlich-rechtlicher Unternehmen, AuA 1999, S. 115 ff.

Wollenschläger, Michael / von Harbou, Christopher, Arbeitsrechtliche Fragen bei Privatisierungs- und Outsourcingmaßnahmen in öffentlichen Krankenhäusern, NZA 2005, S. 1081 ff.

Wurm, Thomas, Die Rolle der Personalvertretung bei Privatisierungen, ZfPR 2000, S. 307 ff.

Zander, Jürgen W., Handlungsmöglichkeiten des Personalrats bei der Privatisierung öffentlicher Dienstleistungen, PersR 1991, S. 322 ff.

Peter Lang · Europäischer Verlag der Wissenschaften

Fabian Kamm

Untersuchung und Vergleich der Privatisierung öffentlicher Unternehmen als zentraler Bestandteil der Wirtschaftspolitik in den achtziger und neunziger Jahren in Deutschland und Frankreich

Frankfurt am Main, Berlin, Bern, Bruxelles, New York, Oxford, Wien, 2003.
295 S., 10 Abb., 30 Tab.
Europäische Hochschulschriften: Reihe 5, Volks- und Betriebswirtschaft. Bd. 3003
ISBN 3-631-51594-4 · br. € 51.50*

Die Privatisierung öffentlicher Unternehmen im Rahmen der Wirtschaftspolitik in Deutschland und Frankreich steht im Mittelpunkt der Untersuchung. Ausgangshypothese der Arbeit ist, dass es trotz unterschiedlicher Begrifflichkeiten in beiden Ländern zahlreiche Übereinstimmungen in Theorie und Praxis der Privatisierung öffentlicher Unternehmen gibt. Für den Zeitraum der 80er Jahre bis 2001 werden die theoretischen und praktischen Grundlagen der Privatisierung öffentlicher Unternehmen untersucht. Nachfolgend wird nach der für jedes Land getrennten Darstellung des Verlaufs der Privatisierungen in den achtziger und neunziger Jahren eine detaillierte Analyse und Bewertung der Privatisierungen durchgeführt. Ein Ergebnis der Arbeit ist, dass die privatisierten Unternehmen eine gestiegene unternehmerische Handlungsfreiheit und insgesamt eine positive wirtschaftliche Entwicklung vorweisen.

Aus dem Inhalt: Wirtschaftspolitik Deutschland · Wirtschaftspolitik Frankreich · Privatisierung · Öffentliche Unternehmen · Soziale Marktwirtschaft · Planification

Frankfurt am Main · Berlin · Bern · Bruxelles · New York · Oxford · Wien
Auslieferung: Verlag Peter Lang AG
Moosstr. 1, CH-2542 Pieterlen
Telefax 00 41 (0) 32 / 376 17 27

*inklusive der in Deutschland gültigen Mehrwertsteuer
Preisänderungen vorbehalten

Homepage http://www.peterlang.de

FSC
www.fsc.org
MIX
Papier | Fördert
gute Waldnutzung
FSC® C083411

Kolibri 360 GmbH
Ferdinand-Jühlke-Straße 7
99095 Erfurt, Deutschland
produktsicherheit@kolibri360.de

Druck:
CPI Druckdienstleistungen GmbH
im Auftrag der
Kolibri 360 GmbH
Ferdinand-Jühlke-Str. 7
99095 Erfurt